O PROCEDIMENTO DE CONTROLO DAS OPERAÇÕES DE CONCENTRAÇÃO DE EMPRESAS EM PORTUGAL

A prática decisória da Autoridade da Concorrência,
à luz da Lei n.º 18/2003, de 11 de Junho

MARGARIDA ROSADO DA FONSECA
Advogada
LUÍS DO NASCIMENTO FERREIRA
Advogado

O PROCEDIMENTO DE CONTROLO DAS OPERAÇÕES DE CONCENTRAÇÃO DE EMPRESAS EM PORTUGAL

A prática decisória da Autoridade da Concorrência, à luz da Lei nº 18/2003, de 11 de Junho

O PROCEDIMENTO DE CONTROLO DAS OPERAÇÕES
DE CONCENTRAÇÃO DE EMPRESAS EM PORTUGAL

AUTORES
MARGARIDA ROSADO DA FONSECA
LUÍS DO NASCIMENTO FERREIRA

EDITOR
EDIÇÕES ALMEDINA. SA
Av. Fernão Magalhães, n.º 584, 5.º Andar
3000-174 Coimbra
Tel.: 239 851 904
Fax: 239 851 901
www.almedina.net
editora@almedina.net

PRÉ-IMPRESSÃO | IMPRESSÃO | ACABAMENTO
G.C. GRÁFICA DE COIMBRA, LDA.
Palheira – Assafarge
3001-453 Coimbra
producao@graficadecoimbra.pt

Abril, 2009

DEPÓSITO LEGAL
291855/09

Os dados e as opiniões inseridos na presente publicação
são da exclusiva responsabilidade do(s) seu(s) autor(es).

Toda a reprodução desta obra, por fotocópia ou outro qualquer
processo, sem prévia autorização escrita do Editor, é ilícita
e passível de procedimento judicial contra o infractor.

Biblioteca Nacional de Portugal – Catalogação na Publicação

FONSECA, Margarida Rosado da, e outro

O procedimento de controlo das operações de concentração
de empresas em Portugal / Margarida Rosado da Fonseca,
Luís do Nascimento Ferreira
ISBN 978-972-40-3781-3

I – FERREIRA, Luís do Nascimento

CDU 346

AGRADECIMENTOS

A produção e publicação deste trabalho não teriam sido possíveis sem o contributo significativo de várias pessoas cujos nomes não é possível elencar individualmente nesta sede. Não podemos, porém, deixar de sublinhar os prestimosos estímulos e sugestões que sempre recebemos do Dr. Carlos Botelho Moniz, que muito nos honra ao ter aceite prefaciar o trabalho. Uma palavra especial é ainda devida ao Dr. Joaquim Vieira Peres, ao Dr. Nuno Galvão Teles e à *Morais Leitão, Galvão Teles, Soares da Silva & Associados, Sociedade de Advogados, R.L.*, na responsabilidade do seu Conselho de Administração, pelo incentivo que emprestaram à iniciativa. É a todos eles que pertencem os méritos que o trabalho possa eventualmente ter.

PREFÁCIO

A publicação e entrada em vigor, primeiro, do Decreto-Lei n.º 10/2003, de 18 de Janeiro, que criou a Autoridade da Concorrência, depois, da Lei n.º 18/2003, de 11 de Junho ("Lei da Concorrência"), que aprovou o novo regime de defesa da concorrência, provocaram uma transformação profunda nas condições de aplicação das normas de concorrência em Portugal.

Na verdade, e em linha com os ensinamentos que decorrem da experiência internacional, a criação de uma autoridade independente dotada de condições de autonomia no exercício das suas funções – embora submetida, naturalmente, ao controlo judicial – revelou-se um factor da maior importância, tanto para garantir a efectividade da aplicação das referidas disposições, como para assegurar a prevalência dos critérios técnicos na interpretação e aplicação das normas do ordenamento jusconcorrencial.

Entre as áreas em que o impacto da mudança foi mais significativo conta-se, seguramente, a do controlo das operações de concentração de empresas.

Com efeito, trata-se de um domínio em que o regime anteriormente vigente apresentava inúmeras debilidades – quer do ponto de vista substantivo, quer do ponto de vista processual – razão pela qual nunca chegou a ter uma expressão significativa na actividade empresarial.

Hoje, a realidade é muito diferente.

Por um lado, o regime de controlo de concentrações que consta da Lei n.º 18/2003 aproximou-se dos padrões europeus – tanto no que diz respeito ao alcance do teste substantivo (embora aqui ainda sujeito, seguramente, a desenvolvimentos num futuro próximo), como no que se refere à tramitação procedimental.

Por outro lado, e sem prejuízo de críticas que sempre podem ser formuladas, a verdade é que as equipas técnicas que, na Autoridade da Concorrência, têm assegurado a aplicação do regime legal têm dado provas de profissionalismo e rigor técnico, o que exige das empresas uma atenção redobrada ao enquadramento das transacções à luz dos critérios consagrados na Lei da Concorrência.

Neste contexto, de mudanças profundas e aceleradas, a presente obra, a que em boa hora os Autores se abalançaram, surge como um momento de reflexão privilegiada, realizada por quem alia uma sólida formação teórica à experiência da condução de inúmeros processos perante a Autoridade da Concorrência.

O trabalho tem por objecto, justamente, a prática decisória que se tem firmado desde a entrada em vigor da Lei da Concorrência, mas não se esgota na apreciação casuística das centenas de decisões entretanto adoptadas pela Autoridade da Concorrência.

Margarida Rosado da Fonseca e Luís do Nascimento Ferreira vão mais longe, e conduzem-nos com mestria pelas complexidades, entre outros, de temas como o alcance da noção de concentração; a interpretação dos critérios legais que determinam a obrigação de notificação que impende sobre as empresas; o conceito de mercado relevante, na dupla dimensão do mercado de produto e do mercado geográfico; os critérios de apreciação jusconcorrencial das operações de concentração; a negociação de compromissos; a faculdade de utilização do mecanismo de pré--notificação; a tramitação processual, com as particularidades da fase de investigação aprofundada; os direitos processuais das partes; o alcance das decisões da Autoridade; o regime sancionatório e ainda o controlo a que estão sujeitas as decisões da Autoridade, quer no âmbito do recurso extraordinário para o Ministro da Economia, quer sobretudo no âmbito do controlo judicial.

É uma obra rica de ensinamentos para a compreensão da prática decisória da Autoridade da Concorrência no domínio do controlo das operações de concentração de empresas, com a maior utilidade para todos os que, na sua actividade profissional, lidam com as questões que suscita a aplicação do referido regime legal.

Lisboa, 10 de Fevereiro de 2009

CARLOS BOTELHO MONIZ

ÍNDICE

I. Considerações preliminares 19

II. As competências da Autoridade da Concorrência e o regime de controlo de concentrações 25

1. O âmbito de aplicação do regime nacional de controlo de concentrações 29

2. A articulação de competências e as relações institucionais entre a Autoridade e os reguladores sectoriais 31

III. As disposições substantivas 35

3. As transacções abrangidas pelo regime de controlo de concentrações 36

    3.1. *O conceito de "empresa"* 38

    3.2. *O controlo sobre uma empresa ou parte da mesma* 44

    3.3. *As empresas comuns que são entidades económicas autónomas de carácter duradouro* 60

    3.4. *O conceito de alteração duradoura da estrutura de controlo e as transacções que não consubstanciam operações de concentração* 62

    3.5. *As operações fragmentadas* 71

4. Os mercados relevantes nos quais as empresas participantes numa operação de concentração desenvolvem a sua actividade 76

5. As concentrações sujeitas à obrigação legal de notificação prévia à AdC 84

    5.1. *O critério da quota de mercado* 87

    5.2. *O critério do volume de negócios* 93

6. O acompanhamento de operações de concentração no âmbito comunitário pela Autoridade 98

7. Os critérios de apreciação jusconcorrencial das operações de concentração .. 101

    7.1. *Os tipos de operações de concentração* 101

    7.2. *A criação ou reforço de uma posição dominante que crie obstáculos significativos à concorrência no mercado* 105

    7.3. *A criação de uma empresa comum que tem como objecto ou efeito a coordenação de empresas independentes* 117

    7.4. *A imposição de condições e obrigações indispensáveis à não oposição a uma concentração* 120

8. As restrições directas e necessárias à concentração 129

IV. As disposições processuais 135

9. A pré-notificação de uma transacção 135
10. O prazo para notificar e o evento que o desencadeia 139
11. A obrigação legal de suspensão da concentração 145
12. A primeira fase de apreciação 146

12.1. *Pagamento da taxa de notificação e conteúdo da notificação* 146
12.2. *Publicitação da concentração notificada* 148
12.3. *O prazo para o decurso da instrução e as suspensões previstas* 147
12.4. *Hipóteses possíveis de conclusão da primeira fase* 152

13. A fase de investigação aprofundada 159

14. Os direitos processuais das partes e dos terceiros: em especial, a audiência de interessados 168

15. Articulação das competências com as autoridades reguladoras sectoriais 173

16. O incumprimento das disposições sobre controlo de concentrações 178

16.1. *Consequências da falta de notificação e da implementação da concentração não notificada* 178
16.2. *Consequências da não prestação ou da prestação incorrecta de informações* 186
16.3. *Consequências do incumprimento das decisões da AdC* 188

17. O recurso das decisões da AdC em matéria de controlo de concentrações . 189

17.1. *Os recursos judiciais* 190
17.2. *O recurso extraordinário para o Ministro da tutela* 198

V. Aspectos materiais e processuais que podem ser melhorados 203

VI. Notas finais 207

LISTA DE ABREVIATURAS E SIGLAS

AdC / Autoridade	Autoridade da Concorrência
CC	Conselho da Concorrência
CE	Comunidade Europeia
Colectânea	Colectânea de Jurisprudência do Tribunal de Justiça e do Tribunal de Primeira Instância das Comunidades Europeias
CMVM	Comissão do Mercado de Valores Mobiliários
Comissão	Comissão Europeia
CPA	Código de Procedimento Administrativo
CPTA	Código de Processo dos Tribunais Administrativos
CRP	Constituição da República Portuguesa
DGCC	Direcção Geral do Comércio e da Concorrência
EEE	Espaço Económico Europeu
ERC	Entidade Reguladora para a Comunicação Social
FCR	Fundo de Capital de Risco
ICN	International Competition Network
IHH	Índice Herfindahl-Hirschman
JOCE	Jornal Oficial das Comunidades Europeias
JOUE	Jornal Oficial da União Europeia
LADA	Lei n.º 46/2007, de 24 de Agosto (Lei de acesso aos documentos administrativos e sua reutilização)
Lei da Concorrência / Lei	Lei n.º 18/2003, de 11 de Junho
OPA	Oferta Pública de Aquisição
OCDE	Organização para a Cooperação e Desenvolvimento Económico
RGICSF	Regime Geral das Instituições de Crédito e Sociedades Financeiras

14 | O procedimento de controlo das operações de concentração de empresas em Portugal

Regulamento das Concentrações Comunitárias	*Regulamento (CE) n.° 139/2004 do Conselho, de 20 de Janeiro de 2004, relativo ao controlo das concentrações de empresas*
Regulamento Comunitário de Execução	*Regulamento (CE) n.° 802/2004 da Comissão, de 7 de Abril de 2004, que executa o Regulamento das Concentrações Comunitárias*
Relatórios OCDE	*Relatórios da Autoridade sobre os "Desenvolvimentos na Política de Concorrência em Portugal", enviados ao Comité da Concorrência da Direcção dos Assuntos Financeiros e Empresariais da Organização para a Cooperação e Desenvolvimento Económico*
SCR	*Sociedade de capital de risco*
SIEC	*Significantly impede efective competition*
Tratado CE	*Tratado que institui a Comunidade Europeia*
TJCE	*Tribunal de Justiça das Comunidades Europeias*
TPI ou Tribunal de Primeira Instância	*Tribunal de Primeira Instância das Comunidades Europeias*

PRÁTICA DECISÓRIA DA AUTORIDADE EM SEDE DE CONTROLO DAS OPERAÇÕES DE CONCENTRAÇÃO, CITADA NO PRESENTE TRABALHO

Processos terminados em 2003

- "CCent 01/2003 – *RTP / Porto TV*" – 1 de Julho
- "CCent 09/2003 – *Vodafone / Oni Way*" – durante o ano de 2003[1]
- "CCent 12/2003 – *Lusomundo / Warner Lusomundo*" – 26 de Agosto
- "CCent 22/2003 – *NMC / Dinefro*" – 26 de Agosto
- "CCent 25/2003 – *NMC / CCV*" – 26 de Agosto
- "CCent 38/2003 – *Arriva Transportes da Margem Sul / TST – Transportes do Sul do Tejo, S.A.*" – 14 de Outubro
- "CCent 43/2003 – *TAP / SPdh / PGA (Unidade de Handling)*" – 4 de Dezembro

Processos terminados em 2004

- "CCent 44/2003 – *Dräger Medical / Hillenbrand (actividade de termoterapia neonatal)*" – 5 de Abril
- "CCent 45/2003 – *Cecisa – Comércio Internacional, S.A. / Cecime Cimentos, S.A.*" – durante o ano de 2004[2]
- "CCent 47/2003 – *PPTV / PT Conteúdos / Sport TV*" – 8 de Abril
- "CCent 48/2003 – *EDP / CGD / NQF (Portgás)*" – 20 de Setembro
- "CCent 03/2004 – *Lusomundo / Ocasião e Anuncipress*" – 19 de Abril
- "CCent 07/2004 – *Otto Sauer Achsenfabrik / Deutsche Beteilingungs*" – 20 de Abril
- "CCent 16/2004 – *CTT / Visabeira / CTT IMO (empresa comum)*" – 14 de Julho
- "CCent 17/2004 – *Semapa / Portucel*" – 12 de Julho

---

[1] A Autoridade da Concorrência não refere expressamente no sítio internet respectivo qual a data precisa em que o processo terminou.

[2] A Autoridade da Concorrência não refere expressamente no sítio internet respectivo qual a data precisa em que o processo terminou.

16 | *O procedimento de controlo das operações de concentração de empresas em Portugal*

- "CCent 21/2004 – *REN / GDP / Rede de Transporte de Gás Natural em Alta Pressão*" – 19 de Janeiro
- "CCent 26/2004 – *Enersis / Fespect (RES)*" – 26 de Agosto
- "CCent 28/2004 – *Caixa Seguros / NHC (BCP Seguros)*" – 30 de Dezembro
- "CCent 29/2004 – *National Power / Turbogás* – 7 de Setembro
- "CCent 39/2004 – *Andlinger & Company / Yxlon*" – 28 de Dezembro

Processos terminados em 2005

- "CCent 37/2004 – *Barraqueiro / Arriva (ATMS)*" – 25 de Novembro
- "CCent 40/2004 – *OCP Portugal / Soquifa*" – 11 de Janeiro
- "CCent 41/2004 – *Espírito Santo Viagens / Sonae / Ibéria*" – 1 de Fevereiro
- "CCent 43/2004 – *Grula / Coopertorres / Torrental*" – 19 de Janeiro
- "CCent 45/2004 – *Petrogal / ESSO*" – 14 de Dezembro
- "CCent 03/2005 – *Efacec / ATM / Engimais / BCT*" – 16 de Março
- "CCent 05/2005 – *EDP / Turbogás*" – 21 de Fevereiro
- "CCent 07/2005 – *Fresenius / Labesfal*" – 8 de Março
- "CCent 10/2005 – *Angelini / Aventis / Laboratórios Roussel*" – 29 de Março
- "CCent 11/2005 – *Europac / Gescartão*" – 7 de Abril
- "CCent 12/2005 – *Alliance Unichem / Alloga*" – 29 de Março
- "CCent 13/2005 – *GALP Madeira / Gasinsular*" – 14 de Abril
- "CCent 16/2005 – *Enernova / Ortiga * Safra*" – 11 de Novembro
- "CCent 17/2005 – *Controliveste / Lusomundo Media*" – 10 de Agosto
- "CCent 18/2005 – *Edifer / Tecnasol FGE*" – 10 de Maio
- "CCent 22/2005 – *Via Oeste (BRISA) – Auto-Estradas do Oeste / Auto-Estradas do Atlântico*" – 7 de Abril
- "CCent 24/2005 – *Invescaima / Portucel Tejo*" – 24 de Maio
- "CCent 25/2005 – *Controlauto / Iteuve*" – 25 de Julho
- "CCent 31/2005 – *Multiterminal / Sotagus / Liscont*" – 3 de Agosto
- "CCent 34/2005 – *CTT / Mailtec*" – 1 de Julho
- "CCent 38/2005 – *Lease Plan Portugal / Unirent*" – 13 de Julho
- "CCent 47/2005 – *Essex / Nexans*" – 15 de Setembro
- "CCent 48/2005 – *Axa / Seguro Directo Gere*" – 14 de Setembro
- "CCent 52/2005 – *Guérin-rent-a-car / Globalrent*" – 29 de Setembro
- "CCent 56/2005 – *NQF Energia / NQF Gás*" – 24 de Outubro
- "CCent 57/2005 – *Sonaecom / Novis / Clixgest*" – 31 de Outubro
- "CCent 60/2005 – *Enernova / Bolores, Eneraltius, Levante, Cabeço das Pedras e Malhadizes*" – 30 de Novembro
- "CCent 65/2005 – *EDP / CAIMA / EDP Bioeléctrica*" – 6 de Dezembro
- "CCent 71/2005 – *CGD / Sumolis / Nutricafés*" – 23 de Dezembro

Considerações preliminares | 17

Processos terminados em 2006

- "CCent 74/2005 – *Pingo Doce / Polisuper (Mem Martins)*" – 18 de Janeiro
- "CCent 75/2005 – *Farbeira / Farcentro / Cofarbel / Centro Beira / Farmoeste*" – 24 de Agosto
- "CCent 78/2005 – *Pingo Doce / Supermercado Paradi (Ílhavo)*" – 26 de Janeiro
- "CCent 79/2005 – *KEMET / EPCOS*" – 15 de Fevereiro
- "CCent 81/2005 – *Violas / Solverde*" – 2 de Fevereiro
- "CCent 82/2005 – *La Seda Barcelona / Selenis*" – 3 de Fevereiro
- "CCent 01/2006 – *Grosvenor / Sonae / Sonae Sierra*" – 14 de Fevereiro
- "CCent 03/2006 – *CapVis / Benninger*" – 16 de Fevereiro
- "CCent 04/2006 – *Espírito Santo Saúde / Horpor*" – 26 de Fevereiro
- "CCent 07/2006 – *CIC / AMC Portugal*" – 14 de Março
- "CCent 08/2006 – *Sonaecom / PT*" – 22 de Dezembro
- "CCent 10/2006 – *Mota-Engil / Sadoport*" – 9 de Maio
- "CCent 11/2006 – *Gestores UEE * Ibersuizas * Vista Desarrollo / Union Española de Explosivos (UEE)*" – 27 de Abril
- "CCent 12/2006 – *Pingo Doce / Supermercado Feira (Santa Comba Dão)*" – 12 de Abril
- "CCent 13/2006 – *ANA / Portway*" – 7 de Julho
- "CCent 14/2006 – *Ercros / Derivados Forestales*" – 18 de Maio
- "CCent 20/2006 – *Pingo Doce / Alentemoura Supermercados (Activos)*" – 6 de Junho
- "CCent 21/2006 – *Grupo Pestana / Intervisa*" – 11 de Junho
- "CCent 22/2006 – *Ibersol / Telepizza*" – 27 de Julho
- "CCent 24/2006 – *Bayard / Enermet*" – 27 de Junho
- "CCent 25/2006 – *DIA Portugal / Patrisuper (Activos)*" – 27 de Junho
- "CCent 27/2006 – *Construtora do Lena / Tagusgás*" – 7 de Julho
- "CCent 28/2006 – *JMS / Dr. Campos Costa / Valir / Valab*" – 20 de Julho
- "CCent 32/2006 – *REN / Activos*" – 20 de Julho
- "CCent 35/2006 – *Atlas Copco / Abac Aria Compressa*" – 21 de Setembro
- "CCent 37/2006 – *PTG e Arcolgeste (JV)*" – 11 de Setembro
- "CCent 39/2006 – *Manuel Fino / Soares da Costa*" – 11 de Outubro
- "CCent 44/2006 – *Pingo Doce / "Activos" Faustino&Lopes*" – 2 de Novembro
- "CCent 45/2006 – *Inter-Risco / Serlima Gest*" – 23 de Novembro
- "CCent 46/2006 – *Recordati / Jaba*" – 16 de Novembro
- "CCent 47/2006 – *Motortejo / Fórmula H*" – 23 de Novembro
- "CCent 51/2006 – *Nyse Euronext / Nyse Group / Euronext*" – 22 de Dezembro
- "CCent 52/2006 – *Mota Engil / R.L. – Sociedade Gestora De Participações Sociais, S.A*" – 27 de Dezembro
- "CCent 53/2006 – *OPA Investifino / Soares da Costa*" – 14 de Dezembro
- "CCent 54/2006 – *Prisa / Media Capital*" – 29 de Dezembro
- "CCent 55/2006 – *Auto Sueco / Stand Barata*" – 14 de Dezembro

Processos terminados em 2007

- "CCent 69/2005 – *Gas Natural / Endesa*" – 1 de Março
- "CCent 80/2005 – *Alliance Santé / Farmindústria / J. Mello /Alliance Unichem Farmacêutica*" – 31 de Janeiro
- "CCent 15/2006 – *BCP / BPI*" – 16 de Março
- "CCent 38/2006 – *Lactogal / International Dairies, C.V.*" – 15 de Janeiro
- "CCent 57/2006 – *TAP / PGA*" – 5 de Junho
- "CCent 67/2006 – *Edifer / Complage* – 5 de Março
- "CCent 01/2007 – *Sag Gest / NL / Autolombos*" – 23 de Fevereiro
- "CCent 03/2007 – *OPCA / Aleluia Cerâmica*" – 27 de Fevereiro
- "CCent 04/2007 – *OPCA / Edifer / Gestisôr e Promorail*" – 27 de Fevereiro
- "CCent 05/2007 – *OPCA / Pavicentro*" – 27 de Fevereiro
- "CCent 06/2007 – *Enernova / Eólica da Alagoa*" – 26 de Fevereiro
- "CCent 13/2007 – *ITMI / Marrachinho*" – 9 de Abril
- "CCent 14/2007 – *Teixeira Duarte / Marinertes*" – 9 de Abril
- "CCent 20/2007 – *OPCA / Apolo*" – 16 de Abril
- "CCent 21/2007 – *SAG Gest / Alfredo Bastos / Newco*" – 15 de Maio
- "CCent 23/2007 – *Tomgal / Idal*" – 3 de Maio
- "CCent 30/2007 – *Bensaúde / NSL*" – 23 de Outubro
- "CCent 31/2007 – *Mota-Engil / Multiterminal*" – 25 de Junho
- "CCent 43/2007 – *Luxottica / Oakley*" – 30 de Agosto
- "CCent 44/2007 – *Sonaecom / Activos ONI*" – 24 de Agosto
- "CCent 51/2007 – *Sonae / Carrefour*" – 27 de Dezembro
- "CCent 57/2007 – *Capio / Unilabs*" – 24 de Setembro
- "CCent 62/2007 – *The Body Shop International Plc / DIBEL – Importadora de Produtos de Beleza, S.A.*" – 22 de Outubro
- "CCent 69/2007 – *Associated British Foods / "Activos" GBI*" – 18 de Dezembro
- "CCent 73/2007 – *SONAE SIERRA / GAIASHOPPING E ARRABIDASHOPPING*" – 30 de Novembro
- "CCent 75/2007 – *TOMGAL / SUGAL*" – 20 de Dezembro

Processos terminados em 2008

- "CCent 76/2007 – *UDIFAR / CODIFAR / UNIÃO FARMACÊUTICOS*" – 12 de Fevereiro
- "CCent 78/2007 – *CLT / Concessão TGLS*" – 27 de Junho
- "CCent 1/2008 – Pingo Doce / Plus" – 29 de Abril
- "CCent 2/2008 – *EDP / Pebble Hydro / H. Janeiro de Baixo*" – 27 de Junho
- "CCent 6/2008 – *EDP / Activos EDIA (Alqueva * Pedrógão)*" – 27 de Junho
- "CCent. 11/2008 – *Lincoln / Electro-Arco*" – 27 de Março
- "CCent 12/2008 – *Inter-Risco / Frissul*" – 13 de Março
- "CCent 15/2008 – *Top Atlântico / Activos Policarpo * Activos Portimar*" – 10 de Abril
- "CCent 26/2008 – *BA Glass / Sotancro*" – 21 de Maio

I. CONSIDERAÇÕES PRELIMINARES

Desde a sua criação no início de 2003, a Autoridade tem-se caracterizado por uma postura proactiva na aplicação das disposições nacionais de Direito da Concorrência e na visibilidade da sua actividade perante o cidadão comum. A sua actuação em sede de controlo das operações de concentração não tem sido excepção, atenta a cobertura mediática do procedimento administrativo das operações de concentração mais complexas e em sectores económicos tidos como mais "sensíveis", sendo que alguns deles, como é o caso da banca, estavam excluídos do âmbito do controlo de concentrações à luz do anterior regime jurídico português da concorrência.

Independentemente da opinião que se possa formar sobre a actuação da Autoridade, é inegável o seu esforço significativo para a consolidação de uma cultura de concorrência no nosso país e para a maior atenção que é dada por empresas e particulares à importância da sã concorrência no mercado. Neste particular, o procedimento de apreciação de operações de concentração – as que são notificadas em cumprimento da lei e aquelas cuja notificação é provocada por um procedimento *ex officio* da Autoridade – assume inegável peso. Em nossa opinião e pelas razões que são apontadas ao longo do presente trabalho, por vezes a abordagem da AdC tem sido controversa, senão mesmo contraditória. Mas não restam dúvidas quanto ao esforço que a AdC tem demonstrado na diminuição e, desejavelmente, na eliminação das dificuldades encontradas – sejam elas de ordem técnica ou de insuficiente transparência dos procedimentos –, com evidentes vantagens para os agentes económicos e os consumidores.

Uns meses volvidos sobre a publicação do Decreto-Lei n.º 10/2003, de 18 de Janeiro, que criou a Autoridade, e da entrada em funcionamento desta (em fins de Março de 2003), foi aprovada a Lei da Concorrência, que consagra o actual procedimento de controlo das operações de concentração. A proximidade temporal entre ambos os diplomas legislativos foi propositada e visou justamente criar uma autoridade prestigiada e independente, que aplicasse uma legislação de concorrência moderna, em linha com o quadro comunitário de então e no contexto de internacionalização e globalização crescente das economias[3].

Apesar de a AdC ainda ter aplicado a anterior legislação de concorrência a algumas operações de concentração, o essencial da sua actividade tem sido desenvolvido ao abrigo do novo regime jurídico, no qual nos concentraremos no presente trabalho.

Embora o procedimento de controlo das operações de concentração tal como instituído pela Lei da Concorrência seja largamente inspirado no Regulamento das Concentrações Comunitárias vigente à data e embora a Autoridade já tenha iniciado a reflexão sobre a alteração da referida Lei, que tem por objectivo, entre outros, aproximar a Lei da Concorrência do actual Regulamento das Concentrações Comunitárias, persistem ainda diferenças significativas entre os ordenamentos comunitário e nacional quanto a vários aspectos, tal como adiante se detalha[4]. Estas diferenças dizem respeito tanto a aspectos processuais, como à

---

[3] Cfr. a Exposição de motivos da Proposta de Lei n.º 40/IX, que aprova o regime jurídico da concorrência, bem como o Relatório da votação na especialidade e o texto final da Comissão Parlamentar de Economia e Finanças. Cfr. também o Relatório Final do extinto CC, que faz um balanço dos 20 anos de actividade da instituição e aponta importantes aspectos de evolução da defesa da concorrência em Portugal, os quais vieram a condicionar a aprovação da actual Lei da Concorrência e a criação da Autoridade, nos moldes que estão previstos na Lei e nos respectivos estatutos. É ainda relevante nesta sede ter em consideração os objectivos que subjaziam ao Despacho n.º 3438/2002, de 24 de Janeiro, do então Ministro da Economia (Professor Braga da Cruz), que criou a Comissão para a Revisão da Legislação de Concorrência. Cfr. igualmente José Luís da Cruz Vilaça, *"Introdução à nova legislação de Concorrência"*, em *Concorrência – Estudos,* sob coordenação de António Goucha Soares e Maria Manuel Leitão Marques, edição Almedina, Junho de 2006.

[4] A intenção de alterar a Lei no sentido referido em texto deduz-se de algumas intervenções públicas do Conselho da AdC (cfr., por exemplo, intervenção na Comissão de Orçamento e Finanças da Assembleia da República, em 12.03.2008, e discurso proferido na sessão de assinatura do Protocolo entre as Autoridades de Concorrência de Portugal e da Turquia, Ankara, em 28.07.2008 – textos disponíveis em http://www.concorrencia.pt/instituicao/discursos.asp).

forma como a AdC vai consolidando as suas práticas em matérias tão distintas quanto sejam o acesso ao processo ou a discussão de compromissos que visam eliminar as preocupações de concorrência surgidas no âmbito da apreciação de uma operação de concentração.

Sem prejuízo do que fica dito, é justo reconhecer que o desempenho global da AdC ao longo dos primeiros cinco anos de actividade não passou despercebido e tem sido positivo. A este propósito importa notar que terá igualmente contribuído para o crescente sucesso na aplicação das disposições legais sobre controlo de concentrações a possibilidade que a AdC tem de manter contactos constantes com as suas congéneres no espaço comunitário e internacional e com a Comissão Europeia, nomeadamente no âmbito das redes europeia e internacional de autoridades de concorrência.

No presente trabalho procurámos reflectir sobre vários aspectos substantivos e processuais do procedimento português de controlo de concentrações que consideramos de relevo, emitindo a nossa opinião sobre cada um deles e ilustrando (sempre que existentes e/ou relevantes em nosso entendimento), com exemplos da prática decisória da AdC. Não foi nosso objectivo esgotar todos os temas que o assunto suscita e menos ainda fazer uma enumeração exaustiva da prática decisória da Autoridade, tanto mais que nos deparámos com dificuldades de acesso à informação publicamente disponível[5] relativa à mesma (com base na qual se fez a recolha e análise de dados) e a documentos da AdC que a sistematizassem até ao momento da conclusão desta investigação, em finais de Junho de 2008[6].

---

[5] As dificuldades respeitam, por um lado, à ausência de versões não confidenciais de bastantes decisões da Autoridade respeitantes a operações de concentração, em especial quanto aos anos de 2003 e 2004, ou à sua disponibilização bastante tempo depois de as mesmas terem sido adoptadas; e, por outro lado, à necessidade de salvaguardar a confidencialidade de alguma da informação relativa aos processos de concentrações que têm sido concluídos pela AdC, o que, em muitas ocasiões, impede ou dificulta a compreensão da análise da Autoridade, por exemplo, quanto aos conceitos de "controlo", "alteração estrutural do controlo" e "operação de concentração" para efeitos da Lei da Concorrência.

[6] Acresce que a sistematização da prática decisória da Autoridade e dos aspectos mais relevantes do procedimento do controlo de concentrações em Portugal são

Assim, a base na qual assenta a presente contribuição é, por natureza, incompleta, como incompleto será também por isso o produto das reflexões aqui vertidas. Tais circunstâncias deverão ser tidas em consideração na leitura da mesma. Acresce que, tanto quanto é do nosso conhecimento, existe ainda pouca doutrina sobre o tema do controlo de concentrações em Portugal, o que certamente se explica pela importância recente, mas crescente – coincidente, aliás, com os primeiros cinco anos de actividade da AdC, reconheça-se –, que estas matérias têm convocado junto de académicos, agentes políticos e económicos, consumidores e intérpretes-aplicadores do Direito[7].

Por fim, gostaríamos de recordar a dificuldade que sempre preside à selecção de um teor e sistematização adequados a um trabalho desta natureza, que é fruto de uma convivência profissional com as contingências jusconcorrenciais e que não assume propósitos académicos. Exorta-se, portanto, o leitor a uma análise crítica da forma e do conteúdo aqui apresentados.

---

referidos de forma sucinta nos relatórios anuais de actividade da Autoridade e neste momento o mais recente respeita ao ano de 2006. Isto, sem prejuízo de, entretanto, ter sido já tornado público o Relatório OCDE, relativo ao período entre 1 de Julho de 2006 e 30 de Junho de 2007 (cfr. http://www.concorrencia.pt/download/OCDE_Annual_report_2007.pdf).

[7] Cfr., por exemplo, "Introdução à nova legislação de Concorrência", de José Luís da Cruz Vilaça, e "O controlo das concentrações de empresas na Lei nº 18/2003", de Sofia Oliveira Pais, em "Concorrência – Estudos", sob coordenação de António Goucha Soares e Maria Manuel Leitão Marques, edição da Almedina, Junho de 2006. Cfr. também o "Controlo das Concentrações de Empresas (Direito Comunitário e Direito Português)", Carolina Cunha, Instituto de Direito das Empresas e do Trabalho, Cadernos, n.º 3, edição da Almedina, Abril de 2005. Cfr. ainda "O essencial da política de concorrência", Eduardo Lopes Rodrigues, Instituto Nacional de Administração, Oeiras, 2005. Mais recentemente, há ainda a destacar o trabalho de Miguel Moura e Silva, "Direito da Concorrência – Uma Introdução Jurisprudencial", Almedina, 2008. Outras obras, às quais será feita referência ao longo deste trabalho, abordam o tema do controlo das operações de concentração a propósito de problemáticas específicas, como sejam, as relações institucionais entre os reguladores sectoriais e a Autoridade da Concorrência. Relativamente ao anterior regime jurídico português nesta matéria, cfr., por exemplo, o "Controlo das Concentrações de Empresas no Direito Português", Sofia Oliveira Pais, Universidade Católica Portuguesa, Porto, Março de 1997.

Em termos de estrutura do presente trabalho, e após estas Considerações Preliminares (**I.**), começaremos por identificar e analisar alguns aspectos institucionais do funcionamento da AdC e do regime de controlo de concentrações de empresas instituído pela actual Lei da Concorrência (**II.**). Seguidamente, examinaremos alguns dos aspectos mais relevantes deste procedimento numa perspectiva substantiva (**III.**) e numa perspectiva processual (**IV.**). Finalmente, os capítulos (**V.**) e (**VI.**) encerram uma síntese de conclusões, acompanhada de algumas reflexões sobre aspectos materiais e processuais do procedimento de controlo de concentrações que, em nossa opinião, poderão ser melhorados.

II. AS COMPETÊNCIAS
DA AUTORIDADE DA CONCORRÊNCIA
E O REGIME DE CONTROLO DE CONCENTRAÇÕES

A Autoridade foi criada pelo Decreto-Lei n.º 10/2003, de 18 de Janeiro, que aprovou os respectivos Estatutos. No âmbito das competências de aplicação das disposições de Direito da Concorrência em Portugal, a AdC veio substituir a DGCC e o CC, este último tendo sido extinto e aquela tendo passado a designar-se Direcção-Geral da Empresa, numa primeira fase, e Direcção-Geral das Actividades Económicas, posteriormente.

À Autoridade passou a caber «*assegurar o respeito pelas regras de concorrência, tendo em vista o funcionamento eficiente dos mercados, a repartição eficaz dos recursos e os interesses dos consumidores*»[8].

A natureza e o regime jurídico que caracterizam a actividade da Autoridade constituíram uma novidade no enquadramento jurídico da concorrência em Portugal. Com efeito, a Autoridade é uma pessoa colectiva de direito público, de natureza institucional, dotada de órgãos, serviços, pessoal e património próprios e de autonomia administrativa e financeira[9]. O respectivo regime jurídico encontra-se previsto nos Estatutos da Autoridade, que foram aprovados conjuntamente com o diploma legal que a criou[10].

---

[8] Cfr. o artigo 1.º do Decreto-Lei n.º 10/2003, de 18 de Janeiro, e o artigo 1.º, n.º 2 dos Estatutos da Autoridade, que constam como anexo ao referido diploma. Cfr. também o que se disse na nota 3.

[9] Cfr. o artigo 2.º do Decreto-Lei n.º 10/2003, de 18 de Janeiro, e o artigo 1.º, n.º 1 dos Estatutos da Autoridade.

[10] Cfr. os artigos 2.º e 3.º do Decreto-Lei n.º 10/2003, de 18 de Janeiro.

Especialmente importantes são as novas regras de nomeação, duração do mandato, garantias de inamovibilidade e regime de incompatibilidades e impedimentos dos membros do Conselho da Autoridade (órgão directivo), que são inéditas[11]. Neste âmbito, releva ainda a proibição de, nos dois anos seguintes à cessação do seu mandato, os membros do Conselho estabelecerem qualquer vínculo ou entrarem em qualquer relação profissional, remunerada ou não, com entidades que durante esse período tenham participado em operações de concentração de empresas sujeitas a jurisdição da Autoridade ou tenham sido objecto de processos de contra-ordenação pela adopção de comportamentos restritivos da concorrência (cfr. o artigo 14.º do Decreto-Lei n.º 10/2003, de 18 de Janeiro).

Lamentavelmente, mais de cinco anos após a criação da Autoridade e tanto quanto é do conhecimento público, não existe ainda um Estatuto

---

[11] Com efeito, o Conselho da Autoridade é composto por um presidente e dois ou quatro vogais e a nomeação é feita «*por resolução do Conselho de Ministros, sob proposta do ministro responsável pela área da economia, ouvidos os ministros responsáveis pelas áreas das finanças e da justiça, de entre pessoas de reconhecida competência, com experiência em domínios relevantes para o desempenho das atribuições cometidas à Autoridade*». Cfr. o artigo 12.º do Decreto-Lei n.º 10/2003, de 18 de Janeiro.

Durante o seu mandato, os membros do Conselho não podem:

«*a*) *Desempenhar quaisquer outras funções públicas ou privadas, ainda que não remuneradas, com excepção das funções docentes no ensino superior em regime de tempo parcial;*

b) *Participar em deliberações do conselho relativas a empresas em que detenham interesses significativos, tal como definidas no artigo 8.º da Lei n.º 64//93, de 26 de Agosto, na redacção que lhe foi dada pela Lei n.º 28/ /95, de 18 de Agosto, ou com as quais tenham mantido relações profissionais de qualquer tipo, nos últimos dois anos*».

Acrescem a estas as demais incompatibilidades e impedimentos aos quais estão sujeitos os titulares de cargos públicos, em geral, e o pessoal dirigente dos institutos públicos em especial, bem como os deveres de discrição e reserva exigidos pela natureza das funções desempenhadas, quer durante quer após o termo dos respectivos mandatos. Nos termos do artigo 15.º, n.º 1 dos Estatutos, os membros do Conselho da AdC não podem ser exonerados antes de terminar o mandato excepto em caso de falta grave ou quando haja extinção colectiva do mandato.

do pessoal (regulamento de carreiras e regime contributivo), o qual carece de homologação dos ministros responsáveis pelas áreas das finanças, economia e administração pública (cfr. o artigo 27.º do Decreto--Lei n.º 10/2003, de 18 de Janeiro). Aliás, o Relatório do Tribunal de Contas sobre a "Auditoria à Regulação da Concorrência", concluído em Fevereiro de 2007, nota que esta situação não pode manter-se pois «[...] *para além de não conceder estabilidade à política de gestão dos recursos humanos pode contribuir para a saída dos melhores técnicos da AdC*»[12].

Anteriormente à criação da Autoridade e à entrada em vigor da Lei, o regime jurídico da concorrência encontrava-se plasmado no Decreto--Lei n.º 371/93, de 29 de Outubro, e as competências para a sua aplicação estavam atribuídas à DGCC (inicialmente Direcção-Geral da Concorrência e Preços) e ao CC.

No que respeita especificamente ao procedimento de controlo de concentrações, a DGCC tinha competências de instrução dos processos, mas as competências decisórias incumbiam ao Ministro responsável pela área do comércio (cfr. os artigos 31.º a 34.º do Decreto-Lei n.º 371/93), o qual podia solicitar um parecer (não vinculativo) ao CC sobre a susceptibilidade de a operação de concentração em causa afectar nega-tivamente a concorrência. O CC era constituído por um presidente e quatro ou seis vogais, nomeados por despacho do Primeiro-Ministro, sob proposta dos ministros responsáveis pelas áreas da justiça e do comércio, e os vogais eram designados tendo em atenção a sua reconhecida competência e idoneidade para o desempenho das respectivas funções (cfr. o artigo 14.º do Decreto-Lei n.º 371/93). Os membros do CC estavam sujeitos aos impedimentos e suspeições aplicáveis aos juízes.

De entre as várias alterações introduzidas pela Lei da Concorrência avultam, desde logo, as respeitantes ao processo de decisão das opera-ções de concentração, tendo em conta que as competências de apreciação e decisão passam a estar reunidas numa única entidade, a Autoridade.

---

[12] Cfr. pp. 8 e 9 do Relatório n.º 7/2007, da 2ª Secção do Tribunal de Contas, de Fevereiro de 2007, disponível em www.tcontas.pt.

O departamento responsável pela instrução e apreciação dos processos de concentrações é o Departamento de Operações de Concentração, que é constituído por técnicos superiores de formações várias (sobretudo juristas e economistas)[13]. Quando uma operação notificada tem incidência em mercados objecto de regulação sectorial, poderá ainda intervir no procedimento o Departamento de Mercados Regulados. Uma vez concluída a instrução, o Conselho da Autoridade delibera sobre o processo e, sendo caso disso (quando não há decisão tácita), adopta a decisão final por maioria simples (artigo 19.º, n.º 3 dos Estatutos). Em processos especialmente complexos do ponto de vista económico poderá intervir o Economista-Chefe. Neste momento e tanto quanto se sabe, a Autoridade não dispõe de um Jurista-Chefe.

No que respeita ao regime de controlo das operações de concentração, este assenta, nomeadamente, na independência e isenção da Autoridade relativamente ao Governo[14]. A independência, juntamente com um conjunto de outras condições com que se pretendeu dotar a Autoridade (entre as quais a autonomia financeira), visam «garant[ir] a melhor contribuição para um maior bem-estar dos consumidores e mais inovação»[15].

De entre as várias fontes de financiamento da Autoridade incluem--se as taxas pagas pela prestação de serviços (entre as quais, a taxa de notificação de operações de concentração[16]) e a transferência anual de uma percentagem das receitas auferidas pelas entidades reguladoras sectoriais, nos termos do Decreto-Lei n.º 30/2004, de 6 de Fevereiro. Esta última é sucintamente explicada abaixo, em **II.2.**

---

[13] Até ao momento, os Directores deste Departamento têm sido economistas.

[14] Alguma doutrina considera como um desvio a este princípio a possibilidade de recurso extraordinário, para o Ministro da tutela, de uma decisão de proibição de uma operação de concentração adoptada pela Autoridade, como se explicitará adiante em D.9.

[15] Cfr. o *Paper* apresentado pelo Professor Doutor Abel Mateus (à data Presidente do Conselho da Autoridade da Concorrência), na celebração do 10.º aniversário do Conselho da Concorrência romeno, em 26 de Abril de 2007, em Bucareste (Roménia), subordinado ao tema *"Why should national competition authorities be independent? And how should they be accountable?"*, acessível no sítio Internet da Autoridade, em http://www.autoridadedaconcorrencia.pt/download/AdC-competition_authorities_ be_independent.pdf.

1. O âmbito de aplicação do regime nacional de controlo de concentrações

A Lei da Concorrência[17] introduziu um conjunto significativo de alterações substantivas e de cariz processual ao regime português da concorrência, nomeadamente, no que respeita ao regime de controlo das operações de concentração entre empresas.

O âmbito material de aplicação deste procedimento, estabelecido no artigo 1.º da Lei, foi significativamente alargado quando comparado com o anterior regime jurídico da concorrência, passando a abranger todas as actividades económicas sem excepção, bem como todos os sectores regulados[18].

Tal como a Autoridade menciona no seu Relatório de Actividades de 2006 (cfr. p. 45), um processo que permitiu clarificar o seu entendimento quanto ao âmbito de aplicação do regime nacional de controlo de

---

[16] Cfr. o artigo 56.º, n.º 1, alínea a) da Lei da Concorrência e o Regulamento n.º 1/E/2003 do Conselho da Autoridade.

[17] A Lei n.º 18/2003 foi entretanto já alterada pelo Decreto-Lei n.º 219/2006, de 2 de Novembro, e pelo Decreto-Lei n.º 18/2008, de 29 de Janeiro.

[18] O artigo 1.º do Decreto-Lei n.º 371/93, de 29 de Outubro (cuja epígrafe era "Âmbito de aplicação") estabelecia o seguinte:

«1 – O presente diploma é aplicável a todas as actividades económicas exercidas, com carácter permanente ou ocasional, nos sectores privado, público e cooperativo.

2 – Sob reserva das obrigações internacionais do Estado Português, o presente diploma é aplicável às práticas restritivas da concorrência que ocorram em território nacional ou que neste tenham ou possam ter efeitos.

3 – Exceptuam-se do âmbito de aplicação deste diploma as restrições da concorrência decorrentes de lei especial» (sublinhado nosso).

E o artigo 7.º, n.º 2 do mesmo diploma (cuja epígrafe era "Notificação prévia") que pertencia à Secção III – Concentração de Empresas, estabelecia que *«[o] disposto na presente secção não se aplica às instituições de crédito, sociedades financeiras e empresas de seguros»* (cfr. Decreto-Lei n.º 298/92, de 31 de Dezembro, quanto à noção de instituição de crédito e de sociedade financeira).

A intenção de alargar o âmbito material de aplicação do procedimento de controlo de concentrações aos sectores financeiro e segurador foi anunciada, desde logo, na exposição de motivos da Proposta de Lei n.º 40/IX, que aprovou o regime jurídico da concorrência.

concentrações e que tem particular importância pela circunstância de ter sido concluído com uma decisão de proibição foi o caso "22/2005 – *Via Oeste (BRISA) – Auto-Estradas do Oeste / Auto-Estradas do Atlântico*"[19]. Com efeito, embora a actuação das empresas envolvidas estivesse vinculada por contratos de concessão celebrados com o Estado português, aquela instituição concluiu que a actividade de exploração de auto-estradas – comum a duas das empresas participantes e com base na qual se definiram os mercados relevantes – não deixava de estar sujeita às regras de concorrência. No referido Relatório de Actividades, a Autoridade considerou que «*ainda que muitos aspectos sejam objecto de regulação no âmbito dos contratos de concessão, continua a existir um considerável grau de liberdade das concessionárias para, havendo pressão concorrencial (no presente caso, verificava-se a existência de duas vias rodoviárias paralelas), disputar o mercado e atrair utilizadores*» (cfr. *loc. cit.*).

Também o âmbito territorial da Lei da Concorrência foi aumentado face ao anterior regime de controlo das operações de concentração. Com efeito, o artigo 1.º, n.º 2 passa a prever que, «*sob reserva das obrigações internacionais do Estado Português, a presente lei é aplicável (…) às operações de concentração de empresas que ocorram em território nacional ou que neste tenham ou possam ter efeitos*»[20] (sublinhado nosso).

Aliás, esta inovação foi "experimentada" pela Autoridade logo no início de 2004, no processo "7/2004 – *Otto Sauer Achsenfabrik / Deutsche Beteilingungs*" (também designado "DBAG/SAF"), em termos que se passam a explicar e que foram já confirmados em posterior prática decisória. Neste processo, a Autoridade salientou a intenção do legisla-

---

[19] Nos termos do artigo 34.º do Decreto-Lei n.º 10/2003, de 18 de Janeiro, as entidades notificantes desta operação interpuseram recurso extraordinário da decisão da AdC para o Ministro da Economia e da Inovação, o qual deu provimento ao mesmo, aprovando a operação de concentração em causa mas condicionando-a ao cumprimento de determinadas condições e obrigações.

[20] A excepção inclui, designadamente, as operações de concentração com dimensão comunitária, nos termos e para os efeitos do artigo 1.º do actual Regulamento das Concentrações Comunitárias, e situações excepcionais como aquelas que mencionamos abaixo em III.6.

dor de «*introduzir um conceito lato de conexão com o território nacional, considerando de forma muito abrangente a aplicação territorial deste diploma*» (cfr. n.º 9). E, com base no disposto no artigo 10.º, n.º 3 da Lei[21], a Autoridade concluiu (cfr. n.º 11) que «*[o] legislador manifestou, clara e inequivocamente, que no que concerne à aplicação territorial, a Lei da Concorrência contempla, tanto os efeitos produzidos por vendas efectuadas directamente no território nacional, como os que nele possam vir a ser efectuadas por meio de importação*» (sublinhado nosso).

Em consequência, segundo a Autoridade, a mera circunstância de a adquirida ("SAF") vender os seus produtos para o território nacional através de um agente foi suficiente para justificar a jurisdição da AdC ao abrigo da Lei da Concorrência, pois a concentração era *susceptível de poder ter efeitos no território nacional*. Ou seja, para a Autoridade, não relevou a circunstância de a adquirente ("DBAG") não realizar qualquer volume de negócios em Portugal e de a adquirida não ter sede, filial ou subsidiária em Portugal (cfr. n.ºs 6 a 13 da decisão).

Na prática, esta interpretação resulta na obrigatoriedade de notificação de operações de concentração que muitas vezes não têm implicações jusconcorrenciais significativas nos mercados relevantes em Portugal. Veremos melhor esta questão quando analisarmos os critérios de notificação previstos na Lei (**III.5.**).

É de notar, a este propósito, que, em 2006, em 30% das operações de concentração decididas pela Autoridade, as empresas adquiridas realizaram volumes de negócios inferiores a 5 milhões de euros enquanto que apenas 19,7% das operações de concentração decididas envolveram a aquisição de empresas/activos que geraram volumes de negócios superiores a 150 milhões de euros (sendo que este valor corresponde quase ao quádruplo do valor correspondente em 2005)[22].

---

[21] O artigo 10.º, n.º 3 da Lei explicita que o *volume de negócios «compreende os valores dos produtos vendidos e dos serviços prestados a empresas e consumidores em território português, líquidos dos impostos directamente relacionados com o volume de negócios* (...)» (sublinhado nosso).

[22] P. 43 do Relatório de Actividades da Autoridade relativo ao ano de 2006.

2. A articulação de competências e as relações institucionais entre a Autoridade e os reguladores sectoriais

Tal como referimos acima, o âmbito de aplicação da Lei da Concorrência em sede de controlo das operações de concentração foi significativamente alargado e passou a incluir tanto o sector segurador, como o sector financeiro – com as excepções constantes do artigo 8.º, n.º 4, alínea c) da Lei, adiante explicadas em **III.3.4**. Efectivamente, a Autoridade da Concorrência, por força das suas atribuições específicas, passou a assumir novas funções inerentes à defesa da concorrência, relevantes para a regulação global dos sectores, que até então eram parcialmente exercidas de facto pelas entidades reguladoras sectoriais.

Em consonância com esta inovação, o legislador estabeleceu no Decreto-Lei n.º 30/2004, de 6 de Fevereiro, que as receitas das taxas cobradas às entidades reguladas, nos sectores mencionados no mesmo diploma, deveriam ser partilhadas entre os reguladores sectoriais e a Autoridade.

Segundo o legislador, esta partilha de receitas justifica-se por um conjunto de circunstâncias, tendo em atenção «*por um lado, que a independência das autoridades reguladoras em geral requer uma forma de financiamento autónoma e previsível e, tanto quanto possível, independente do Orçamento do Estado, bem como que a razão fundamental do financiamento através de taxas é o serviço prestado pela entidade reguladora às entidades sujeitas a regulação, nomeadamente quanto ao funcionamento eficiente do sector, e, por outro, que a cada um dos sectores acima referidos* [financeiro, telecomunicações, energético, das águas, dos transportes ferroviários e da aviação civil] *se aplica, simultaneamente, uma regulação técnica sectorial e uma regulação da concorrência, nas suas múltiplas vertentes, e que, nos termos do artigo 15.º da Lei n.º 18/2003, de 11 de Junho, a Autoridade da Concorrência e as autoridades reguladoras sectoriais colaboram na aplicação da legisla-*

---

[23] Assim, estabeleceu-se que «*sem prejuízo da manutenção das actuais fontes de financiamento da Autoridade da Concorrência, constantes do artigo 31.º do respectivo Estatuto, aprovado pelo Decreto-Lei n.º 10/2003, de 18 de Janeiro, passa a constituir receita desta entidade parte das receitas próprias das entidades reguladoras provenien-*

ção da concorrência[23]. Na prática, desde o início da aplicação deste diploma legal e até ao momento presente, o orçamento da Autoridade tem sido largamente financiado pelas receitas provenientes das taxas recolhidas pelos reguladores sectoriais junto das entidades presentes no sector a que dizem respeito[24].

A referida colaboração entre a Autoridade e os reguladores sectoriais *na aplicação da legislação da concorrência* exige o estabelecimento da forma de articulação de competências nesta sede. Em nossa opinião, o legislador devia ter ido mais longe na clarificação desta articulação nos diplomas legais relevantes – designadamente, no Decreto-Lei n.º 10/2003, de 18 de Janeiro[25], e na Lei da Concorrência[26].

Uma eficiente articulação de competências é tanto mais importante quanto, em sede de controlo das operações de concentração, a AdC tem vindo a ser chamada a pronunciar-se sobre um crescente número de operações de concentração complexas em quase todos os sectores regu-

---

tes de taxas cobradas pelos serviços por elas prestados» (preâmbulo do Decreto-Lei n.º 30/2004).

[24] Cfr. os Relatórios OCDE relativos ao período entre 01.07.2004 e 30.06.2005 e período seguinte, respectivamente n.º 95, p. 15, e n.º 110, p. 23.

[25] Com efeito, o artigo 6.º, n.º 1 do Decreto-Lei n.º 10/2003 prevê que *«as atribuições cometidas à Autoridade pelos Estatutos anexos ao presente diploma são por aquela desempenhadas sem prejuízo do respeito pelo quadro normativo aplicável às entidades reguladoras sectoriais».* E o n.º 2 da mesma disposição legal estabelece que *«[a] lei definirá os modos de intervenção ou participação da Autoridade em questões ou processos relativos a domínios submetidos a regulação sectorial, na medida necessária à salvaguarda dos objectivos prosseguidos pela legislação de concorrência».*

[26] Cfr. ponto **IV.15.** adiante.

[27] Relevam, entre outros, os seguintes processos: no sector dos *media*, o processo "17/2005 – *Controliveste / Lusomundo Media*"; no sector da energia, os processos "16/2005 – *Enernova / Ortiga * Safra*", "65/2005 – *EDP / CAIMA / EDP Bioeléctrica*", "69/2005 – *Gas Natural / Endesa*", "21/2004 – *REN / GDP / Rede de Transporte de Gás Natural em Alta Pressão*" e "32/2006 – *REN / Activos*"; no sector dos transportes rodoviários, os processos "38/2003 – *Arriva Transportes da Margem Sul / TST – Transportes do Sul do Tejo, S.A.*" e "37/2004 – *Barraqueiro / Arriva (ATMS)*"; no sector das telecomunicações, os processos "8/2006 – *Sonaecom / PT*" e "44/2007 – *Sonaecom / Activos ONI*"; no sector da aviação civil, os processos "43/2003 – *TAP / SPdh / PGA (Unidade de Handling)*" e "57/2006 – *TAP / PGA*"; no sector da saúde, os processos "4/2006 – *Espírito Santo Saúde/Horpor*", "28/2006 – *JMS / Dr. Campos Costa / Valir / Valab*" e "57/2007 – *Capio / Unilabs*"; e no sector financeiro, o processo "15/2006 – *BCP / BPI*".

lados[27]. Com efeito, duas das três decisões de proibição de operações de concentração adoptadas até ao momento pela AdC têm impacto em sectores regulados[28].

Ora, na prática, têm-se suscitado várias dúvidas interpretativas e, pontualmente, algumas dificuldades de relacionamento institucional entre as entidades reguladoras e a Autoridade. A este propósito, o Tribunal de Contas, no Relatório sobre a "Auditoria à Regulação da Concorrência", acima mencionado em 12, nota que «[...] *a AdC, no intuito de prever conflitos e garantir uma articulação eficaz, com os reguladores sectoriais, tem vindo a celebrar com estes acordos de cooperação que identifiquem com clareza o âmbito de actuação articulada e estabeleçam os mecanismos procedimentais necessários à concretização de tal articulação».* E o Tribunal acrescenta que «*a eventual aprovação de uma Lei-Quadro para as entidades administrativas independentes, ao contribuir para uma harmonização das soluções institucionais aplicáveis aos reguladores sectoriais contribuiria para facilitar a articulação das autoridades reguladoras sectoriais com a AdC*»[29].

A articulação entre a Autoridade e as entidades reguladoras sectoriais no que respeita especificamente ao controlo das operações de concentração encontra a sua base legal no artigo 39.º, n.º 1 da Lei da Concorrência, que prevê que a Autoridade se encontra vinculada a solicitar parecer à autoridade reguladora competente e a estabelecer um prazo razoável para a emissão do mesmo, antes de se pronunciar sobre uma operação de concentração que tenha incidência num mercado objecto de regulação sectorial. Mas o disposto no n.º 1 do artigo 39.º «*não prejudica o exercício pelas autoridades reguladoras sectoriais dos poderes que, no quadro das suas atribuições específicas, lhes sejam legalmente conferidos relativamente à operação de concentração em causa».* No ponto **IV.15.** adiante analisaremos esta problemática da articulação de competências concretizada na prática decisória da Autoridade.

---

[28] Processos "37/2004 – *Barraqueiro / Arriva (ATMS)*" e "22/2005 – *Via Oeste (Brisa) / Auto-Estradas do Oeste / Auto-Estradas do Atlântico*".

[29] Cfr. p. 13 do Relatório.

III. AS DISPOSIÇÕES SUBSTANTIVAS

No ponto **3.** do presente capítulo começamos por explicar quais as condições cumulativas que a Lei estabelece para que uma transacção seja considerada uma operação de concentração. Em seguida, no ponto **4.**, explicamos a qualificação das actividades desenvolvidas (ou a desenvolver) pelas empresas participantes na operação de concentração que é feita em função da definição dos mercados de produto e geográfico relevantes, dada a sua importância para o procedimento de controlo de concentrações.

Os critérios constantes da Lei cujo preenchimento resulta na obrigação legal de notificação prévia de uma operação de concentração à Autoridade são mencionados no ponto **5.** e, no ponto seguinte (o ponto **6.**), enunciamos as situações em que a mesma entidade intervém na apreciação de operações de concentração que são analisadas pela Comissão.

No ponto **7.** abordamos os aspectos mais relevantes da apreciação jusconcorrencial que a Autoridade deverá fazer das operações de concentração que lhe são notificadas. Esta apreciação baseia-se no impacto que a operação de concentração é susceptível de provocar na estrutura de concorrência do(s) mercado(s) relevante(s) e poderá implicar que a não oposição à mesma operação tenha como condição indispensável a assumpção de condições e obrigações (usualmente denominadas em conjunto como "compromissos") por parte da(s) empresa(s) participante(s) na concentração, o que também é abordado nesta sede.

Por último, e ainda no contexto da apreciação jusconcorrencial substantiva, fazemos referência, no ponto **8.**, à possibilidade de análise das restrições da concorrência que são directamente relacionadas e necessárias à concentração (usualmente denominadas no jargão anglo-saxónico por "*ancillary restraints*") e que, como tal, poderão ser admitidas se cumprirem um conjunto de requisitos.

36 | *O procedimento de controlo das operações de concentração de empresas em Portugal*

Sublinha-se, para efeitos de análise subsequente, que o regime português de controlo de concentrações segue, no essencial[30], o regime comunitário constante do actual e do anterior Regulamento das Concentrações Comunitárias[31] e das Comunicações Interpretativas da Comissão nesta matéria, sendo particularmente relevante a Comunicação consolidada da Comissão em matéria de competência[32]. Na sua prática decisória, a Autoridade tem aplicado várias das definições constantes da Lei da Concorrência em conjunto com a fundamentação constante da legislação e jurisprudência comunitárias e prática decisória da Comissão, como veremos abaixo.

3. As transacções abrangidas pelo regime de controlo de concentrações

Nos termos do artigo 8.°, n.ºs 1 e 2 da Lei entende-se existir uma *operação de concentração de empresas* nas seguintes circunstâncias:

a) *No caso de fusão de duas ou mais empresas anteriormente independentes;*

b) *No caso de uma ou mais pessoas singulares que já detenham o controlo de pelo menos uma empresa ou de uma ou mais empresas adquirirem, directa ou indirectamente, o controlo da totalidade ou de partes de uma ou de várias outras empresas.*

---

[30] Contudo, ao longo do texto indicamos várias interpretações da Autoridade constantes da sua prática decisória que, em nossa opinião ou tal como reconhecido pela própria Autoridade, se distinguem da abordagem seguida pela Comissão, entre as quais, a relativa ao conceito de "empresa" (por exemplo, no processo "16/2005 – *Enernova / Ortiga * Safra*") e a respeitante ao critério de aferição da possibilidade de exercício de *influência determinante sobre uma empresa* "com base em circunstâncias de facto e/ou de direito" (por exemplo, no processo "39/2004 – *Andlinger / Yxlon*").

[31] Conforme já referido, actualmente está em vigor o Regulamento (CE) n.° 139/ /2004, de 20 de Janeiro. Igualmente relevante é o Regulamento Comunitário de Execução.

[32] Adoptada em 10 de Julho de 2007.

Esta última alínea inclui igualmente a criação ou aquisição de uma empresa comum desde que a mesma «*desempenhe de forma duradoura as funções de uma entidade económica autónoma*»[33], conceito este ao qual reservaremos o ponto **III.3.3**.

Na prática, o número de situações que preenchem a alínea *a)* acima transcrita é muito inferior ao daquelas que preenchem a alínea *b)* também transcrita[34].

A distinção entre os casos de fusão de empresas e de aquisição de controlo é sobretudo relevante para dois aspectos processuais previstos na Lei. Por um lado, é relevante para efeitos de cálculo do volume de negócios das empresas envolvidas na concentração[35]; por outro, pode ser relevante para efeitos de determinação do evento que desencadeia a obrigação de notificação prévia de uma concentração à AdC[36] (*"triggering event"*, referido no artigo 9.º, n.º 2 da Lei).

---

[33] Cfr. o artigo 8.º, n.º 3 da Lei.

[34] Ainda assim, podem mencionar-se, entre outros, os seguintes processos: "75/2005 – *Farbeira / Farcentro / Cofarbel / Centro Beira / Farmoeste*", que consistiu na fusão por incorporação de três cooperativas farmacêuticas anteriormente independentes, numa só; "51/2006 – *Nyse Euronext / Nyse Group / Euronext*", que consistiu na fusão de duas empresas anteriormente independentes que passam a ter a sua actuação no mercado pautada por uma *holding* comum; "43/2004 – *Grula / Coopertorres / Torrental*", que consistiu na fusão por integração de três cooperativas (que desenvolviam a totalidade das suas actividades económicas através de uma empresa-comum) através de uma nova cooperativa a constituir, para a qual seria transferida a totalidade dos respectivos patrimónios; "75/2007 – *Tomgal / Sugal*", que consistiu na fusão por incorporação da primeira sociedade na segunda, sendo que a primeira já era detida em parte pela accionista que detinha integralmente a segunda sociedade. Após a implementação da concentração projectada, a Sugal passaria a ser detida pelos mesmos accionistas da Tomgal na fase anterior à concentração. E ainda o processo "76/2007 – *Udifar / Codifar / União Farmacêuticos*", que consistiu na fusão por incorporação de três cooperativas farmacêuticas numa única.

[35] Numa fusão relevam os volumes de negócios dos grupos económicos que se fundem, enquanto nas aquisições de controlo os volumes de negócios a contabilizar são apenas o do grupo económico a que pertence(m) o(s) adquirente(s) e o da(s) empresa(s)-alvo ou da parcela desta que é objecto de aquisição, tal como estabelecido no artigo 10.º, respectivamente, n.ºs 1 e 4.

[36] Sobre esta questão, cfr. o que se dirá adiante, em **IV.10**.

Pese embora a diferença entre as duas situações, podem existir casos em que uma transacção resulta da conjugação sucessiva de uma fusão com uma aquisição de controlo[37], ou vice-versa[38]. Nestes casos, o essencial é determinar se cada uma dessas transacções constitui uma operação de concentração autónoma, notificável nos termos gerais, ou se, pelo contrário, estamos perante uma única concentração, em virtude de se tratar de uma "operação fragmentada" na acepção que veremos adiante em **III.3.5.**[39], ou de uma das transacções ter lugar no quadro da reestruturação de um grupo económico[40].

Para efectuarmos uma correcta análise da existência de uma *operação de concentração* para efeitos da aplicação da Lei da Concorrência é necessário verificar, em especial, se no caso concreto estão **preenchidos os conceitos de *empresa*, de *controlo sobre uma empresa* ou parte da mesma e de *alteração duradoura da estrutura de controlo sobre essa empresa ou parte dela***, indispensáveis à existência da concentração.

Importa igualmente delimitar as situações em que as transacções não constituem operações de concentração, atentas as especificidades de vária ordem, como adiante se refere em **III.3.4.**, tanto mais que as mesmas podem influenciar a ponderação do formato das transacções ainda em fase de negociação, consoante os objectivos prosseguidos pelas partes contratantes.

3.1. *O conceito de "empresa"*

Nos termos do artigo 2.º, n.º 1 da Lei da Concorrência, «*[c]onsidera-se empresa, para efeitos da presente lei, qualquer entidade que exerça uma actividade económica que consista na oferta de bens ou serviços*

---

[37] Cfr. processo "20/2007 – *OPCA / Apolo*".

[38] Cfr. processo "43/2007 – *Luxottica / Oakley*".

[39] Cfr. processo "20/2007 – *OPCA / Apolo*", n.ᵒˢ 19 e 20.

[40] As operações de concentração estão limitadas às alterações de controlo de uma empresa ou parte de uma empresa, pelo que uma reestruturação interna num grupo de empresas não constitui uma concentração (cfr. processo "43/2007 – *Luxottica / Oakley*", n.º 14 e Comunicação consolidada da Comissão em matéria de competência, n.º 51).

num determinado mercado, <u>independentemente do seu estatuto jurídico e do modo de funcionamento</u>» (sublinhados nossos).

Mais especificamente, o conceito de *empresa* para efeitos de controlo das operações de concentração e, em primeiro lugar, para efeitos do artigo 8.º, n.º 1 da Lei tem sido interpretado de modo muito abrangente por parte da Autoridade, pois assenta numa interpretação ampla da noção de *actividade económica*[41]. Com efeito, a Autoridade já considerou como *empresas* as sociedades que, não obstante não terem ainda iniciado a sua actividade económica, estão em condições de a iniciar num *período de tempo que a AdC considera razoável*, tendo em consideração as características do sector económico em causa.

Por exemplo, no processo "*14/2007 – Teixeira Duarte / Marinertes*", a entidade adquirida tinha sido constituída no ano anterior àquele em que se efectuou a notificação, não desenvolvia qualquer actividade económica à data da notificação e o seu principal activo consistia na detenção de uma licença para proceder à prospecção e pesquisa de depósitos minerais de areais e outros materiais. E não era expectável que, antes de 2009 (ou seja, aproximadamente dois anos depois da notificação ter sido apresentada), a Marinertes viesse a realizar qualquer volume de negócios.

Contudo, o que relevou para a sua qualificação como *empresa* pela Autoridade foi a circunstância de a mesma já ter sido constituída e ter um objecto social (que se enquadrava na noção de *actividade económica* constante do artigo 2.º da Lei, acima transcrito) e igualmente de a Marinertes deter – para efeitos de desenvolver a mesma actividade económica – «*os activos imprescindíveis para actuar no mercado, num curto espaço de tempo*» (cfr. n.º 19)[42]. Em consequência, a Marinertes

---

[41] Cfr., por todos, o processo "*16/2005 – Enernova / Ortiga * Safra*", n.º 34.

[42] Ainda segundo a AdC no mesmo parágrafo da decisão em causa, esse *período de arranque*, «*por analogia com a prática decisória da Comissão Europeia, relativamente à criação de empresas comuns, não deverá exceder os 3 anos (Cfr. Comunicação da Comissão relativa ao conceito de empresas comuns que desempenham todas as funções de uma entidade económica autónoma, ponto 14 do J.O. n.º C 66/1, de 2.3.1998)*». Esta Comunicação da Comissão foi entretanto revogada pela Comunicação consolidada da Comissão em matéria de competência, que manteve a mesma previsão quanto ao período de arranque de uma *joint venture* (cfr. n.º 97).

foi considerada uma *empresa* cujo controlo se alterava, pelo que a Autoridade concluiu existir uma operação de concentração.

Numa situação oposta a esta, em 2003, a AdC considerou que a aquisição, pela Vodafone / Telecel Comunicações Pessoais, S.A., da totalidade do capital social da ONI Way Infocomunicações, S.A. não consubstanciava uma operação de concentração, pelo facto de a adquirida «*não ter exercido qualquer actividade, nem ter condições de vir a exercê-la, nomeadamente, na sequência da revogação da licença para a prestação de serviços móveis de terceira geração de que era detentora*»[43].

Particularmente relevante – e bastante questionável, em nossa opinião – no que respeita ao «*espaço de tempo razoável para uma entidade iniciar a sua actividade económica à qual possa ser imputado um volume de negócios*» é o entendimento desenvolvido pela Autoridade no processo "16/2005 – *Enernova / Ortiga * Safra*". No âmbito deste processo, a Autoridade concluiu que «*torna-se perfeitamente razoável assumir que as empresas Ortiga e Safra iniciarão a sua actividade de produção e venda de energia eléctrica num prazo que se situa entre os 3 e os 8 anos, contados da sua constituição. O prazo de 3 anos indicado pela Comissão Europeia não constitui mais do que uma referência, podendo ser mais longo ou mais curto, consoante o sector em que a actividade económica em análise se insere*»[44] (sublinhado nosso).

Em consequência, a Autoridade considerou que estávamos perante uma "empresa" para efeitos da Lei. Em nossa opinião, tal interpretação poderá ser excessivamente abrangente, tanto mais que, a nível comuni-

---

[43] Cfr. resumo da decisão do processo "09/2003 – *Vodafone / ONI Way*", disponível no sítio internet da Autoridade. O texto da decisão não se encontra disponível.

[44] Esta conclusão decorre de a Autoridade ter reconhecido que «*as informações de mercado, obtidas em sede de instrução, permitem estimar que este tempo* [tempo médio que medeia entre a constituição jurídica de uma sociedade com o objecto social equivalente ao das adquiridas e a efectiva produção e venda de energia eléctrica] *se situa entre os 3 e os 8 anos, contados da sua constituição*». Cfr. os n.os 53 a 57 da decisão referida em texto e p. 41 do Relatório de Actividades da Autoridade relativo ao ano de 2005, em que se refere esse mesmo processo.

tário se considera que a análise prospectiva realizada em sede de controlo das operações de concentração tem os riscos inerentes à antecipação de cenários futuros, atendendo a que, para mais, entretanto as condições de mercado poderão alterar-se de forma relevante[45].

De notar ainda que, no que respeita ao *objecto do controlo*, podem ocorrer operações de concentração relativamente a "partes de uma empresa" e não à totalidade da mesma, as quais se encontram abrangidas pelo presente regime jurídico desde que as referidas partes sejam *susceptíveis de realizar volume de negócios*, à semelhança do que ocorre a nível comunitário[46]. Por exemplo, uma operação de concentração pode incidir sobre um conjunto de activos afectos a uma determinada actividade[47], exigindo a Autoridade nesse caso que «*esses activos têm de desenvolver por si só, uma actividade económica de forma estável, constituindo, eles próprios, uma unidade económica, à qual possa ser atribuído um volume de negócios no mercado*»[48].

O conceito de *partes de uma empresa* pode igualmente incluir, entre outras, determinadas marcas de produtos[49] – cujo volume de negócios realizado pela empresa que as detém é autonomizável – ou mesmo o negócio que a empresa desenvolve e não já os das sociedades por si detidas[50].

---

[45] Cfr. acórdão do TJCE de 15.02.2005, processo C-12/03 P, *Comissão c. Tetra Laval*, também dito *Tetra Laval II*, n.os 42 e 43.

[46] Cfr. a Comunicação consolidada da Comissão em matéria de competência.

[47] Por exemplo, o processo "52/2005 – *Guérin-rent-a-car / Globalrent*", n.º 6.

[48] Raciocínio equivalente desenvolveu a Autoridade no processo "47/2006 – *Motortejo / Fórmula H*", embora o trespasse do estabelecimento comercial em causa não integrasse contratos de fornecimento, direitos de propriedade intelectual e outros contratos celebrados pela Fórmula H (cfr. n.º 12).

[49] É o caso, por exemplo, do processo "10/2005 – *Angelini / Aventis / Laboratórios Roussel*", cuja operação de concentração consistia na aquisição, pela Angelini Farmacêuticas, Lda., de todos os direitos e obrigações referentes à comercialização de um produto farmacêutico (miorelaxante), o *Adalgur N®*, detidos pelos Laboratórios Roussel, Lda (que possuíam a autorização de introdução no mercado do produto em causa) e pela Aventis Pharma, Lda. (empresa que procedia à exploração comercial do produto, após ter celebrado um contrato com os Roussel para esse efeito, mediante o pagamento de *royalties*) (cfr. n.os 16 a 19).

[50] Caso, por exemplo, do processo "40/2004 – *OCP Portugal / Soquifa*" (cfr. n.os 10 e 11).

Da prática decisória da Autoridade constam várias operações de concentração que resultam do acordo em trespassar um conjunto de activos que compõem um estabelecimento comercial, na medida em que o trespasse inclua os contratos de trabalho, os contratos de arrendamento dos locais onde é exercida a actividade comercial em causa, os equipamentos e os *stocks* inerentes a esses estabelecimentos[51].

Ficam-nos, porém, dúvidas sobre se, no processo "44/2006 – *Pingo Doce / "Activos" Faustino&Lopes"*, os activos a adquirir constituíam, por si só, uma unidade económica autónoma, à qual pudesse ser atribuído um volume de negócios em mercado (cfr. artigo 10.°, n.° 4), ou se, pelo contrário, a capacidade económica do adquirente e o seu *know how* é que foram determinantes para a qualificação da operação como uma concentração entre empresas. A dúvida advém do facto de a operação em causa não ter incluído alguns activos corpóreos que normalmente são transmitidos nestas situações[52] e de a Autoridade ter afirmado que «*tendo em conta a similitude entre a actividade anteriormente desenvolvida pelo* [activo a adquirir] *e a* [adquirente], *os activos-alvo acima referidos permitirão o desenvolvimento da actividade económica que a* [adquirente] *pretende realizar. A operação notificada configura, face ao acima exposto, uma concentração de empresas (...)*»[53].

Igualmente relevante é a circunstância de, no que respeita à *entidade que detém o controlo*, também as pessoas singulares poderem ser consideradas como *empresas* para efeitos do artigo 8.°, n.° 1 da Lei[54]. Por

---

[51] Entre outros, relevam os seguintes processos: "25/2006 – *DIA Portugal / Patrisuper (Activos)*", que consistia no trespasse de quatro estabelecimentos comerciais, três dos quais já eram franqueados pela adquirente e lhe adquiriam entre [80%-100%] das compras; "74/2005 – *Pingo Doce / Polisuper (Mem Martins)*"; "78/2005 – *Pingo Doce / Supermercado Paradi (Ílhavo)*"; "12/2006 – *Pingo Doce / Supermercado Feira (Santa Comba Dão)*"; e "20/2006 – *Pingo Doce / Alentemoura Supermercados (Activos)*".

[52] A título de exemplo, a operação não implicou a transferência de marcas, insígnias, denominações e outros elementos identificativos dos estabelecimentos comerciais a adquirir e a transferência de trabalhadores e de *stocks* ficou dependente de acordo do adquirente.

[53] Cfr. n.ᵒˢ 18 e 19 da decisão.

[54] Cfr., por exemplo, o processo "11/2006 – *Gestores UEE * Ibersuizas * Vista Desarrollo / Union Española de Explosivos (UEE)*" (n.° 1) ou o processo "39/2004 – *Andlinger & Company/Yxlon*" (n.° 31).

exemplo, no processo "39/2004 – *Andlinger & Company / Yxlon*"[55], a Autoridade considerou que o «*conceito de empresa deve ser interpretado latamente sendo susceptível de abranger tanto pessoas colectivas como pessoas singulares*» (n.º 31). Assim, para a Autoridade (cfr. n.º 32), «[t]*al é particularmente demonstrativo no <u>carácter de irrelevância dado ao estatuto jurídico da entidade que desempenha uma qualquer actividade económica</u>, patente na noção de empresa, constante do n.º 1 do artigo 2.º da Lei da Concorrência, bem como no âmbito da noção de concentração de empresas, constante da alínea b) do n.º 1 do artigo 8.º do referido diploma*» (sublinhado nosso).

Os notificantes nesta operação argumentaram não existir actividade económica por parte dos *principais*[56] (que eram os adquirentes) e, portanto, não deverem os mesmos ser considerados como *empresas* para efeitos de Direito da Concorrência. Mas a Autoridade considerou que tal argumento não procedia, considerando que existia «*uma actividade económica prestada de forma indirecta, i.e. por meio de empresas participadas, nas quais existe uma participação de controlo*» detida por um dos *principais*, alegando que as primeiras «*oferecem bens ou serviços ao mercado e que, portanto, se devem qualificar como empresas, para efeitos de Direito da Concorrência*» (cfr. n.os 35 e 37).

Em consequência, a Autoridade conclui (n.os 38 e 39) que «[t]*endo em atenção que o conceito de empresa, descrito no n.º 1 do artigo 2.º da Lei da Concorrência, deve ser interpretado de uma forma lata no que diz respeito ao estatuto jurídico das entidades que exercem actividades económicas, <u>a mesma latitude deve ser dada ao seu modo de funcionamento, i.e., à forma, directa ou indirecta, como tais actividades são</u>*

---

[55] Tratava-se de uma operação de concentração que consistia na aquisição por Ernst Reichmayr, Gerhard Unterganschnigg, Ivar Mitchell, Gerhard Andlinger Trust, Beamsley Investments Ltd e todos os "principais" da Andlinger & Company, do negócio de testes não destrutivos da InVision ("Yxlon").

[56] No n.º 34 da decisão, a Autoridade refere que «*os principais desenvolvem uma actividade de prospecção e realização de investimentos, de forma separada e por seu próprio risco, sem um objectivo económico concreto, i.e., sem um objectivo de oferta de bens ou serviços em determinado mercado*».

exercidas. _O facto de ela não exercer, directamente, qualquer actividade económica, para efeitos de Direito da Concorrência, não afasta o facto de ela deter participações de controlo em sociedades/empresas que exercem, conferindo-lhe, assim e ainda que indirectamente, o estatuto de empresa, para efeitos da Lei da Concorrência_» (sublinhados nossos). Em consequência, bastou que um dos compradores preenchesse as características acima mencionadas para que a Autoridade o considerasse como empresa[57].

3.2. _O controlo sobre uma empresa ou parte da mesma_

A definição de _controlo_ para efeitos do regime de operações de concentração entre empresas encontra-se estabelecida no artigo 8.º, n.º 3 da Lei, que estabelece que

> «_o controlo decorre de qualquer acto, independentemente da forma que este assuma, que implique a possibilidade de exercer, isoladamente ou em conjunto, e tendo em conta as circunstâncias de facto ou de direito, uma influência determinante sobre a actividade de uma empresa, nomeadamente:_
>
> a) _Aquisição da totalidade ou de parte do capital social;_
> b) _Aquisição de direitos de propriedade, de uso ou de fruição sobre a totalidade ou parte dos activos de uma empresa;_
> c) _Aquisição de direitos ou celebração de contratos que confiram uma influência preponderante na composição ou nas delibera-ções dos órgãos de uma empresa_» (sublinhados nossos).

Ora, o conceito de _controlo_ para efeitos de Direito da Concorrên-cia e, mais especificamente, para efeitos do regime de apreciação de operações de concentração, é mais vasto do que aquele utilizado

---

[57] Assim, a entidade Gerhard Andlinger Trust, independentemente do seu esta-tuto jurídico e modo de funcionamento (directa ou indirectamente, por meio de participações de controlo em _empresas_) exercia uma actividade económica oferecendo _bens ou serviços num determinado mercado_ (cfr. n.os 26 a 31).

noutros ramos do Direito[58]. E isto é assim também no plano comunitário[59].

A letra da Lei estabelece, desde logo, várias condições de preenchimento obrigatório, entre as quais avultam as seguintes: *(i)* o *âmbito* do conceito de controlo, que é bastante abrangente, pois tanto pode resultar de circunstâncias de facto, como de circunstâncias de direito (umas em alternativa às outras), *(ii)* a *natureza* do controlo, que pode variar (o controlo pode ser exercido a título exclusivo ou conjuntamente com outras entidades/pessoas) e, para mais, abrange a *mera possibilidade de exercício*, não exigindo o seu exercício efectivo.

Acresce que o controlo corresponde à *influência determinante susceptível de ser exercida por uma (ou mais) empresa(s) sobre a actividade de uma outra empresa*, ou seja, abrange uma multiplicidade de situações que, numa primeira análise, poderiam não ser subsumidas a controlo. Assim, importa antes de mais compreender qual a interpretação que a Autoridade tem feito do conceito de *controlo* na sua prática decisória em sede de apreciação de operações de concentração.

(A) Âmbito do controlo – Controlo decorrente de circunstâncias de facto e/ou de direito

A existência de controlo pode aferir-se com base na influência determinante susceptível de ser exercida por uma (ou mais) empresas sobre outra empresa, em resultado, desde logo, de *circunstâncias de facto*, conceito indeterminado e muito abrangente que, em nossa opinião, nem sempre tem sido concretizado de forma consistente pela Autoridade.

---

[58] Por exemplo, no processo "54/2006 – *Prisa / Media Capital*", a Prisa já detinha uma participação de 33% no capital social da Media Capital, circunstância que conduziu a CMVM a considerar que a primeira já detinha controlo conjunto sobre a segunda – para efeitos de regulação dos valores mobiliários –, ao contrário do entendimento da Autoridade, para efeitos de controlo das operações de concentração (n.os 11 a 14). A oferta pública de aquisição lançada pela Prisa sobre as participações das restantes accionistas visava adquirir a totalidade do capital social.

[59] Cfr. a Comunicação consolidada da Comissão em matéria de competência, n.os 22 e 23.

46 | *O procedimento de controlo das operações de concentração de empresas em Portugal*

Com efeito, no processo "39/2004 – *Andlinger & Company / Yxlon*", a Autoridade considerou que existia uma situação de «*controlo conjunto assente numa base de facto*» com recurso a uma interpretação *a contrario* da "Comunicação da Comissão relativa ao conceito de concentração de empresas"[60].

Ou seja, atentos os diferentes pressupostos de aferição da existência de controlo, patentes no artigo 3.º do Regulamento das Concentrações Comunitárias que vigorava à data (e da Comunicação da Comissão que o interpretava quanto a esta matéria), em contraste com o n.º 3 do artigo 8.º da Lei da Concorrência, bem como as próprias circunstâncias da operação em causa[61], a Autoridade considerou que se podia fazer uma interpretação mais abrangente das circunstâncias cujo preenchimento resultava na existência de um controlo conjunto de facto.

Esta argumentação merece uma explicação mais detalhada. Com efeito, a Autoridade, no n.º 59 da sua decisão, entendeu que «*[o] artigo 3.º do referido Regulamento [(CEE) n.º 4064/89], ao exigir que a possibilidade de exercer uma influência determinante sobre uma empresa seja aferida <u>com base em circunstâncias de facto e de direito</u>, torna os pressupostos para a existência de controlo para o Regulamento Comunitário consideravelmente mais exigentes que os dispostos no artigo 8.º, n.º 3 da Lei n.º 18/2003, de 11 de Junho, que apenas exige que tal*

---

[60] Esta Comunicação foi revogada pela Comunicação consolidada da Comissão em matéria de competência.

[61] O capital da sociedade encontrava-se disperso por um número muito alargado de accionistas mas um dos accionistas detinha uma participação de [40-50%]. Em conformidade, a Autoridade considerou que «*perante uma deliberação à qual o [...] [accionista com [40-50%]] se queira opor, os restantes accionistas ser*[iam] *confrontados com uma quase impossibilidade de obter uma maioria de 50,01% do restante [50-60%] do capital que se encontra disperso*». Tendo em conta a grande dispersão que se registava quanto ao restante capital social, a participação minoritária de [40-50%], detida pelo mesmo accionista, é susceptível, segundo a AdC, de configurar uma *minoria de bloqueio* às votações de deliberações em Assembleia Geral. Contudo, devido ao facto de o mesmo accionista «*ainda assim, necessitar de uma fracção do restante capital disperso, a fim de fazer aprovar as deliberações que vote favoravelmente, bem como da possibilidade, ainda que remota, de eventuais deliberações serem aprovadas com votos contra da sua parte, existe uma situação de controlo conjunto assente numa base de facto*» (cfr. n.os 51 a 63).

influência seja determinada com base em circunstâncias de facto ou de direito» (sublinhados nossos). Ou seja, a Autoridade considerou que, no caso da legislação comunitária, havia uma condição cumulativa (a existência de circunstâncias de facto e de direito em simultâneo), enquanto a Lei da Concorrência apenas exigiria uma das duas condições em alternativa. Contudo, é de notar que o texto do anterior Regulamento das Concentrações Comunitárias não é unívoco e algumas versões linguísticas pareciam exigir a existência das circunstâncias de facto e de direito em alternativa[62], à semelhança do texto constante da Lei da Concorrência.

Em nossa opinião e tendo em conta as circunstâncias do processo em concreto, esta argumentação da Autoridade é questionável, pois a situação descrita parece configurar uma ausência de controlo estável e definido sobre a empresa em causa, no sentido, aliás, do defendido no n.º 35 da *Comunicação da Comissão relativa ao conceito de concentração de empresas* para a qual a Autoridade fez referência[63]. De acordo com esse parágrafo e a menos que existam importantes interesses partilhados entre os accionistas de uma empresa, a Comissão entende que *«o facto de os accionistas minoritários poderem coligar-se de forma diferente entre si excluirá normalmente a presunção da existência de*

---

[62] À semelhança do que já acontecia com as várias versões linguísticas do Regulamento (CE) n.º 4064/89, também quanto à actual redacção do artigo 3.º, n.º 2 do Regulamento das Concentrações Comunitárias a condição cumulativa referida pela Autoridade (existência de circunstâncias de facto e de direito) consta da versão portuguesa mas já não de outras versões, como sejam, a francesa e a inglesa. Com efeito, a versão portuguesa refere *«[o] controlo decorre dos direitos, contratos ou outros meios que conferem, isoladamente ou em conjunto, e tendo em conta as circunstâncias de facto e de direito»* mas, por exemplo, as versões francesa e inglesa parecem admitir o preenchimento de apenas um dos dois tipos de circunstâncias, como se passa a transcrever, respectivamente: *«[l]e contrôle découle des droits, contrats ou autres moyens qui confèrent, seuls ou conjointement et compte tenu des circonstances de fait ou de droit [...]»*; *«[c]ontrol shall be constituted by rights, contracts or any other means which, either separately or in combination and having regard to the considerations of fact or law involved [...]»* (sublinhados nossos).

[63] A Comunicação consolidada da Comissão em matéria de competência revogou a referida Comunicação mas mantém o mesmo entendimento da Comissão quanto a esta matéria.

controlo conjunto. Sempre que não se verifique qualquer maioria estável no processo de tomada de decisões, podendo a maioria em cada caso resultar de diversas combinações possíveis entre os accionistas minoritários, não se pode presumir que os accionistas minoritários controlam em conjunto a empresa»[64].

A noção de "controlo de facto" voltou a ser objecto de apreciação pela AdC no processo "30/2007 – *Bensaúde / NSL*". Neste caso, a Autoridade recordou a ideia abrangente que subjaz ao conceito, ao considerar que «*o controlo conjunto de uma empresa pode resultar do exercício comum de direitos de voto, por parte de accionistas minoritários, assente numa situação de facto, em que existem importantes interesses comuns entre os accionistas minoritários, que os impedem de se oporem uns aos outros no exercício dos seus direitos*» (sublinhado nosso)[65].

Também no processo "80/2005 – *Alliance Santé / Farmindústria / J. Mello / Alliance Unichem Farmacêutica*" a Autoridade definiu a alteração da estrutura de controlo que resultou da operação de concentração como uma passagem de controlo único para controlo conjunto *de facto*. Este controlo conjunto seria exercido pela Alliance Santé por um lado – cujo grupo económico detinha anteriormente o controlo único sobre a Alliance Unichem e passou a deter uma participação de apenas 49% – e o "bloco" Farmindústria e J. Mello ("JMP II"), por outro, que adquiriu participações, respectivamente, de 49% e de 2%.

Na verdade, a Autoridade baseou-se no Acordo Parassocial que regulava os direitos e obrigações das três accionistas no seio da Alliance Unichem, o qual, segundo a AdC, não só previa «*a possibilidade de bloqueio da Alliance Santé, sobre algumas matérias comerciais estra-*

---

[64] No mesmo sentido, cfr. n.º 80 da Comunicação consolidada da Comissão em matéria de competência.

[65] A Autoridade considerou que o controlo conjunto de facto por parte de determinados accionistas minoritários sobre as quatro *holdings* decorria de um conjunto de circunstâncias que instituíam uma relação de dependência entre estas: (i) o padrão de voto (de determinados accionistas); (ii) a estrutura accionista familiar; (iii) os interesses financeiros comuns; e (iv) as ligações estruturais entre as empresas (cfr. n.os 19 e 20).

tégicas», como também «*admitia a possibilidade de a Farmindústria e a JMP II poderem, em conjunto, bloquear tomadas de decisões no seio da Alliance Unichem que possam ter impacto relevante nesta*» (cfr. n.º 41-48).

E, discordando da notificante que considerava não existir alteração de controlo sobre a Alliance Unichem, a Autoridade baseou a probabilidade da actuação conjunta de bloqueio por parte das accionistas Farmindústria e JMP II na circunstância de as mesmas terem previsto expressamente o referido mecanismo de bloqueio e considerou que tal sucederia de forma estável e duradoura, atentos os *interesses comuns* entre ambas (cfr. n.º 69, 72 e 76). Para efeitos de determinar estes *interesses comuns*, a Autoridade tomou em consideração «*as relações prévias à Transacção entre a Farmindústria e a JMP II e a acção concertada na aquisição das participações sociais da Alliance Unichem por parte daquelas*» (cfr. n.º 80 e 82 e seguintes).

Também quanto às *circunstâncias de direito* que conduzem a uma situação de *controlo* muito haveria a dizer e não cabe enunciá-las exaustivamente no presente trabalho, sem prejuízo de referirmos alguns dos muitos exemplos que existem e que não resultam expressamente do elenco constante do artigo 8.º, n.º 3 da Lei. Importa notar, antes de mais, que a Autoridade adopta um conceito amplo de *acordo de que resulta a operação de concentração*. Sem prejuízo de abordarmos este tema mais em detalhe no ponto **IV.10.** adiante, parece-nos oportuno avançar desde já com alguns exemplos de prática decisória relevante da Autoridade a este propósito.

À cabeça, refira-se o processo "60/2005 – *Enernova / Bolores, Eneraltius, Levante, Cabeço das Pedras e Malhadizes*" (cfr. os n.ᵒˢ 11 e seguintes), no âmbito do qual a Autoridade explica que a qualificação como operação de concentração «*assenta nos termos e condições patentes nos respectivos instrumentos contratuais*». Neste particular, a AdC assevera que «*a noção de "Acordo", para efeitos da Lei n.º 18/2003, de 11 de Junho, maxime para efeitos do seu artigo 9.º, deve ser interpretada de uma forma ampla, <u>como qualquer documento, ao qual as partes se vinculem, que estabeleça e estabilize os elementos essenciais afectos a uma operação de concentração, nomeadamente, partes envolvidas e o</u>*

seu objecto. A *relevância da forma jurídica* que este adopta – contrato definitivo ou contrato-promessa – torna-se *diminuta*, na medida em que, logo perante um contrato-promessa, as partes vinculam-se a uma série de elementos-chave da transacção, estabilizando-os, para efeitos de análise pela Autoridade da Concorrência, nos termos do[s] artigos 8.°, 9.° e 31.° e seguintes da Lei n.° 18/2003, de 11 de Junho» (sublinhados nossos).

Exige-se, pois, uma análise casuística – e complexa em muitas situações – do eventual preenchimento dos pressupostos necessários à existência de um *acordo*, passo essencial não apenas à qualificação de uma transacção como operação de concentração, como igualmente à determinação do evento que desencadeia a contagem dos prazos processuais para efeitos do artigo 9.°, n.° 2 da Lei (*"triggering event"*), entre outros.

Um exemplo muito comum de entendimento entre as Partes que resulta numa operação de concentração consiste nos acordos de compra e venda de acções ou participações (conjugados ou não com a celebração em simultâneo de um ou mais acordos entre accionistas)[66]. Este tipo de acordo pode surgir em resultado de enquadramentos tão distintos como uma operação de *"roll-up"*[67] ou na sequência da assumpção por uma

---

[66] É um exemplo, entre tantos outros, o processo "28/2006 – *JMS / Dr. Campos Costa / Valir / Valab"*, cuja operação de concentração consistia na aquisição de participações sociais (correspondentes a 70% do capital social) e na celebração de acordos parassociais. Neste contexto, considerou a Autoridade que a autonomia da direcção e gestão clínicas não punham em causa a alteração da estrutura de controlo (cfr. n.os 34 e seguintes).

[67] Cfr. o processo "57/2005 – *Sonaecom / Novis / Clixgest"*, cuja operação de concentração consistia na aquisição do controlo exclusivo pela Sonaecom das sociedades Novis e Clixgest, através do aumento do capital social pela primeira a ser subscrito integralmente pela France Telecom mediante entrega das respectivas participações minoritárias nas mesmas duas sociedades. A Novis era uma empresa comum entre a Sonaecom (56,7%) e a France Telecom (43,3%), constituída em 1999, notificada à Comissão Europeia e autorizada em 21 de Outubro desse ano ("COMP/M.1679 – *France Telecom / STI / SRD"*), enquanto a Clixgest era uma empresa criada por cisão da Novis em Dezembro de 2000. Uma vez que ambas as sociedades passariam a ser detidas exclusivamente pela Sonaecom, a Autoridade considerou-as como uma única "entidade" (n.° 15). E a France Telecom trocou essas participações minoritárias por uma participação minoritária na holding Sonaecom (*"roll-up"*).

Disposições substantivas sobre o controlo de concentrações | 51

empresa de uma obrigação de desinvestimento no âmbito de uma operação de concentração anterior – perante a Comissão Europeia[68] ou perante a Autoridade da Concorrência[69]. Mas a compra e venda de acções também pode surgir no âmbito de um processo de (re)privatização do capital social de uma sociedade através da alienação, por concurso público, de um bloco de acções[70] ou no contexto de uma Oferta Pública de Aquisição ("OPA")[71].

Sublinhe-se que a aquisição de controlo sobre uma empresa, para efeitos de Direito da Concorrência, é independente da concreta participação social que se pretende adquirir. O que releva são as circunstâncias de facto ou de direito susceptíveis de permitir a uma empresa exercer uma influência determinante sobre outra. A título exemplificativo, no processo "26/2008 – *BA Glass / Sotancro*", a Autoridade considerou que, não obstante tratar-se da aquisição de uma participação minoritária no capital social da Sotancro e suas subsidiárias, a BA Glass passaria a dispor de controlo exclusivo sobre a adquirida, em virtude de diversos direitos especiais que deteria no seio dos órgãos sociais da Sotancro.

---

[68] Cfr., por exemplo, o processo "10/2005 – *Angelini / Aventis / Laboratórios Roussel*" (n.º 20), acima mencionado na nota 49. Esta operação ocorreu na sequência da decisão da Comissão no processo "COMP/M.3354 – *Sanofi /Aventis*", que impôs uma obrigação de desinvestimento em Portugal para o produto *Adalgur*, objecto da operação de concentração em causa. A Comissão já se pronunciara favoravelmente à admissibilidade da Angelini como adquirente, competindo em seguida à Autoridade apreciar a operação de concentração.

[69] Cfr., por exemplo, o processo "48/2005 – *Axa / Seguro Directo Gere*", cuja operação de concentração surgiu no âmbito de um compromisso imposto no processo "28/2004 – *Caixa Seguros / NHC (BCP Seguros)*". A adquirida Seguro Directo Gere era uma entidade detida pela Império Bonança, que passara a fazer parte do Grupo Caixa Geral de Depósitos no contexto do processo 28/2004 (cfr. n.os 3, 4 e 38, 39).

[70] Cfr. por exemplo, processo "24/2005 – *Invescaima / Portucel Tejo*", que respeitava a uma operação de concentração que consistia na aquisição do controlo exclusivo da empresa *Portucel Tejo* pela *Invescaima,* no quadro da 1ª fase do processo de reprivatização da *Portucel Tejo*, através da alienação, por concurso público, de um bloco indivisível de 7 125 000 acções, representativas de 95% do capital social da sociedade, nos termos do caderno de encargos anexo ao Decreto-Lei n.º 9/2005, de 6 de Janeiro, diploma que aprovou a reprivatização de mais uma das sociedades criadas por destaque do património da *Portucel, SGPS, S.A.* (n.os 14 e seguintes).

[71] Cfr., por exemplo, o processo "08/2006 – *Sonaecom / PT*" ou o processo "15/2006 – *BCP / BPI*".

52 | O procedimento de controlo das operações de concentração de empresas em Portugal

Releva notar a este propósito que, por exemplo em 2006, da totalidade das operações de concentração decididas pela Autoridade, 53,7% consistiram na aquisição da maioria do capital social, 23,9% corresponderam à aquisição de activos e outros 6% consistiram em OPAs[72].

Pelo contrário e à semelhança do que é defendido na Comunicação consolidada da Comissão em matéria de competência (cfr. n.º 19), a Autoridade já considerou que os acordos de franquia enquanto tais normalmente não conferem controlo ao franquiador sobre o negócio do franquiado[73].

Tendo começado por enunciar este mesmo princípio no processo "13/2007 – *ITMI / Marrachinho*"[74], a AdC veio sustentar que «*para efeitos de avaliação jusconcorrencial, às quotas de mercado da notificante em determinado mercado relevante, deverão acrescer as das empresas franqueadas nesse mesmo mercado relevante*»[75].

Do que se trata, pois, é de saber até que ponto se justifica autonomizar o volume de negócios de uma empresa franqueada face ao da empresa franquiadora, para efeitos de notificabilidade de uma concentração, agregando, no entanto, esses volumes de negócios para efeitos de determinação da posição de mercado de um determinado negócio.

A respeito do primeiro destes dois pontos, concordamos com a abordagem da AdC no indicado processo, uma vez que não existe de facto qualquer base legal que permita agregar os volumes de negócios de duas empresas independentes, para efeitos de aferição do preenchimento

---

[72] Cfr. a página 42 do Relatório de Actividades da Autoridade relativo ao ano de 2006.

[73] Cfr., por exemplo, o processo "62/2007 – *The Body Shop International Plc/ DIBEL – Importadora de Produtos de Beleza, S.A.*" que consistiu na aquisição pela Body Shop International do controlo exclusivo da DIBEL, empresa responsável pela comercialização exclusiva, através de um contrato de franquia celebrado com a Body Shop International, da marca "THE BODY SHOP" para Portugal.

[74] Segundo a Autoridade, «*os volumes de negócios das empresas franqueadas não devem ser tidos em conta para efeitos de determinação do volume de negócios da notificante, uma vez que, como empresas independentes que são, não são integradas na esfera de controlo da empresa franqueadora*» (cfr. n.º 32 da decisão).

[75] Cfr. n.º 39.

dos critérios de notificação previstos no artigo 9.º da Lei da Concorrência. Com efeito, o artigo 10.º, n.º 1 da Lei determina expressamente que o cálculo da quota de mercado e do volume de negócios de uma empresa, que estão enunciados no artigo 9.º, deve ser feito por referência ao grupo económico em que essa empresa se insere. Tratando-se de duas empresas independentes (franquiador e franquiado), não há que somar os respectivos volumes de negócios para efeitos de determinação da notificabilidade de uma transacção.

Questão diferente desta é a de o franquiador gerar um volume de negócios próprio através das vendas de produtos que realiza ao seu franquiado. Naturalmente que, neste caso, o valor dessas vendas grossistas deve-lhe ser imputável para efeitos do artigo 9.º, independentemente do volume de negócios que é realizado pelo distribuidor nas vendas desses mesmos produtos a terceiros.

O segundo ponto acima mencionado a propósito do tema dos acordos de franquia respeita à possibilidade de, independentemente da resposta à questão da imputação das vendas explicitada nos parágrafos anteriores, as actividades económicas desenvolvidas pela empresa franquiadora e pela empresa franquiada serem analisadas em conjunto, em sede de apreciação dos efeitos jusconcorrenciais decorrentes da operação de concentração. Neste particular, o entendimento preconizado pela AdC no referido processo "13/2007 – *ITMI / /Marrachinho*" parece-nos correcto[76].

Com efeito, do ponto de vista da procura do bem ou serviço comercializado pelas empresas em causa, a percepção do consumidor final é normalmente a de que adquirir produtos/serviços no estabelecimento do franquiador ou do franquiado será relativamente indiferente. Também do ponto de vista da oferta, há geralmente uma identidade de produtos e serviços entre uma rede de franquia, que é independente da propriedade dos estabelecimentos que os comercializam.

Nesta medida, inclinamo-nos para considerar que uma análise da realidade económica subjacente a determinado bem ou serviço deve envolver uma avaliação da posição de mercado desses bens ou serviços,

---

[76] Cfr. os n.os 33-39 da decisão.

em função dos volumes de negócios e quotas de mercado detidos, não só pelo grupo económico do franquiador, mas também por cada um dos franquiados que compõem a respectiva rede, ainda que juridicamente independentes do primeiro.

Julgamos que é também neste sentido que apontam os critérios de apreciação substantiva constantes do artigo 12.º da Lei, no âmbito dos quais se torna essencial determinar a posição das empresas participantes nos mercados relevantes e o seu real poder económico e financeiro, independentemente da estrutura de propriedade das respectivas redes de distribuição.

Refira-se ainda que a prática decisória da Comissão Europeia parece ir igualmente no sentido de imputar as quotas de mercado das empresas franquiadas às empresas franquiadoras, para efeitos de impacto de uma concentração na estrutura dos mercados relevantes[77].

(B) Natureza do controlo – Controlo exclusivo ou controlo conjunto

i. Controlo exclusivo/único

A Comunicação consolidada da Comissão em matéria de competência explica que o controlo exclusivo se adquire quando uma única empresa pode exercer uma influência determinante sobre outra empresa, identificando-se nesse âmbito duas situações:

– a empresa que detém o controlo único possui o poder de determinar as decisões comerciais estratégicas de outra empresa (é o chamado "controlo único positivo") – tipicamente este poder adquire-se mediante a detenção da maioria do capital social da empresa objecto do controlo; ou,

– apenas um accionista de uma empresa tem a possibilidade de vetar decisões estratégicas quanto a outra empresa, mas isolada-

---

[77] Cfr., por exemplo, decisões adoptadas nos processos "COMP/M.4686 – *Louis Delhaize / Magyar Hipermarket KFT*", "COMP/M.4613 – *Eurazeo SA / Apcoa Parking Holdings GmbH*", "IV/M.4600 – *Tui / First Choice*", "COMP/M.4564 – *Bridgestone / / Bandag*", "COMP/M.2510 – *Cendant / Galileo*" e "COMP/M.2197 – *Hilton / Accor / Forte / Travel Services JV*".

Disposições substantivas sobre o controlo de concentrações | 55

mente não tem o poder, por si só, de impor essas decisões (é o chamado "controlo único negativo") – nesta situação o referido accionista detém o mesmo nível de influência que usualmente um accionista individual detém numa situação de controlo conjunto (ou seja, o poder de vetar a adopção de medidas estratégicas) mas, ao contrário do que acontece com as situações de controlo conjunto, não existem outros accionistas que detenham o mesmo nível de influência que o accionista que detém o controlo único negativo. Acresce que este último não tem necessariamente que cooperar com outros accionistas específicos na determinação do comportamento estratégico da empresa. Trata-se, pois, da *possibilidade de exercício de influência determinante* por parte de uma *empresa* sobre outra empresa[78].

Este entendimento da Comissão quanto à noção de *controlo exclusivo* tem sido seguido pela Autoridade em inúmeras decisões adoptadas em sede de controlo de concentrações[79]. Embora não seja possível na presente contribuição fazer um elenco exaustivo dos tipos de situações que podem configurar este tipo de controlo, importa, ainda assim, apresentar alguns exemplos.

---

[78] Segundo a Comissão, a alteração de uma situação de controlo único negativo para uma situação de controlo único positivo pelo mesmo accionista não dá origem a uma alteração no tipo de controlo, pelo que, nestes casos, não estamos perante uma operação de concentração (cfr. n.º 83 da Comunicação consolidada da Comissão em matéria de competência).

[79] Cfr., por exemplo, o processo "82/2005 – *La Seda Barcelona / Selenis*", que consistia na aquisição de controlo único formalizada num contrato-promessa de compra e venda de acções correspondentes a 70% do capital social de duas sociedades, prevendo-se a aquisição dos remanescentes 30% do capital social de cada uma delas e correspondentes direitos de voto até uma data próxima da primeira, de acordo com os direitos de opção de compra contratualmente previstos. Ou, por exemplo, o processo "14/2006 – *Ercros / Derivados Forestales*", n.os 16 a 18, cuja operação de concentração consistia na aquisição do controlo único através da aquisição da totalidade das participações sociais que se fazia mediante uma operação de troca das participações sociais da adquirida por acções da adquirente, no âmbito de um aumento de capital desta última, que foi realizado mediante entradas em espécie (participações correspondentes a 100% capital da adquirida).

Em consonância com o entendimento da Comissão, a Autoridade reconheceu a ausência de alteração da situação preexistente de controlo exclusivo da Turbogás pela National Power[80] – e, por consequência, a inexistência de uma operação de concentração – no processo "05/2005 – EDP / Turbogás", por não se encontrarem preenchidos os pressupostos de que dependeria a existência de uma *influência determinante* da primeira sobre a segunda. A transacção consistia no aumento da participação de 20% detida por uma das accionistas da Turbogás, a EDP – Energias de Portugal, S.A., para uma participação de 40% sobre a primeira.

Segundo a Autoridade, embora o acordo parassocial referente à Turbogás estabelecesse que para a aprovação de determinadas matérias eram necessárias maiorias qualificadas, das mesmas não constavam as denominadas *matérias estratégicas*, cujo direito de veto confere normalmente ao respectivo titular a possibilidade de exercer uma influência determinante sobre a actividade da empresa[81]. Essas matérias são tipicamente: (i) orçamento, (ii) plano de actividades, (iii) realização de investimentos avultados e (iv) designação dos titulares dos órgãos directivos.

Com efeito, a aprovação do orçamento e do plano de actividades da Turbogás estava sujeita às regras gerais de votação do Código das Sociedades Comerciais (maioria simples), pelo que a manutenção, pela National Power, de uma participação de 55% permitia-lhe continuar a aprovar sozinha essas deliberações. Igualmente relevante para a Autoridade foi a circunstância de a Turbogás não prever a realização de quaisquer investimentos avultados e de, mesmo que os fizesse, depender da concordância maioritária das entidades que financiaram o projecto, bem como dos avalistas[82].

---

[80] Esta aquisição de controlo exclusivo pela National Power fora notificada à Autoridade em 29 de Julho de 2004 (processo "29/2004 – *National Power / Turbogás*") e objecto de decisão de não oposição em 7 de Setembro do mesmo ano.

[81] Cfr. a Comunicação consolidada da Comissão em matéria de competência (n.os 62 e seguintes).

[82] A Turbogás foi constituída com o fim específico de construir e explorar a central de ciclo combinado a gás natural da Tapada do Outeiro, tendo o financiamento do projecto sido assegurado em regime de *"Project Finance"* [cfr. n.º 28, alínea c) da

Ainda digna de referência é a circunstância de o aumento da participação da EDP, de 20% para 40%, não resultar numa nova composição do Conselho de Administração da Turbogás que fosse susceptível de configurar uma alteração do controlo sobre a mesma sociedade. Por último, a Autoridade refere [n.º 43, d)] que «[o] *referido Acordo Parassocial não sofreu quaisquer alterações desde 1996, o que implica a manutenção do, já existente, conjunto de matérias da competência do Conselho de Administração, bem como das regras de votação e de maiorias exigidas para as respectivas aprovações*».

Existem também operações de concentração que resultam na manutenção do mesmo tipo de controlo (exclusivo ou conjunto) sobre uma empresa, mas em que a entidade que o detém é substituída por outra, resultando, pois, numa alteração da *titularidade* ou da *qualidade* do controlo sobre a empresa em causa[83]. Nestes casos, como assinala a própria Comissão[84], se a operação de concentração preencher os restantes critérios legais, está sujeita à obrigação legal de notificação prévia.

Diferentes dos casos de substituição de accionistas no controlo exclusivo ou conjunto de uma empresa são as situações de redução ou aumento do número de accionistas de uma empresa, conducentes à passagem do controlo conjunto para o controlo exclusivo ou mesmo a uma alteração do tipo de controlo conjunto preexistente. O princípio

---

decisão]. Segundo a notificante, citada pela AdC, «*a Turbogás já efectuou todos os grandes investimentos que tinha que realizar, na sequência do concurso público que foi lançado pelo Governo Português em 1990 para efeitos da construção e exploração da central da Tapada do Outeiro, a qual se encontra em plena operação desde há vários anos*». Acresce que, uma vez «*consumado o período dos investimentos avultados, a Turbogás encontra-se, actualmente, na fase de retorno dos investimentos realizados. Ou seja, a sua actividade limita-se à produção de energia eléctrica, para venda à REN, com o objectivo de gerar receitas que permitam, por um lado, amortizar os empréstimos contraídos junto das instituições que financiaram o projecto e pagar as despesas de funcionamento da central e, por outro, remunerar os accionistas*». E, por último, «*todas as decisões relativas a investimentos da Turbogás se encontram sujeitas a aprovação pelas entidades que financiaram o projecto assim como pelos avalistas*» (sublinhados nossos).

[83] Cfr. por exemplo, o processo "25/2005 – *Controlauto / Iteuve*".

[84] Cfr. n.os 83 e seguintes da Comunicação consolidada da Comissão em matéria de competência.

58 | *O procedimento de controlo das operações de concentração de empresas em Portugal*

geral nestes casos, segundo a Comissão[85], é o de que estaremos perante uma operação de concentração se a venda das participações pelo(s) accionista(s) que sai(em) conduzir a uma tomada de controlo ou a um reforço da posição de controlo já existente por parte de um novo accionista ou dos anteriores accionistas da empresa comum (por exemplo, através de direitos de veto adicionais ou de membros suplementares nos órgãos de gestão)[86].

ii. Controlo conjunto

Também a qualificação de controlo conjunto depende das circunstâncias em que duas ou mais empresas podem exercer uma *influência determinante* sobre uma outra empresa e, na prática, resultam de uma grande multiplicidade de situações. A seguir enunciam-se algumas, a título exemplificativo.

Da análise efectuada pela Autoridade no processo "05/2005 – *EDP / Turbogás*", acima referido, resultam alguns indícios úteis para a caracterização do controlo conjunto, como a *susceptibilidade* de uma ou mais entidades exercerem uma *influência determinante* (decisiva) sobre outra empresa. Sendo que, em sede de controlo conjunto, o conceito de *influência determinante* constante do artigo 8.°, n.° 3 da Lei usualmente significa o poder de vetar decisões/acções que determinem o comportamento comercial estratégico de uma empresa.

No processo "39/2004 – *Andlinger & Company / Yxlon*", já referido, a Autoridade explica que «[o] *exercício de um controlo conjunto sobre uma empresa implica, antes de mais, a existência de mais que um accionista. Por outro lado, <u>a repartição dos poderes de controlo traduz-se na criação de uma força de bloqueio</u>. Tal poderá concretizar-se,*

---

[85] Cfr. n.os 89 e 90 da Comunicação consolidada da Comissão em matéria de competência.

[86] Era esta a situação no processo "47/2003 – *PPTV / PT Conteúdos / Sport TV*", em que a Sport TV Portugal, S.A. deixou de ser detida em partes iguais pela Rádio e Televisão de Portugal, SGPS, S.A., pela PPTV – Publicidade de Portugal e Televisão, S.A. e pela PT Conteúdos, SGPS, S.A., para passar a ser controlada em conjunto por estas duas últimas sociedades, em resultado da aquisição da participação da primeira das sociedades referidas por parte destas duas sociedades.

nomeadamente, por meio da atribuição de um direito de veto, geralmente concedido por meio de um acordo parassocial» (sublinhado nosso) (cfr. n.º 52).

Outro exemplo igualmente relevante é o processo "27/2006 – *Construtora do Lena / Tagusgás*", em que a Autoridade considerou que já existia uma situação de controlo conjunto por parte da Construtora do Lena (que detinha uma participação de 20,38%) e dos restantes accionistas que subscreveram o acordo parassocial relativo à Tagusgás, o que lhes conferia a *possibilidade de exercerem uma influência determinante* sobre a empresa. A operação de concentração notificada resultou do aumento da participação em [30%-35%] que acrescia àquela que a Construtora do Lena já detinha na Tagusgás, passando a primeira a controlar a maioria do capital social da segunda. Contudo, não se alterava a natureza do controlo sobre a empresa (que se mantinha como controlo conjunto), em virtude da manutenção em vigor do acordo de accionistas, o que impedia a Construtora do Lena de determinar unilateralmente o comportamento comercial estratégico da Tagusgás (cfr. n.os 7 e 25 a 35).

Tal como vimos acima, uma das situações em que existe uma operação de concentração nos termos do artigo 8.º, n.º 1, alínea b), e n.º 2 da Lei consiste na aquisição de *«controlo da totalidade ou de partes de uma ou de várias outras empresas»*, o que inclui a criação ou aquisição de uma empresa comum desde que a mesma *«desempenhe de forma duradoura as funções de uma entidade económica autónoma»* (também designada por "empresa comum de pleno exercício", "*joint venture* concentrativa" ou "*full-function joint venture*"). E são vários os exemplos em que a Autoridade aplicou esta disposição legal e analisou a existência de controlo conjunto pelas empresas-mãe, em resultado de nenhuma delas poder determinar sozinha a actividade da empresa comum, e igualmente de as decisões estratégicas e de maior relevância na gestão terem de ser tomadas com o acordo das empresas-mãe[87].

---

[87] Tal como previsto, por exemplo, no acordo parassocial existente no contexto do processo "37/2006 – *PTG e Arcolgeste (JV)*" (n.º 22). Tratou-se de uma operação de concentração que consistiu na constituição de uma empresa comum para a qual se transferiram alguns dos activos das respectivas empresas-mãe e igualmente se transfe-

É, pois, necessário, distinguir entre o conceito de "empresa comum", usualmente utilizado para designar uma entidade detida por duas ou mais empresas, e o conceito de *empresa comum de pleno exercício*, na acepção das regras sobre controlo das operações de concentração, como se passa a explicar de seguida.

3.3. As empresas comuns que são entidades económicas autónomas de carácter duradouro

Para que estejamos perante uma empresa comum que *desempenhe de forma duradoura as funções de uma entidade económica autónoma* (usualmente designada *"full-function joint venture"*), nos termos do artigo 8.º, n.º 1, alínea b) e n.º 2 da Lei, é necessário que a mesma preencha um conjunto de requisitos que têm sido concretizados pela Autoridade[88], com auxílio da prática decisória da Comissão e do disposto nas respectivas comunicações interpretativas[89].

O primeiro requisito é a existência de uma *estrutura de controlo conjunto* sobre a empresa em causa. A análise deste requisito é feita nos termos que vimos no ponto anterior.

---

riram participações detidas por estas últimas noutras sociedades e à qual se conferiram todos os meios para desempenhar de forma duradoura as funções de uma entidade económica autónoma. Ou, por exemplo, o processo "41/2004 – *Espírito Santo Viagens / Sonae / Ibéria*", onde a AdC reconheceu que os direitos de veto das empresas-mãe iam muito além da protecção normalmente associada aos interesses de accionistas minoritários (conforme previsto no Código das Sociedades Comerciais), conforme resultava do acordo parassocial (n.º 24). No mesmo sentido, cfr. a decisão adoptada pela Autoridade no processo "45/2006 – *Inter-Risco / Serlima Gest*" (n.º 35).

[88] Encontram-se exemplos, nomeadamente, nos seguintes processos: "16/2004 – *CTT / Visabeira / CTT IMO (empresa comum)*" (cfr. n.ºs 19 a 41); "41/2004 – *Espírito Santo Viagens / Sonae / Ibéria*" (cfr. n.ºs 28 a 31); "65/2005 – *EDP / Caima / EDP Bioeléctrica*", sendo que esta operação de concentração consistiu na passagem de controlo exclusivo detido pela EDP para uma situação de controlo conjunto pela EDP e pela Caima (cfr. n.º 50); "37/2006 – *PTG e Arcolgeste (JV)*" (cfr. n.º 31); "45/2006 – *Inter-Risco / Serlima Gest*" (cfr. n.º 36); e "01/2007 – *Sag Gest / NL / Autolombos*" (cfr. n.º 16).

[89] A Autoridade baseou-se inicialmente na Comunicação acima mencionada na nota 42 e revogada pela Comunicação consolidada da Comissão em matéria de competência.

Um exemplo de uma situação em que a Autoridade considerou que inexistia esse controlo conjunto ocorreu no processo "21/2007 – *SAG Gest / Alfredo Bastos / Newco*", que consistiu na constituição de uma "empresa comum" para a qual se transferiram activos, com o propósito de esta *desempenhar de forma duradoura as funções de uma entidade económica autónoma*. No entanto, a Autoridade concluiu que a "empresa comum" era controlada exclusivamente por uma das empresas-mãe, pelo que, se tratou da aquisição de controlo único, pela SAG Gest, através de uma empresa recém-constituída, de um conjunto de activos anteriormente detidos e explorados por Alfredo Bastos[90].

A par do requisito relativo à existência de um *controlo conjunto* sobre a empresa comum, para que esta dê origem a uma operação de concentração na acepção da Lei da Concorrência é ainda necessário que ela se destine a *desempenhar de forma duradoura as funções de uma entidade económica autónoma*.

O preenchimento deste último requisito é, por vezes, de verificação complexa. Do que se trata essencialmente, como a AdC teve já ensejo de explicitar[91], é de saber se a empresa comum tem capacidade para definir a sua própria política comercial, desenvolvendo no mercado as funções habitualmente desempenhadas pelas empresas concorrentes que nele operam.

A análise do carácter de pleno exercício de uma empresa comum é feita através da presença ou ausência de um conjunto de indícios, que a Comissão Europeia primeiro ensaiou na sua *Comunicação de 1994 relativa à distinção entre empresas comuns com carácter de concentra-*

---

[90] A Autoridade considerou que a questão essencial consistia no grau de probabilidade da ocorrência de impasse nas deliberações sobre decisões estratégicas da empresa comum e no impacto no exercício de controlo dos correspondentes mecanismos de resolução. Em conformidade, não obstante as empresas-mãe terem acordado exercer em conjunto o controlo sobre a empresa comum, um conjunto de circunstâncias conduzia a que fosse provável que o controlo viesse a ser exercido unicamente por uma delas (a SAG GEST) (cfr. os n.ºs 27 a 40 da decisão).

[91] Cfr., a título de exemplo, os processos "16/2004 – *CTT / Visabeira / CTT IMO (empresa comum)*", n.ºs 26 e seguintes, e "41/2004 – *Espírito Santo Viagens / Sonae / Ibéria*", n.ºs 25 e seguintes.

ção e empresas comuns com carácter de cooperação, posteriormente substituída pela *Comunicação de 1998 relativa ao conceito de empresas comuns que desempenham de forma duradoura as funções de uma entidade económica autónoma*[92] e, mais recentemente, pela já referida *Comunicação consolidada da Comissão em matéria de competência*[93]. A análise desses indícios tem também sido tomada em conta pela Autoridade nas suas decisões, que referem, nomeadamente, a necessidade de a empresa comum *(i)* operar numa base duradoura, *(ii)* dispor de uma gestão própria efectiva, *(iii)* ter acesso aos recursos necessários, incluindo financiamentos, pessoal e activos (corpóreos e incorpóreos), para ser dotada de autonomia operacional, *(iv)* dispor de uma imagem própria que a diferencie das empresas-mãe e *(v)* não depender exclusivamente de vendas às empresas-mãe[94].

Na prática, a análise do preenchimento das duas condições cumulativas enunciadas no n.º 2, do artigo 8.º da Lei da Concorrência deverá ser feita casuisticamente, em função das características do caso concreto.

3.4. *O conceito de alteração duradoura da estrutura de controlo e as transacções que não consubstanciam operações de concentração*

O carácter duradouro da alteração da estrutura de controlo de uma empresa ou de parte de uma empresa é uma condição essencial para que

---

[92] Cfr. nota 42.

[93] Cfr., em especial, os n.ºs 91-109 da Comunicação em causa.

[94] A interpretação do alcance deste último indício está hoje mais facilitada por força da análise quantitativa proposta no n.º 98 da Comunicação consolidada da Comissão em matéria de competência. Nos termos desse parágrafo, a Comissão considera que se a empresa comum realizar mais de 50% do seu volume de negócios através de vendas a terceiros, tal será em princípio indicativo do carácter de pleno exercício da empresa em causa. Abaixo desta percentagem, terá de ser feita uma análise casuística, mas a Comissão admite que será difícil qualificar como "*full-function joint venture*" uma empresa comum que realize menos de 20% do seu volume de negócios com terceiros, mesmo que as restantes vendas às empresas-mãe sejam efectuadas com base em condições comerciais normais ("*arm's length*").

haja operação de concentração e também quanto a este tema se tem a Autoridade socorrido da prática decisória da Comissão e das suas comunicações interpretativas[95].

A análise do preenchimento desta condição pode respeitar, por um lado, ao *âmbito material* de aplicação do regime legal de controlo das operações de concentração, que não abrange transacções que resultem numa alteração transitória do controlo – em que não há uma concentração efectiva de poder económico entre a(s) adquirente(s) e a adquirida. São particularmente relevantes nesta sede os processos "39/2006 – *Manuel Fino / Soares da Costa*" e "53/2006 – *OPA Investifino / Soares da Costa*"[96].

Por outro lado, a apreciação da existência de uma concentração envolve também a aferição do *momento temporal* em que tal operação ocorre, especialmente relevante para a análise de transacções sucessivas e da identificação daquela transacção que constitui a operação de con-

---

[95] A Autoridade baseou-se inicialmente na Comunicação acima mencionada na nota 60 e revogada em 7 de Julho de 2007 pela Comunicação consolidada da Comissão em matéria de competência. Nesta última Comunicação é feita referência para a prática decisória da Comissão que estabeleceu o período temporal a partir do qual se considerava existir uma alteração duradoura do controlo sobre uma empresa (cfr. página 14, n.º 28 e seguintes, nota 34).

[96] O processo "39/2006 – *Manuel Fino / Soares da Costa*" resulta da notificação da operação de concentração apenas por cautela, segundo a notificante, que considerou não estarem preenchidos os requisitos constantes da Lei para que a transacção em causa consubstanciasse uma operação de concentração. Com efeito, a transacção notificada era consumada em duas fases e o resultado final da mesma consistia na detenção, por parte da Manuel Fino, de uma participação no capital social da Soares da Costa que lhe conferiria no máximo 33,33% dos direitos de voto – sob pena de lançamento de uma oferta pública de aquisição, que constituiria uma nova operação de concentração, sujeita a notificação prévia à Autoridade. Em consequência da transacção então notificada, assistia-se a uma recomposição da estrutura accionista da Soares da Costa mas que não consubstanciava uma aquisição de controlo por parte da Manuel Fino, pelo que a Autoridade adoptou uma decisão de inaplicabilidade do artigo 9.º, nº 1 da Lei (cfr. os n.ºs 26 e seguintes). Por seu turno, o processo "53/2006 – *OPA Investifino / Soares da Costa*" resulta da notificação da operação de concentração que consistiu no lançamento de uma oferta pública de aquisição sobre a totalidade do capital social da Soares da Costa, o que lhe conferia o controlo único sobre a empresa.

centração notificável, de que é exemplo o processo "82/2005 – *La Seda Barcelona / Selenis*"[97].

Em consequência e tal como resulta do acima exposto, para que haja uma operação de concentração é necessário, antes de mais, que haja uma aquisição de controlo por parte de uma empresa ou mais sobre outra empresa (ou parte da mesma). Ou seja, trata-se de *empresas* para efeitos do artigo 2.º e do artigo 10.º da Lei (que englobam no conceito de *empresa* todas as entidades pertencentes ao mesmo grupo económico). Assim, à luz da legislação nacional de concorrência não consubstancia uma operação de concentração a reestruturação ou fusão entre empresas que já integram um mesmo grupo societário[98]. De igual forma, é irrelevante, na perspectiva do Direito da Concorrência, que ocorra uma alteração subjectiva na identidade da empresa que, dentro do mesmo grupo económico, procede à aquisição de uma outra empresa ou partes da mesma[99].

Também já vimos que as transacções que não resultam numa alteração duradoura do controlo sobre uma empresa, tal como explicado acima, não consubstanciam uma operação de concentração. Um exemplo é o "parqueamento" dos activos de uma empresa ou parte de uma

---

[97] A operação de concentração em causa consistiu numa aquisição de controlo único, formalizada num contrato-promessa de compra e venda de acções correspondentes a 70% do capital social de duas sociedades, prevendo-se a aquisição dos remanescentes 30% do capital social e correspondentes direitos de votos até uma data próxima da primeira, de acordo com os direitos de opção de compra contratualmente previstos. Previa-se também a celebração de um acordo parassocial entre a adquirente e a alienante que vigorava apenas de forma transitória, para assegurar a situação das empresas transaccionadas, enquanto não se concretizasse a aquisição da totalidade do capital social, prevenindo a transmissão a terceiros das acções remanescentes das duas sociedades (cfr. n. os 16 a 18).

[98] Cfr. o processo "38/2005 – *Lease Plan Portugal / Unirent*" no que respeita especificamente à pretensão da Lease Plan em proceder à fusão por incorporação na sua esfera da Unirent (cfr. n.º 11). No mesmo sentido, cfr. o processo "43/2007 – *Luxottica / Oakley*", em que a operação de fusão se seguia a uma aquisição de controlo exclusivo da entidade incorporante por parte do grupo económico da entidade a incorporar (n.os 12 a 14).

[99] Cfr. processo "26/2004 – *Enersis / Fespect (RES)*", n.os 4 a 7.

empresa num comprador transitório, que pode ser uma instituição financeira, cumpridas determinadas condições – como veremos abaixo – ou feito com base num acordo sobre a futura venda ao adquirente definitivo[100].

Este mecanismo tem sido utilizado em situações várias, entre as quais se podem contar as seguintes: o termo do prazo contratual estabelecido para a alienação das participações não se compadece com os (por vezes longos) prazos processuais do procedimento de controlo das operações de concentração; a operação de concentração em causa suscita questões de concorrência complexas e a alienante não quer repartir o risco de uma eventual proibição da operação com a adquirente; o procedimento de apreciação da operação de concentração revelou-se mais moroso do que inicialmente previsto e as partes contratantes fixaram um prazo para a transferência das participações, que, sendo cumprido, no entendimento das mesmas, corresponderia à implementação da concentração antes de obtida a decisão de não oposição.

Sobre esta problemática, o artigo 8.º, n.º 4 da Lei enuncia três situações específicas em que uma transacção não é havida como operação de concentração entre empresas, a saber:

> *«a) A aquisição de participações ou de activos no quadro do processo especial de recuperação de empresas ou de falência;*
> *b) A aquisição de participações com meras funções de garantia;*
> *c) A aquisição por instituições de crédito de participações em empresas não financeiras, quando não abrangida pela proibição contida no artigo 101.º do Regime Geral das Instituições de Crédito e Sociedades Financeiras, aprovado pelo Decreto-Lei n.º 298/92, de 31 de Dezembro.»*

Em especial, a interpretação conjugada das disposições legais acima enunciadas em *c)* não é fácil porque inclui várias situações e mereceria uma clarificação por parte da Autoridade.

---

[100] Comunicação consolidada da Comissão em matéria de competência (cfr. p. 16, n.º 35).

Com efeito, o artigo 101.º, n.º 1 do RGICSF, para onde remete a citada norma da Lei da Concorrência, prevê o seguinte:

> *«Sem prejuízo do disposto no n.º 4, as instituições de crédito não podem deter, directa ou indirectamente, numa sociedade, por prazo seguido ou interpolado, superior a três anos, participação que lhes confira mais de 25% dos direitos de voto, correspondentes ao capital da sociedade participada[101].»*

Ou seja, o RGICSF admite que as instituições de crédito possam deter uma participação superior a 25% numa sociedade não financeira, desde que o período de tempo máximo de detenção seja igual ou inferior a três anos, ou que haja lugar à detenção de uma participação inferior a 25% por um período que pode ser superior a 3 anos. Por último, e conforme resulta da própria letra da lei, o RGICSF não se opõe à aquisição, por instituições financeiras, de participações em sociedades não financeiras, inferiores a 25% do capital social e por períodos menores do que 3 anos.

A redacção da Lei da Concorrência, neste particular, parece indiciar a intenção de aplicar a excepção prevista na alínea c), do n.º 4, do artigo 8.º aos três tipos de aquisições referidos no parágrafo anterior, porquanto decorre da norma em causa que não são havidas como concentração de empresas *«a aquisição por instituições de crédito de participações em empresas não financeiras, quando **não abrangida pela proibição contida no artigo 101.º do [RGICSF]»*** (sublinhado nosso). Pareceria, assim, que, todas as operações que não fossem proibidas pelo RGICSF, estariam automaticamente isentas de notificação à Autoridade da Concorrência.

Julgamos, porém, que esta articulação merece uma análise mais aprofundada, em função da própria natureza jurídica da excepção em causa.

A razão de ser desta excepção prende-se, a nosso ver, com a ausência, nas aquisições aí previstas, de um dos dois pressupostos cujo

---

[101] O n.º 4 da referida disposição legal prevê que *«[O] prazo previsto no n.º 1 é de cinco anos relativamente às participações indirectas detidas através de sociedades de capital de risco.»*

Disposições substantivas sobre o controlo de concentrações | 67

preenchimento cumulativo resulta na qualificação de uma operação como concentração, conforme explicitado no artigo 8.º, n.ᵒˢ 1 a 3. Mais precisamente, respeita à ausência, ou de *natureza estrutural* da alteração de controlo, ou de *carácter duradouro* dessa mesma alteração.

Interpretamos, portanto, esta excepção como uma presunção do legislador, no sentido de que as aquisições permitidas pelo artigo 101.º do RGICSF não conduzem em regra a alterações estruturais nas sociedades adquiridas (por exemplo, porque está em causa uma participação que confere menos de 25% dos direitos de voto), ou, conduzindo a alterações estruturais, elas não assumem um carácter duradouro (na medida em que aquisições de participações que superem o limiar de 25% estão limitadas a um período de 3 anos).

Parece também ser este o sentido da posição *(i)* da Autoridade da Concorrência, expresso, designadamente, na decisão proferida no processo "30/2007 – *Bensaúde / NSL*" (cfr. n.ᵒˢ 34 a 36), que envolvia um caso de transacções sucessivas cujo fim último resultou numa operação de concentração, e ainda *(ii)* da Comissão, embora se faça notar que o período de 3 anos estabelecido no artigo 8.º, n.º 4 da Lei da Concorrência é superior ao previsto no Regulamento das Concentrações Comunitárias[102].

A excepção em causa, interpretada nestes termos, compreende-se também como forma de não penalizar as instituições de crédito pela própria natureza das actividades que desenvolvem, as quais compreendem, o mais das vezes, aquisições de participações com intuitos meramente financeiros (*maxime*, de revenda) e não como forma de assunção e exercício de um controlo estrutural e duradouro que releve apreciar em sede de controlo de concentrações.

A este propósito, importa lembrar que, para efeitos de controlo das operações de concentração e ao contrário do que acontece com outras áreas do Direito, o critério determinante para aferir da existência de

---

[102] Cfr. o artigo 3º, n.º 5, alínea a) do Regulamento das Concentrações Comunitárias, que fixa um prazo geral de 1 ano, prorrogável pela Comissão, se a instituição financeira ou seguradora em causa demonstrar que a alienação da participação adquirida não foi razoavelmente possível no prazo estabelecido.

controlo não é a participação social em causa mas sim a possibilidade de exercer, tendo em conta as circunstâncias de facto e/ou de direito, uma influência determinante sobre uma empresa.

Nesta medida, não temos dúvidas de que, pelo menos, dois dos três tipos de aquisições permitidos pelo artigo 101.º do RGICSF estarão abrangidos pela isenção do artigo 8.º, n.º 4, alínea c) da Lei da Concorrência e não devem, pois, consubstanciar operações de concentração. Pensamos, por um lado, nas aquisições feitas por instituições de crédito em sociedades não financeiras que representem menos de 25% dos direitos de voto destas últimas e que perdurem por menos de 3 anos e, por outro, nas aquisições que, mesmo excedendo uma participação de 25%, estão à partida limitadas temporalmente por uma detenção inferior a 3 anos.

Em ambas as situações referidas, parece-nos legítimo presumir que as aquisições em causa não conduzem a uma "alteração duradoura" da estrutura de controlo de uma sociedade, tal como o requisito vem sendo interpretado pela prática decisória das autoridades de concorrência europeias[103]. Aliás, estas situações são usualmente designadas por "parqueamento de participações", dado o carácter temporário da detenção das mesmas[104].

Temos, no entanto, algumas reservas quanto à possibilidade abstracta, que parece resultar da letra do artigo 8.º da Lei da Concorrência, de se isentar sem mais do regime de controlo de concentrações português o terceiro tipo de transacções permitidas pelo artigo 101.º do RGICSF, *i.e.*, aquelas que envolvem a aquisição, por instituições de crédito, de participações sociais em sociedades não financeiras, representativas de menos de 25% dos direitos de voto desta última, mas cuja detenção exceda um período de 3 anos.

Embora se possa admitir em geral que uma aquisição de uma participação inferior a 25% dos direitos de voto de uma sociedade não

---

[103] Cfr., por todos, a Comunicação consolidada da Comissão em matéria de competência (em especial, n.º 28 e nota de rodapé 34).

[104] Cfr. a Comunicação consolidada da Comissão em matéria de competência (em especial, n.º 35).

é de molde a conferir ao adquirente um controlo de tipo estrutural sobre a adquirida, não é de excluir que tal possa vir a ocorrer, por exemplo, em resultado de um controlo de facto motivado por situações de dependência económica[105], ou em resultado da celebração de um acordo de accionistas que confira direitos de veto com relevância para efeitos de determinação do controlo.

Assim sendo, entendemos que em aquisições como a referida – que, repita-se, não parecem consubstanciar operações de concentração, à luz da letra da Lei da Concorrência, na medida em que não são proibidas pelo RGICSF – deve ser feita uma apreciação dos efeitos dessa aquisição, à luz dos critérios gerais dos n.os 1 a 3, do artigo 8.º da Lei, que delimitam a noção de controlo relevante nesta sede.

Se essa avaliação conduzir à conclusão de que a aquisição de uma participação inferior a 25%, por um período superior a 3 anos, é susceptível de conferir controlo à instituição financeira em causa na acepção da Lei da Concorrência, cremos que deve ser aplicada a regra geral do artigo 8.º, em matéria de qualificação de alterações da estrutura de controlo sobre uma empresa (ou parte da mesma) que consubstanciam operações de concentração.

A eventual aplicação da excepção de "parqueamento" a estes casos corresponderia a transformar um princípio de não discriminação do sector financeiro, numa verdadeira regra de favorecimento (positivo), por meio da qual as instituições financeiras passariam a adquirir controlo estável e duradouro sobre todas as sociedades não financeiras que pretendessem, desde que, para o efeito, limitassem a aquisição a uma participação nominativa até 25%. Ora, como bem salienta a Comissão Europeia, «*a existência de uma concentração é mais determinada por critérios qualitativos do que quantitativos*»[106].

Somos, assim, da opinião de que a alínea c), do n.º 4, do artigo 8.º da Lei da Concorrência deve ser interpretada como não prejudicando a

---

[105] Cfr. a Comunicação consolidada da Comissão em matéria de competência, n.º 20.

[106] Cfr. a Comunicação consolidada da Comissão em matéria de competência, n.º 7.

qualificação como operação de concentração, da aquisição numa sociedade não financeira por uma sociedade financeira de participação inferior a 25%, se esta última exercer controlo sobre a primeira, por um período superior a 3 anos, nos termos e para os efeitos dos n.os 1 a 3 da mesma disposição legal.

Julgamos que é também este o sentido do disposto no artigo 3.º, n.º 5, alínea a) do Regulamento das Concentrações Comunitárias, ao condicionar a aplicação da excepção de "parqueamento" ao preenchimento cumulativo de diversos requisitos quantitativos e qualitativos. É a seguinte a redacção do preceito em causa:

> «5. Não é realizada uma concentração:
>
> a) *Quando quaisquer instituições de crédito, outras instituições financeiras ou companhias de seguros, cuja actividade normal englobe a transacção e negociação de títulos por conta própria ou de outrem, detenham, a título temporário, participações que tenham adquirido numa empresa para fins de revenda, desde que tal aquisição não seja realizada numa base duradoura, desde que não exerçam os direitos de voto inerentes a essas participações com o objectivo de determinar o comportamento concorrencial da referida empresa ou que apenas exerçam tais direitos de voto com o objectivo de preparar a alienação total ou parcial da referida empresa ou do seu activo ou a alienação dessas participações e desde que tal alienação ocorra no prazo de um ano a contar da data da aquisição; tal prazo pode, a pedido, ser prolongado pela Comissão, sempre que as referidas instituições ou companhias provem que aquela alienação não foi razoavelmente possível no prazo concedido».*

Por último, assinale-se que a circunstância de uma aquisição levada a cabo por uma instituição financeira não estar abrangida pela isenção prevista no artigo 8.º, n.º 4, alínea c) da Lei da Concorrência – por exemplo, porque estamos perante uma aquisição de uma participação superior a 25%, por um período que excede os 3 anos – não significa automaticamente que estejamos perante uma operação de concentração, na acepção dos n.ºs 1 a 3 dessa disposição. Significa, apenas, que haverá que fazer a ponderação da qualificação dessa aquisição, em função dos critérios gerais[107].

Em conclusão, há uma sobreposição parcial do âmbito de aplicação do artigo 8.º, n.º 4 da Lei da Concorrência e do artigo 101.º do RGICSF, cuja correcta articulação é da máxima importância, mas cuja aplicação nem sempre é clara e fácil.

3.5. *As operações fragmentadas*

Ao contrário do que acontece a nível comunitário[108], a Lei da Concorrência nada diz quanto às operações fragmentadas (*"staggered operations"*) – transacções sucessivas e relacionadas entre si – e à circunstância de as mesmas poderem constituir uma ou mais operações

---

[107] Veja-se, neste sentido, o processo "71/2005 – *CGD / Sumolis / Nutricafés*", em que a Autoridade considerou que existia uma operação de concentração que resultava da aquisição de controlo único da Nutricafés, nos termos e para os efeitos do artigo 8.º, n.º 3 da Lei, por parte da Caixa Desenvolvimento (indirectamente controlada pela Caixa Geral de Depósitos), *holding* do grupo CGD vocacionada para a detenção de participações de carácter estratégico no âmbito das actividades do grupo na área do capital de risco, a qual adquiriu uma participação indirecta de 80% no capital da Nutricafés, aparentemente sem limitação temporal (cfr. n.ºs 4 e 13-15).

[108] Cfr. o considerando 20 e os artigos 3.º e 5.º, n.º 2 do Regulamento das Concentrações Comunitárias. A primeira disposição legal aborda este tema na perspectiva do conceito de operação de concentração e visa auxiliar a análise sobre se um conjunto de transacções resulta numa única operação de concentração ou em várias. Em particular, o artigo 5.º, n.º 2, segundo parágrafo dispõe que «*duas ou mais operações na acepção do primeiro parágrafo que sejam efectuadas num período de dois anos entre as mesmas pessoas ou empresas são consideradas como uma única concentração realizada na data da última operação*». Cfr. igualmente o n.º 37 e seguintes da Comunicação consolidada da Comissão em matéria de competência. Nas referidas passagens, a Comissão assinala que o artigo 5.º, n.º 2 do Regulamento pretende esclarecer o âmbito de aplicação do mesmo Regulamento, no que respeita especificamente ao volume de negócios a ser considerado para efeitos da análise de uma operação de concentração como tendo ou não dimensão comunitária, o que constitui uma análise subsequente àquela que se efectua nos termos do artigo 3.º do Regulamento. Particularmente relevante a este respeito é o acórdão do TPI, de 23 de Fevereiro de 2006, no processo T-282/02, *Cementbouw c. Comissão*.

de concentração. Em conformidade e porque são vários os exemplos de processos em que a Autoridade teve que se pronunciar sobre este tema, recorrendo para o efeito à legislação e jurisprudência comunitárias relevantes e à prática decisória da Comissão e respectivas comunicações interpretativas, importa lembrar algumas ideias-chave quanto a este tema.

Desde logo, a Comissão considera que a definição geral e teleológica de concentração implica que seja indiferente se o controlo foi adquirido através de uma ou de várias transacções, desde que o resultado final consista numa única concentração. Duas ou mais transacções constituem uma única operação de concentração se forem unitárias por natureza. Para essa análise importa identificar a realidade económica subjacente às transacções e igualmente qual o objectivo económico prosseguido pelas partes.

Ou seja, para que haja unicidade das transacções é necessário verificar se as mesmas são interdependentes de tal modo que nenhuma delas seria prosseguida sem a outra. É considerado apropriado tratar como sendo uma única operação de concentração as transacções que estejam relacionadas na medida em que estejam ligadas por uma condição, mas importa igualmente que a aquisição de controlo seja feita pela(s) mesma(s) empresa(s)[109].

No processo "67/2006 – *Edifer / Complage*" a Autoridade analisou a questão de saber se existiriam uma ou duas operações de concentração, cada uma resultante de uma das duas transacções em causa[110]. Neste processo, a AdC concluiu que, existindo uma relação de condicionalidade entre as duas fases da operação em causa e existindo também um reduzido período de tempo na fase de controlo conjunto (inferior a

---

[109] Cfr. o n.º 37 e seguintes da Comunicação consolidada da Comissão em matéria de competência.

[110] Nos termos do contrato de compra e venda de acções entre a Edifer e os accionistas da Complage, a operação de concentração consistia na aquisição de uma participação de 60% do capital social da Complage. A Edifer notificou esta operação como constituindo uma aquisição de controlo único sobre a Complage embora durante um período transitório (inferior a dois anos) existisse controlo conjunto por parte da Edifer e de outros accionistas da empresa, por virtude do acordo de accionistas existente e especificamente com vista a preparar a posterior aquisição de controlo exclusivo pela Edifer (cfr. n.ᵒˢ 15 a 20).

Disposições substantivas sobre o controlo de concentrações | 73

dois anos) estávamos perante uma única operação de concentração, em conformidade com a prática decisória da Comissão.

No processo "5/2007 – *OPCA / Pavicentro*" a Autoridade considerou que constituía uma única operação de concentração a aquisição de participações em quatro sociedades (por virtude do controlo sobre a primeira, a OPCA adquiria o controlo exclusivo sobre as restantes, então controladas pela primeira). A adquirente e os alienantes eram os mesmos e as transacções encontravam-se ligadas por uma relação de condicionalidade, uma vez que a aquisição de cada uma das quatro sociedades pela OPCA dependia da aquisição do controlo sobre as demais sociedades. Aliás, no contrato de compra e venda de acções e cessão de créditos previu-se a *unicidade do negócio* e estabeleceu-se um preço global de aquisição das participações em causa (cfr. n.os 12 a 20).

Também levada a cabo pelo Grupo OPCA, a operação de concentração a que se refere o processo "20/2007 – *OPCA / Apolo*" consistia na aquisição do controlo exclusivo, pela OPCA, da sociedade Apolo, através de duas transacções sucessivas: numa primeira fase, procedeu-se a uma fusão por incorporação de uma participada da OPCA na Apolo; numa segunda fase, a OPCA adquiriu uma percentagem não divulgada do capital social da entidade resultante da fusão, passando a exercer controlo exclusivo sobre esta. De acordo com a Autoridade, não obstante a alteração da estrutura de controlo da Apolo ter resultado da conjugação de duas transacções sucessivas, «*trata-se de uma única operação de concentração, uma vez que a aquisição, pela OPCA, do controlo da APOLO, estava condicionad*[a] *e apenas resultou da concretização de ambas*»[111]. Em conformidade, a AdC entendeu que o evento que desencadeia a obrigação de notificação ("*triggering event*") apenas surgiu na data de realização da última das transacções.

Resultado idêntico alcançou a Autoridade no processo "12/2008 – *Inter-Risco / Frissul*", onde uma mesma entidade pretendia adquirir duas sociedades juridicamente distintas, através de dois suportes contratuais

---

[111] Cfr. n.º 19 da decisão.

diferentes. Neste caso, os argumentos essenciais para a consideração da existência de uma única operação de concentração residiram na semelhança entre a estrutura accionista das adquiridas e na existência de uma relação de condicionalidade entre as duas aquisições, que resultava explícita dos suportes contratuais do negócio[112].

Como exemplos de situações em que a AdC considerou não estarmos perante uma "operação fragmentada" podem citar-se os processos "3/2005 – *Efacec / ATM / Engimais / BCI*" e "15/2008 – *Top Atlântico / Activos Policarpo * Activos Portimar*".

Sobre o primeiro, dir-se-á apenas que não se encontra disponível a versão não confidencial da respectiva decisão, pelo que não é possível conhecer e comentar os argumentos da Autoridade[113].

Já no que respeita ao segundo processo referido, estava em causa a aquisição, pela Top Atlântico, do controlo exclusivo de dois conjuntos de activos relacionados com a actividade de agenciamento de viagens, pertencentes às sociedades juridicamente distintas Policarpo e Portimar. A notificante submeteu a notificação à AdC com a ressalva de considerar que as duas aquisições consubstanciavam uma única concentração. Mas a Autoridade não seguiu o mesmo entendimento, por considerar que não estavam preenchidos qualquer um dos três critérios de que esta instituição faz depender a existência de uma operação de concentração fragmentada, a saber: *(i)* as transacções estarem juridicamente condicionadas entre si; *(ii)* serem associadas e acessórias à transacção principal; e *(iii)* uma operação não se realizar sem a outra[114].

---

[112] Segundo a Autoridade, «*a aquisição do capital social de ambas as sociedades é "una e indivisível, pretendendo a Promitente Compradora adquirir apenas a totalidade (e não parte) das acções representativas de 100% do capital social da Frissul EF e, bem assim, das quotas representativas de 100% do capital social da Frissul TF"*» (cfr. n.º 14).

[113] Encontra-se apenas disponível um breve comunicado, segundo o qual «*[n]o que concerne à aquisição pela Efacec – Serviços de Manutenção e Assistência, S.A., do controlo exclusivo da Brisa – Conservação de Infraestruturas, S.A., o Conselho da Autoridade da Concorrência decidiu que a operação deverá ser notificada à Autoridade, quando reunir todas as condições de notificação prévia, por forma a ser analisada, nos termos e para os efeitos dos artigos 8.º e seguintes da Lei da Concorrência.*»

[114] Cfr. n.ᵒˢ 10 e seguintes da decisão.

A respeito do aspecto referido em *(i)*, a Autoridade entendeu que as duas transacções não estavam condicionadas entre si, uma vez que os dois acordos de compra e venda celebrados tinham sido outorgados entre entidades diferentes, em datas distintas e não continham qualquer cláusula que os condicionasse mutuamente. Por sua vez, de um ponto de vista económico [aspectos indicados em *(ii)* e *(iii)* supra], a AdC alega não ter encontrado quaisquer indícios de as transacções estarem associadas ou de serem acessórias uma da outra, pelo que considerou que a não concretização de uma delas não era impeditiva do prosseguimento da outra.

Em conclusão, a Autoridade sustentou que estava perante duas operações de concentração distintas, tendo optado por apreciar aquela cujo acordo foi celebrado em primeiro lugar (respeitante à aquisição dos activos da Policarpo) e tendo aceite que a segunda das transacções (referente à aquisição dos activos da Portimar) não se encontrava sujeita a notificação prévia enquanto operação de concentração autónoma da primeira, em virtude de não exceder os limiares de quota de mercado e de volume de negócios constantes do artigo 9.º, n.º 2 da Lei da Concorrência.

De notar que a qualificação de duas ou mais transacções como uma única operação de concentração é da maior relevância em termos substantivos e processuais, uma vez que é essencial às entidades que participam em transacções obter segurança jurídica quanto à qualificação das mesmas como uma ou mais operações de concentração ou como meras transacções não notificáveis.

Com efeito, a falta de notificação de uma operação de concentração sujeita à obrigação legal constante do artigo 9.º, n.º 1 da Lei da Concorrência e a sua implementação têm como consequências jurídicas não apenas a possibilidade de aplicação de elevadas coimas (que podem ascender a 10% do volume de negócios do último exercício de cada uma das empresas participantes), como a invalidade dos actos relacionados com a concentração, conforme se explica mais detalhadamente no ponto **IV.16.1**.

4. Os mercados relevantes nos quais as empresas participantes numa operação de concentração desenvolvem a sua actividade

Dois conceitos cruciais para o regime de controlo das operações de concentração são o de *mercado de produto* e o de *mercado geográfico* relevantes, desde logo porque são essenciais à cabal compreensão de um dos dois critérios alternativos de notificação previstos no artigo 9.º, n.º 1 da Lei da Concorrência. Nos termos da alínea a) da mesma disposição legal, se «[e]*m consequência da realização* [de uma operação de concentração] *se crie ou se reforce uma quota superior a 30% no mercado nacional de determinado bem ou serviço, ou numa parte substancial deste*», existe obrigação de notificação prévia da operação de concentração em causa à Autoridade.

Acresce que estes conceitos de *mercado de produto* e de *mercado geográfico* relevantes servem de base à apreciação jusconcorrencial de uma operação de concentração por parte da(s) autoridade(s) de concorrência competente(s), em virtude de circunscreverem a universalidade de produtos e/ou serviços e o espaço geográfico em que as condições de concorrência são homogéneas, como passamos a explicar.

A importância destas definições tem conduzido as entidades notificantes em vários processos a juntarem um conjunto de documentos com vista a corroborarem o entendimento defendido em matéria de delimitação dos mercados em causa, nomeadamente pareceres técnicos e de consultores económicos[115].

Na grande maioria das vezes estes estudos trazem um contributo importante para a avaliação que é feita pela Autoridade quanto aos mercados envolvidos, como se pode confirmar pelo largo número de

---

[115] Cfr., por exemplo, o processo "16/2005 – *Enernova / Ortiga * Safra*", no âmbito do qual a notificante apresentou estudos económicos de consultores sobre a definição do mercado de produto relevante e o impacto da operação de concentração em causa. Cfr. ainda o processo "79/2005 – *KEMET / EPCOS*", em que, para demonstrar a substituibilidade da procura entre os vários tipos de condensadores, se menciona que foram apresentados, nomeadamente, estudos técnicos comparativos do desempenho dos condensadores das várias tecnologias e documentos de promoção dos seus produtos e dos concorrentes (cfr. os n.os 27 e 28).

decisões em que os referidos estudos são utilizados e citados, independentemente de as suas conclusões serem ou não aceites pela AdC[116].

Sem prejuízo do exposto, a Autoridade, no processo "22/2005 – *Via Oeste (Brisa) / Auto-Estradas do Oeste / Auto-Estradas do Atlântico*", que veio a culminar numa decisão de oposição à concentração, considerou que a "força" dos estudos assim apresentados deve distinguir-se consoante estes tenham sido realizados em fase anterior à operação de concentração ou, pelo contrário, já no decorrer do procedimento. Sustentou aí a Autoridade que os primeiros têm a vantagem de fornecer elementos que estão isentos de influência da operação de concentração, enquanto os segundos, embora tendo a vantagem de poder responder a uma questão específica originada durante a análise da operação, não deixam de poder ser de algum modo influenciados pelo desfecho que se pretende com essa operação[117].

Os conceitos de mercado de produto e de mercado geográfico relevantes distinguem-se do de *mercados relacionados*, que são os «*mercados de produto/serviço que se encontram estreitamente relacionados com o mercado relevante anteriormente definido (mercados a montante e a jusante e mercados horizontais vizinhos*»* e que também são relevantes para efeitos de apreciação jusconcorrencial, como se explica adiante em **III.7**.

A Lei da Concorrência é omissa quanto à definição destes conceitos mas a Autoridade, na sua prática decisória, já tem referido expressamente que, em consequência, haverá que recorrer ao disposto na *Comunicação da Comissão relativa à definição de mercado relevante para efeitos do direito comunitário da concorrência*[118]. O Regulamento n.º 2/E/2003,

---

[116] Cfr., a título de exemplo, os processos "16/2005 – *Enernova / Ortiga * Safra*", "08/2006 – *Sonaecom / PT*", "15/2006 – *BCP / BPI*" e "51/2007 – *Sonae / Carrefour*".

[117] Cfr. n.os 60 a 66 da decisão, em que a Autoridade faz referência para o Relatório da ICN sobre este tema. Cremos, porém, que a distinção referida em texto não afecta o valioso contributo que os estudos desta natureza trazem normalmente para o procedimento administrativo de controlo de concentrações, o qual advém, em grande parte, da credibilidade das entidades que os elaboram (normalmente consultoras económicas, instituições financeiras, associações sectoriais ou entidades públicas).

[118] Cfr., por exemplo, o n.º 59 do processo "57/2006 – *TAP / PGA*".

do Conselho da AdC, cujo Anexo é o Formulário de Notificação de Operações de Concentração de Empresas, enuncia, nos pontos 3.1. e 3.2., os conceitos relevantes a este respeito, com base na experiência comunitária, tal como se explica abaixo[119].

i. O mercado de produto relevante

O *mercado de produto relevante* compreende todos os bens ou serviços considerados permutáveis ou substituíveis entre si pelo consumidor e/ou pelo utilizador, dadas as suas características técnicas, preços e utilização pretendida. Usualmente a Autoridade segue a extensa prática decisória da Comissão e a jurisprudência comunitária em sede de controlo das operações de concentração quanto à definição dos mercados relevantes, sem prejuízo de as particularidades dos mercados nacionais poderem conduzir a conclusões distintas em determinadas situações.

Atendendo a que, desde que foi criada[120] e até ao fim do primeiro semestre de 2008, a Autoridade tinha já concluído mais de 350 processos de controlo de concentrações[121], não será de estranhar a variedade de sectores de actividade que já analisou. Embora não caiba elencá-los na presente contribuição, cumpre, ainda assim, enunciar alguns exemplos de processos relativos a actividades que, pelas suas especificidades, influenciaram a Autoridade na aplicação casuística da definição de *mercado de produto relevante*.

Por exemplo, quando se trata de actividades desempenhadas em regime de serviço público, *e.g.*, através de um contrato de concessão que estipula os tipos de serviço a prestar e as respectivas condições, a

---

[119] Em 15 de Maio de 2008 a Autoridade da Concorrência publicou o Comunicado n.º 4/2008 no respectivo sítio Internet, nos termos do qual lançou a consulta pública 1/2008 sobre o Projecto de Formulário de Notificação de Operações de Concentração e convidava todos os interessados a enviarem as suas Observações nos 30 dias úteis seguintes.

[120] Tal como atrás referido, o presente trabalho incide essencialmente sobre as operações de concentração que foram notificadas já durante a vigência da actual Lei da Concorrência.

[121] Cfr. a síntese apresentada no ponto **IV.12.4.** infra.

Disposições substantivas sobre o controlo de concentrações | 79

Autoridade toma em devida consideração o conteúdo do mesmo na definição dos mercados de produto e geográfico[122].

Por seu turno, no sector do comércio a retalho de produtos alimentares, a Autoridade considera que é determinante para a definição de mercado de produto, a gama e a variedade de produtos vendidos, que são muito diferentes nos formatos hipermercados, supermercados e lojas *discount* comparadas com outros tipos de formatos, nomeadamente, as lojas especializadas[123].

Ainda, no sector da electricidade, a Autoridade tem considerado que a homogeneidade do produto "energia eléctrica" no estádio da produção é um factor decisivo para considerar esta actividade como um mercado de produto autónomo, onde as diferenças ao nível de preço e condições de oferta entre os diferentes segmentos não são decisivas para efeitos de definição de mercado[124].

Importa ainda ter em consideração que os argumentos apresentados pela Autoridade para a definição da dimensão geográfica dos mercados que são abaixo exemplificados também relevam para a definição prévia dos mercados de produto relevantes.

---

[122] No processo "10/2006 – *Mota-Engil / Sadoport*", em que estava em causa a actividade de movimentação de cargas em portos marítimos, a Autoridade explicou as razões pelas quais considerava existirem vários mercados, correspondentes aos vários tipos de serviços de movimentação de cargas. Com efeito, atendendo às características distintas dos tipos de cargas e meios para a sua movimentação e também ao disposto no contrato de concessão, o qual estipulava a natureza das cargas a movimentar, a Autoridade considerou que «*cada terminal só pode concorrer com outro terminal em que esteja autorizada a movimentação de carga de idêntica natureza, ou seja, cada terminal apenas concorre com outros terminais com idênticas valências*» (cfr. os n.os 42 e seguintes). Cfr. também o processo "27/2006 – *Construtora Lena / Tagusgás*" (n.os 44 e seguintes). No processo "13/2006 – *ANA / Portway*" refere-se que no mercado relevante da prestação de *serviços de assistência em escala ("handling") nos aeroportos de Lisboa, Porto e Faro* a definição do mercado de produto relevante é influenciada pelo âmbito da concessão (n.º 25).

[123] Cfr., por todos, o processo "51/2007 – *Sonae / Carrefour*" (n.os 79 e seguintes).

[124] Cfr. decisões adoptadas nos processos "29/2004 – *National Power / Turbogás*", "16/2005 – *Enernova / Ortiga * Safra*", "60/2005 – *Enernova / Tecneira / Bolores * Eneraltius * Levante * Cabeço de Pedras * Malhadizes*" e "06/2007 – *Enernova / Eólica da Alagoa*".

ii. O mercado geográfico relevante

O *mercado geográfico relevante* compreende a área em que as empresas em causa fornecem e procuram produtos ou serviços relevantes, em que as condições de concorrência são suficientemente homogéneas e que podem distinguir-se de áreas geográficas vizinhas devido ao facto, em especial, de as condições de concorrência serem consideravelmente diferentes nessas áreas.

A Autoridade já distinguiu mercados locais[125], regionais[126], nacionais[127], correspondentes ao espaço ibérico[128], ao EEE[129] e mesmo mercados mundiais[130], baseando-se muitas vezes na prática decisória relevante da Comissão. Embora não caiba elencar na presente contribuição a prática decisória relativa às várias dimensões de mercados relevantes, cumpre, ainda assim, enunciar alguns exemplos de definições de mercados geográficos que, pelas suas especificidades, influenciaram a Autoridade na aplicação casuística da dimensão geográfica a considerar.

No processo "07/2006 – *CIC / AMC Portugal*", a Autoridade considerou que «[p]*ara a delimitação geográfica a nível local, utiliza-se normalmente o <u>conceito de área de influência ou de captação de clientes</u>, que abrange uma área geográfica delimitada em função de um determinado limite máximo de tempo de deslocação em automóvel do consumidor*

---

[125] Cfr., por exemplo, a nota 51 quanto ao comércio a retalho de produtos alimentares. Cfr., também, o processo "07/2006 – *CIC / AMC Portugal*".

[126] Cfr., por exemplo, o processo "81/2005 – *Violas / Solverde*" ou o processo "28/2006 – *JMS / Dr. Campos Costa / Valir / Valab*".

[127] Cfr., por exemplo, o processo "40/2004 – *OCP Portugal / Soquifa*" ou o processo "7/2005 – *Fresenius / Labesfal*".

[128] Cfr. o processo "26/2008 – *BA Glass/Sotancro*".

[129] Por exemplo, nos processos "79/2005 – *Kemet / Epcos*" e "55/2006 – *Auto Sueco / Stand Barata*", a Autoridade reconheceu que os mercados relevantes em causa tinham uma dimensão, pelo menos, correspondente ao EEE.

[130] Por exemplo, no processo "11/2006 – *Gestores UEE * Ibersuizas * Vista Desarrollo / Union Española de Explosivos (UEE)*", a Autoridade reconheceu que dois dos mercados relevantes tinham dimensão mundial (cfr. o n.º 56, que remete para os n.os 53 a 55). O mesmo se diga quanto ao processo "14/2006 – *Ercros / Derivados Forestales*" (cfr. n.os 16 a 18 e 39).

(20 a 35 minutos) tempo esse que, neste caso, o espectador estará disposto a gastar para ir ver um filme[131]» (sublinhado nosso) (cfr. n.º 36).

Por seu turno, no processo "10/2006 – *Mota-Engil / Sadoport*", a Autoridade definiu o âmbito geográfico dos mercados tomando em conta não apenas o conjunto de circunstâncias de facto, como também o enquadramento jurídico e regulamentar em causa[132].

A Autoridade baseou-se na prática decisória da Comissão, por exemplo, no processo "13/2006 – *ANA / Portway*", que respeitava ao mercado relevante da prestação de *serviços de assistência em escala ("handling") nos aeroportos de Lisboa, Porto e Faro*, para definir o mercado geográfico como sendo normalmente restrito à área adjacente ao respectivo aeroporto. Com efeito, do ponto de vista das companhias aéreas que procuram este tipo de serviço, um dado aeroporto não é, em geral, substituível por outro. Acresce que, tendo em conta as especificidades do território nacional e dos aeroportos abertos ao tráfego comercial, a Autoridade considerou que se justificava que cada aeroporto fosse considerado por si (cfr. n.ºs 27 a 29).

---

[131] A Autoridade relembrou a este propósito que estava a considerar salas de cinema que se encontram integradas numa estrutura do tipo "centro comercial".

[132] Considerou, assim, a Autoridade que: «[o] *enquadramento regulamentar nacional a que o exercício da actividade de movimentação portuária de cargas está sujeita condiciona fortemente as respectivas condições de concorrência».* Para mais, *«as áreas portuárias estão sob a jurisdição da respectiva autoridade portuária, sendo que o acesso à actividade de movimentação de cargas é feito mediante Contratos de Concessão, cujas condições são fixadas pelo próprio concedente e que diferem de porto para porto. Acresce que as características próprias de cada porto, como a localização, a proximidade das zonas de consumo das mercadorias e dos grandes centros industriais, as acessibilidades, as condições de acostagem e respectivas infra-estruturas, a juntar aos diferentes níveis de taxas aplicadas nos vários portos nacionais, determinam que, no limite, cada porto nacional possa constituir um mercado geográfico relevante autónomo»* (sublinhados nossos) (cfr. n.ºs 50 a 52). Também no processo "31/2005 – *Multiterminal / Sotagus / Liscont*", a Autoridade definiu a dimensão geográfica do mercado como sendo local em função do disposto no contrato de concessão que regulava a actividade económica em causa e conferia uma situação de monopólio legal à correspondente concessionária, num determinado espaço geográfico, sob jurisdição de uma determinada autoridade portuária, que correspondia, em concreto, à área de jurisdição do Porto de Lisboa (cfr. n.ºs 57 e 58).

No processo "81/2005 – *Violas / Solverde*", a Autoridade definiu o *mercado dos jogos de fortuna e azar em casinos na Região Norte, na Região de Lisboa e na Região do Algarve*[133]. Com efeito e em discordância com a notificante, a Autoridade considerou que o mercado não tinha âmbito nacional mas sim local/regional por várias razões, entre as quais relevava a delimitação correspondente ao percurso feito em viatura no raio de acção de 1 hora, à semelhança da posição que já adoptara em casos anteriores relativamente a outros sectores de actividade (entre os quais o processo "74/2005 – *Pingo Doce / Polisuper*"). Igualmente relevante para a Autoridade foi a circunstância de a localização da quase totalidade dos casinos ser na zona litoral do país e de estes serem servidos por bons acessos rodoviários (cfr. n.os 30 a 34). Comum a estes processos é a determinação, por parte da Autoridade, das áreas de influência relativamente a estabelecimentos comerciais.

No processo "28/2006 – *JMS / Dr. Campos Costa / Valir / Valab*", a Autoridade definiu os mercados relevantes *da prestação de serviços de cuidados de saúde, na região Norte, e da prestação de serviços de cuidados de saúde na região da Grande Lisboa*, sendo que a definição da dimensão geográfica do mercado se baseou uma vez mais na área de influência dos estabelecimentos de saúde em causa[134].

---

[133] A AdC tomou em conta a insularidade das Regiões Autónomas e a circunstância de a Solverde não estar presente em nenhuma delas nem vir a estar num futuro próximo, não as considerando na avaliação jusconcorrencial que desenvolveu neste âmbito.

[134] Neste processo, a Autoridade considerou que, salvo casos excepcionais, quando determinados tratamentos e equipamentos específicos o exigem, a maioria dos pacientes não percorre grandes distâncias para obter tratamento/meio complementar de diagnóstico. Cada estabelecimento de saúde cobriria assim uma determinada área geográfica para além da qual seria difícil atrair pacientes. E, no entendimento da Autoridade, isso seria tanto mais assim quanto a generalidade das prestações de serviços oferecidas pelas empresas participantes é replicável em praticamente todas as localidades principais por concorrentes, públicos ou privados. Acresce que, no entendimento da Autoridade, não alterava substancialmente as conclusões antecedentes o facto de a dimensão exacta do mercado geográfico depender ainda de vários factores, tais como, mas sem limitação, a proximidade de outros estabelecimentos de saúde, a reputação da equipa médica, a qualidade das infra-estruturas ou as condições de acesso ao hospital. Em resultado, a Autoridade identificou uma série de mercados geográficos de carácter regional, normalmente localizados nas proximidades dos grandes centros hospitalares e que poderiam apresentar diferentes graus de sobreposição entre si. Para esta conclusão

Considerações preliminares | 83

O conceito de *área de influência* é também utilizado pela Autoridade no processo "80/2005 – *Alliance Santé / JMP II / Farmindústria / Alliance Unichem*" a propósito da definição geográfica dos mercados da distribuição por grosso (incluindo compra e armazenamento) de medicamentos e outros produtos de saúde. A propósito da importância do factor proximidade entre os clientes e os armazéns dos grossistas, a Autoridade considerou que a *área de influência* pode variar em função das condições físicas das infra-estruturas rodoviárias, da densidade de clientes e do número médio de entregas diárias dos clientes da zona servida pelo armazém em causa (cfr. n.ᵒˢ 178-179).

De notar que a Autoridade também já definiu a dimensão geográfica de mercados como correspondendo ao território de Portugal continental[135] ou ao território de uma das Regiões Autónomas[136], atendendo às circunstâncias concretas dos processos em causa.

Quanto aos mercados com dimensão superior à nacional, podendo ser correspondente à área do EEE ou mesmo mundial, a Autoridade segue o entendimento da Comissão tal como expresso na respectiva prática decisória e que, no essencial, assenta na convicção de que as condições de concorrência são homogéneas nessa área geográfica. Esta constatação resulta da análise efectuada a um conjunto de factores relativos aos mercados em causa e que são enunciados adiante em **III.7**.

---

concorreram também a circunstância de nenhuma das empresas participantes deter uma rede de prestação de serviços de saúde de dimensão nacional e a limitada distribuição geográfica das unidades das empresas adquiridas em volta da região Norte.

[135] No processo "37/2006 – *PTG e Arcolgeste*", a Autoridade definiu os mercados da distribuição e comercialização de gás propano liquefeito e da distribuição e comercialização de combustíveis líquidos em Portugal Continental. Nenhuma das empresas participantes na operação de concentração em causa estava presente nas Regiões Autónomas. No processo "80/2005 – *Alliance Santé / JMP II / Farmindústria / Alliance Unichem*", a Autoridade desconsiderou o território das Regiões Autónomas da Madeira e dos Açores, dado as estruturas dos mercados de serviços de distribuição por grosso de várias categorias de medicamentos nessas Regiões Autónomas serem completamente distintas das existentes em território continental (cfr. n.º 173).

[136] No processo "13/2005 – *GALP Madeira / Gasinsular*", a Autoridade definiu um mercado de comercialização de gasolinas, gasóleo e GPL, sob a forma de gás butano e de gás propano, na Região Autónoma da Madeira. No mesmo sentido, *vide* processo "30/2007 – *Bensaúde / NSL*", em que a definição dos vários mercados geográficos relevantes foi limitada a algumas das ilhas da Região Autónoma dos Açores, sobretudo em função da estrutura da oferta.

Tal como já dissemos, esta definição é muito importante, nomeadamente, para a apreciação jusconcorrencial das operações de concentração a efectuar pela Autoridade nos termos previstos no artigo 12.º da Lei. Mas importa tomar sempre em consideração que nesta apreciação prevalece a análise do impacto no território nacional, como explicamos adiante em **III.7.**, mesmo que a dimensão geográfica dos mercados seja superior.

5. As concentrações sujeitas à obrigação legal de notificação prévia à AdC

O artigo 9.º, n.º 1 da Lei da Concorrência (sob a epígrafe *"Notificação prévia"*) estabelece que:

«[a]s operações de concentração de empresas estão sujeitas a notificação prévia quando preencham uma das seguintes condições:

a) Em consequência da sua realização se crie ou se reforce uma quota superior a 30% no mercado nacional de determinado bem ou serviço, ou numa parte substancial deste;

b) O conjunto das empresas participantes na operação de concentração tenha realizado em Portugal, no último exercício, um volume de negócios superior a 150 milhões de euros, líquidos dos impostos com este directamente relacionados, desde que o volume de negócios realizado individualmente em Portugal por, pelo menos, duas dessas empresas seja superior a dois milhões de euros» (sublinhados nossos).

Desde logo, importa notar que os critérios de notificação respeitam a diferentes momentos temporais, o que pode suscitar dúvidas várias, cuja clarificação é da maior importância para a sua correcta análise. Mais precisamente, enquanto a alínea *a)* respeita a um critério que apenas se pode aferir em função do resultado expectável da operação de concentração projectada, o segundo respeita à situação financeira das empresas participantes, no território português, no ano anterior ao da notificação (ou seja, a situação anterior à operação de concentração), como detalhamos abaixo.

Os métodos de cálculo da *quota de mercado* e/ou do *volume de negócios* para efeitos do artigo 9.º, n.º 1 da Lei encontram-se estabelecidos no artigo 10.º da Lei. No que respeita ao critério do volume de negócios, o n.º 1 da mesma disposição legal estabelece a regra da tomada em consideração, cumulativamente, dos seguintes volumes de negócios:

> «a) *Das empresas participantes na concentração;*
> b) *Das empresas em que estas dispõem directa ou indirectamente*[137]*:*
>> – *De uma participação maioritária no capital;*
>> – *De mais de metade dos votos;*
>> – *Da possibilidade de designar mais de metade dos membros do órgão de administração ou de fiscalização;*
>> – *Do poder de gerir os negócios da empresa;*
> c) *Das empresas que dispõem nas empresas participantes, isoladamente ou em conjunto, dos direitos ou poderes enumerados na alínea b);*
> d) *Das empresas nas quais uma empresa referida na alínea c) dispõe dos direitos ou poderes enumerados na alínea b);*
> e) *Das empresas em que várias empresas referidas nas alíneas a) a d) dispõem em conjunto, entre elas ou com empresas terceiras, dos direitos ou poderes enumerados na alínea b).»*

---

[137] O artigo 10.º, n.º 2 estabelece que, no caso de uma ou várias empresas envolvidas na operação de concentração disporem conjuntamente dos direitos ou poderes enumerados na alínea *b*) do n.º 1, do artigo 10.º, no cálculo do volume de negócios das empresas participantes na operação de concentração, há que:

> «a) *Não tomar em consideração o volume de negócios resultante da venda de produtos ou da prestação de serviços realizados entre a empresa comum e cada uma das empresas participantes na operação de concentração ou qualquer outra empresa ligada a estas na acepção das alíneas b) a e) do número anterior;*
> b) *Tomar em consideração o volume de negócios resultante da venda de produtos e da prestação de serviços realizados entre a empresa comum e qualquer outra empresa terceira, o qual será imputado a cada uma das empresas participantes na operação de concentração na parte correspondente à sua divisão em partes iguais por todas as empresas que controlam a empresa comum».*

O artigo 10.º, n.º 4 prevê uma excepção à regra acima enunciada, que diz respeito às situações em que a operação de concentração consista na aquisição de partes, com ou sem personalidade jurídica própria, de uma ou mais empresas. Nestes casos, o volume de negócios a ter em consideração relativamente ao cedente ou cedentes será apenas o relativo às parcelas que são objecto da transacção.

Esta excepção explica-se pelo facto de os critérios do artigo 9.º, n.º 1 da Lei terem como objectivo abranger as operações de concentração que possam ter impacto na estrutura da concorrência de um mercado (ou devido à quota resultante da operação de concentração, ou pelo peso económico do conjunto das empresas participantes, reflectido no volume de negócios agregado). Assim, não relevam para efeitos do artigo 9.º, n.º 1 da Lei as quotas de mercado da(s) alienante(s) nem o(s) respectivo(s) volume(s) de negócios, senão no que respeita especificamente ao negócio que é alienado, uma vez que apenas são objecto de transacção os activos a alienar, sendo o impacto apenas avaliado em relação a estes últimos.

Por seu turno, o n.º 3 do artigo 10.º da Lei explicita que o *volume de negócios* «*compreende os valores dos produtos vendidos e dos serviços prestados a empresas e consumidores em território português, líquidos dos impostos directamente relacionados com o volume de negócios, mas não inclui as transacções efectuadas entre as empresas referidas no n.º 1*»[138] (sublinhado nosso).

---

[138] O n.º 5, do artigo 10.º da Lei prevê especificidades quanto ao cálculo do volume de negócios a tomar em consideração caso haja empresas participantes na operação de concentração que sejam, ou instituições de crédito e outras instituições financeiras, ou seguradoras, estabelecendo que o *volume de negócios é substituído:*

a) *No caso das instituições de crédito e de outras instituições financeiras, pela soma das seguintes rubricas de proveitos, tal como definidas na legislação aplicável:*

  i) *Juros e proveitos equiparados;*
  ii) *Receitas de títulos:*
   – *Rendimentos de acções e de outros títulos de rendimento variável;*
   – *Rendimentos de participações;*
   – *Rendimentos de partes do capital em empresas coligadas;*

  iii) *Comissões recebidas;*
  iv) *Lucro líquido proveniente de operações financeiras;*
   v) *Outros proveitos de exploração;*

Antes de mais, importa chamar a atenção para a circunstância de a definição de *empresas participantes* na operação de concentração para efeitos do artigo 9.º, n.º 1 da Lei nem sempre ser clara e não se resumir necessariamente à(s) empresa(s) que adquire(m) e à(s) empresa(s) que é(são) adquirida(s)[139], como adiante se exemplifica.

5.1. *O critério da quota de mercado*

O primeiro critério de notificação acima transcrito em **III.5.** respeita ao resultado da operação de concentração e consiste na *criação ou reforço de uma quota superior a 30% no mercado nacional de determinado bem ou serviço, ou numa parte substancial deste.* Importa recordar que a noção que serve de base a este critério é a de mercado de produto – *mercado de um determinado bem ou serviço* – e de mercado geográfico – *mercado nacional ou de dimensão correspondente a uma parte substancial deste* – relevantes. Assim, remetemos para o exposto acima em **III.4.**, recordando, desde logo, as dificuldades inerentes à delimitação casuística dos conceitos em causa.

Sem prejuízo de a noção que preside à interpretação do critério da quota de mercado ser a de mercado de produto e geográfico relevante, o facto é que, em operações com impacto em mercados de dimensão geográfica supra-nacional, a Autoridade tem considerado que o preen-

---

b) *No caso das empresas de seguros, pelo valor dos prémios brutos emitidos, pagos por residentes em Portugal, que incluem todos os montantes recebidos e a receber ao abrigo de contratos de seguro efectuados por essas empresas ou por sua conta, incluindo os prémios cedidos às resseguradoras, com excepção dos impostos ou taxas cobrados com base no montante dos prémios ou no seu volume total.*

[139] Por exemplo, no processo "10/2005 – *Angelini / Aventis / Laboratórios Roussel*" eram empresas participantes a Angelini (na qualidade de adquirente), a Aventis (na qualidade de adquirida) e a Roussel (a outra empresa participante). Com efeito, a operação de concentração em causa consistiu na aquisição, pela Angelini, de todos os direitos e obrigações referentes à comercialização de um produto farmacêutico (miorelaxante), o Adalgur, à Aventis e à Roussel. Era a Roussel quem detinha a autorização de introdução no mercado do produto Adalgur, sendo que a Aventis era a empresa que procedia à exploração comercial do produto, após ter celebrado um contrato com a Roussel para esse efeito, mediante o pagamento de *royalties* (cfr. n.os 10 a 19).

88 | *O procedimento de controlo das operações de concentração de empresas em Portugal*

chimento do critério em causa deve ser aferido, não por referência ao mercado geográfico relevante, mas à parte desse mercado que corresponde ao território português[140].

Em nossa opinião, este entendimento é criticável, sobretudo porque, a contendo de procurar obter jurisdição, a Autoridade não está, nestas situações, a olhar à realidade económica subjacente à operação de concentração. Esta posição parece-nos especialmente duvidosa nos casos em que seja relativamente pacífico numa primeira análise (por exemplo, por força da existência de prática decisória consolidada) que a dimensão geográfica dos mercados em causa excede o território nacional e que a operação não contribui para criar ou reforçar uma quota superior a 30% nesse mercado relevante.

Na prática, a Autoridade tem considerado que o critério de notificação baseado na quota de mercado abrange operações de concentração *(i)* quer estas consistam em meras transferências de titularidade de quotas de mercado (a adquirente não está presente no mercado, pelo que, não existe qualquer adição de quota após a operação de concentração), *(ii)* quer resultem num acréscimo de quota de mercado.

(i) operações que consistem em meras transferências de titularidade de quotas de mercado

A Autoridade fundamentou a inclusão deste tipo de operação de concentração pela primeira vez na sua decisão relativa ao processo "7/2004 – *Otto Sauer Achsenfabrik / Deutsche Beteilingungs*" ("DBAG/ SAF"), atendendo ao objectivo que o legislador teria pretendido atingir com a imposição de notificação prévia nos casos previstos. Assim, a Autoridade começou por tomar em consideração a alínea e), do artigo 81.º da CRP e os artigos 9.º e 12.º da Lei da Concorrência (este último analisado abaixo em **III.8.**), concluindo que «*o legislador pretendeu abranger todas as operações de concentração que possam ter efeitos sobre a estrutura da concorrência, tendo em conta a necessidade de preservar e desenvolver uma concorrência efectiva no mercado nacio-*

---

[140] Cfr., por exemplo, processos "07/2004 – *DBAG / SAF*", já referido, n.os 14 e seguintes, e "03/2006 – *CapVis / Benninger*", n.º 18.

nal. Ora, na óptica do Direito da Concorrência não será indiferente o operador a quem pertence a referida quota de mercado pois poderão verificar-se efeitos concorrenciais mesmo se as partes de uma operação de concentração não operam no mesmo mercado» (sublinhados nossos).

Acresce que, no entendimento da Autoridade, «*uma interpretação restritiva da mesma norma levaria a uma dualidade de critérios na identificação das operações susceptíveis de serem abrangidas pelos limiares previstos, o que não se nos afigura aceitável. De facto, significaria que a avaliação de uma operação de concentração traduzida na mera transferência de titularidade de uma quota só seria relevante para efeitos de notificação caso o volume de negócios das empresas envolvidas atingisse o limiar fixado na alínea b) do n.º 1 do artigo 9.º da Lei da Concorrência*» (sublinhado nosso).

Este entendimento da Autoridade foi posteriormente retomado num outro processo[141], onde a AdC sublinhou o paralelismo desta posição com o entendimento da Comissão, segundo o qual «*certos tipos de concentrações podem reforçar o poder de mercado das partes, por exemplo ao combinarem recursos tecnológicos, financeiros ou outros, mesmo se as partes não operam no mesmo mercado*»[142].

Em consequência, têm sido inúmeras as operações de concentração que são notificadas à Autoridade nos termos do artigo 9.º, n.º 1, alínea a) da Lei e que consistem em meras transferências de titularidade de quotas de mercado, sem qualquer impacto significativo sobre a concorrência no(s) mercado(s) relevante(s).

Em nossa opinião, este entendimento da AdC é questionável porque conduz a uma abrangência excessiva da Lei da Concorrência e implica um esforço financeiro e de recursos humanos por parte das empresas adquirentes que não parece ser compensado pela prossecução do interesse público.

---

[141] Cfr. o processo "46/2006 – *Recordati / Jaba*" (n.º 18).

[142] A Autoridade baseou-se na *Comunicação da Comissão relativa a um procedimento simplificado de tratamento de certas operações de concentração nos termos do Regulamento (CEE) 4064/89, de 21 de Dezembro* (cfr. n.º 32). Esta Comunicação foi revogada pela *Comunicação da Comissão relativa a um procedimento simplificado de tratamento de certas concentrações nos termos do Regulamento (CE) n.º 139/2004 do Conselho*, a qual, no seu n.º 8, refere a mesma ideia da comunicação anterior.

*(ii) operações que resultam numa adição de quota de mer-
cado*

Relativamente a este tipo de operação de concentração também são vários os aspectos a considerar, na interpretação da alínea a), do n.º 1, do artigo 9.º, entre os quais relevam os seguintes.

Desde logo a Lei não prevê um critério *de minimis* de adição de quota de mercado em resultado da operação de concentração, pelo que um acréscimo despiciendo de uma quota de mercado, ou de parte de uma quota de mercado realizada em território português, que resulte numa posição superior a 30% tem de ser notificado. Tal foi o caso, por exemplo, no processo "16/2005 – *Enernova / Ortiga * Safra*", em que a Autoridade mencionou na decisão que a quota de mercado estimada da adquirente EDP, que ascendia a [50%-60%], se reforçaria em [< 1%] quanto à Ortiga e igualmente em [< 1%] quanto à Safra (cfr. n.os 76 a 78).

Igualmente relevante é a questão de saber se a quota de mercado detida por uma empresa controlada conjuntamente por duas ou mais empresas deverá, para efeitos de controlo das operações de concentração, ou ser dividida e imputada em partes iguais a cada uma das empresas-mãe que exerce o controlo – à semelhança do que está já previsto no artigo 10.º, n.º 2, alínea b) para o cálculo do volume de negócios – ou ser imputada por inteiro a cada uma das empresas-mãe. Lamentavelmente, a Autoridade não tem uma posição unívoca sobre esta questão[143], o que em nossa opinião promove a insegurança jurídica subjacente a este critério.

Também importa tomar em consideração a relevância que a Autoridade conferiu na sua prática decisória à existência de uma relação contratual de exclusividade e com longa duração entre duas empresas independentes no contexto de um projecto de aquisição de controlo sobre a outra empresa, para efeitos de aferição de eventual acréscimo de quota de mercado após a operação de concentração.

---

[143] Cfr. o processo 34/2005 – "*CTT / Mailtec*" (n.os 21 a 24) e, no sentido diametralmente oposto, o processo "22/2005 – *Via Oeste (Brisa) / Auto-estradas do Oeste / Auto-estradas do Atlântico*" (n.º 492).

A Autoridade já considerou não existir acréscimo de quota de mercado, por exemplo, no processo "13/2005 – *GALP Madeira / Gasinsular*" que consistia na aquisição, pela Galp Madeira à Corama, da Gasinsular, tratando-se de uma operação de concentração entre *duas empresas juridicamente autónomas*. Assim, a Autoridade lembrou que, para efeitos de Direito das Sociedades Comerciais e de Direito da Concorrência, a Corama (e actualmente a Gasinsular) – a adquirida –, não deixa de ser uma empresa que oferece bens e serviços ao mercado, embora o faça em resultado de uma relação de exclusividade contratual que a vincula à Galp (cfr. n.os 27 e 28).

Simplesmente, dada a natureza dos contratos de exclusividade entre a Corama e a Galp Madeira (e suas antecessoras), que vigoravam há mais de 50 anos, a Autoridade considerou que, para efeitos de determinação das quotas de mercado da adquirente e da adquirida, as vendas da Corama não deveriam ser contabilizadas de forma autónoma mas antes integradas nas da Galp Madeira. Concluiu, assim, a Autoridade que não decorria desta operação de concentração qualquer alteração na estrutura da oferta nos vários mercados relevantes delimitados e consequentemente qualquer acréscimo no grau de concentração dos mesmos (cfr. n.os 10 a 15).

Também importante nesta sede é a fórmula de cálculo da quota de mercado utilizada pela Autoridade em operações de concentração que envolvem a passagem de uma situação de controlo conjunto para uma situação de controlo exclusivo. Particularmente relevante é o processo 34/2005 – "*CTT / MAILTEC*", em que a Autoridade conclui pela situação de reforço da quota de mercado – nos termos da alínea a) do n.º 1 do artigo 9.º da Lei da Concorrência –, através de um *reforço do controlo sobre essa mesma quota*[144] por parte da empresa-mãe do Grupo *CTT* (que adquiria o controlo único da Mailtec Holding).

---

[144] A Autoridade justificou esta sua interpretação explicando que a mesma «*resulta da análise da alínea a) do n.º 1 do artigo 9.º da Lei da Concorrência numa perspectiva de articulação com a noção de controlo, prevista no n.º 3 do artigo 8.º do mesmo diploma legal. Com efeito, se qualquer operação de concentração tem por base uma alteração na estrutura de controlo de determinada empresa e a noção de controlo implica a possibilidade de exercer uma influência determinante sobre a actividade da*

Segundo a Autoridade, este reforço resultaria da circunstância de, ao contrário do que acontecia até então – em que existia uma situação de controlo conjunto e a necessária partilha da possibilidade de exercer uma influência determinante sobre a Mailtec Holding com os restantes accionistas que detinham igualmente o controlo conjunto -, após a operação de concentração o Grupo *CTT* passar a poder exercer isoladamente uma influência determinante sobre a Mailtec Holding.

Curiosamente esta não é a posição defendida pela Autoridade noutros processos, como sejam o "73/2007 – *Sonae Sierra / Gaiashopping e Arrabidashopping*", em que a Autoridade considera que a passagem de uma situação de controlo conjunto para controlo único não tem, em princípio, impacto ao nível da oferta, não se registando qualquer acréscimo da quota de mercado da Adquirente (cfr. n.º 45).

Pela nossa parte, seguimos a doutrina[145] que considera criticável a existência do critério da quota de mercado enquanto forma de delimitação do âmbito de jurisdição do regime jurídico de controlo das operações de concentração. Aliás, Portugal é já um dos poucos Estados-Membros da CE que mantém este critério e o mesmo se diga quanto ao regime das concentrações comunitário, onde o único critério de notificação existente tem por base o volume de negócios das empresas participantes na operação de concentração.

Com efeito, em nossa opinião, este critério promove a insegurança jurídica, em especial nos casos em que inexista uma prática decisória consolida da Autoridade sobre o(s) mercado(s) em causa. Para mais, sabendo-se que as dificuldades de interpretação dos critérios de notifica-

---

empresa, um reforço sobre esse controlo, por meio da passagem de um controlo conjunto para um controlo exclusivo, implicará um reforço sobre o controlo sobre a quota de mercado» (sublinhado nosso) (cfr. n.ᵒˢ 17 a 24 e nota 10).

[145] Cfr., por exemplo, a "Propuesta de reforma del sistema de control de concentraciones de empresas", Documento de trabalho 56/2004, de Janeiro de 2004, da autoria de José Maria Jiménez Laiglesia no que respeita à eventual manutenção do critério da quota de mercado no regime espanhol de controlo das operações de concentração, então em discussão. A nova lei de concorrência espanhola – a *Ley* 15/2007, de 3 de Julho, de *Defensa de la Competencia*, publicada no *Boletin Oficial del Estado* número 159, de 4 de Julho de 2007, pp. 28848 e seguintes – acabou por manter o critério em causa, mas subiu o limiar de 25 para 30% de quota de mercado.

ção previstos no artigo 9.º, n.º 1 devem ser confrontadas com o regime previsto no respectivo n.º 2, que impõe uma obrigação legal de notificação prévia de operações de concentração e a existência de um prazo-limite muito curto para a apresentação da notificação.

Acresce que, mesmo existindo prática decisória relativamente a determinadas actividades económicas, subsistem dificuldades substanciais na delimitação dos mercados, muitas vezes por ausência ou insuficiência de informação fidedigna sobre os mesmos. Ora, uma obrigação legal com as consequências que esta tem e que são adiante detalhadas em **IV.16.1.** não deve depender de informação como aquela que está em causa.

Por último, a introdução do mecanismo de pré-notificação nos termos do artigo 9.º, n.º 3 da Lei da Concorrência, resultante do Decreto-Lei n.º 219/2006, de 2 de Novembro, não parece contrariar estas conclusões, como adiante se procura demonstrar no **Capítulo IV**.

5.2. *O critério do volume de negócios*

A título prévio importa referir que o artigo 9.º, n.º 1 alínea b) da Lei comporta dois patamares que necessitam de ser preenchidos para que a operação se encontre sujeita à obrigatoriedade de notificação, a saber:

a) que o conjunto das empresas participantes na operação haja realizado, no último exercício, um volume de negócios, em Portugal, superior a € 150 milhões; e,

b) que, pelo menos duas dessas empresas participantes tenham realizado, no mercado nacional, um volume de negócios superior a € 2 milhões.

No que diz respeito ao primeiro patamar, a Autoridade já esclareceu, por exemplo, no processo "1/2006 – *Sonae / Grosvenor*" que «*o conceito de "empresas participantes na operação" é manifestamente susceptível de ser reconduzido ao conceito de "empresas em causa"*»[146].

---

[146] A este propósito a Autoridade faz referência para a Comunicação da Comissão relativa ao conceito de empresas em causa, para efeitos do Regulamento (CEE)

Assim, e para efeitos deste conceito, "empresas em causa" seriam aquelas que, efectivamente, adquirem e aquela que, efectivamente, é adquirida» (sublinhados nossos) (cfr. n.os 25 a 27).

A operação de concentração em causa no processo acima referido consistia na passagem de uma situação de controlo exclusivo (detido pelo Grupo Sonae) sobre a Sonae Sierra, para uma situação de controlo conjunto (detido pelo Grupo Sonae e pela Grosvenor). Neste âmbito, suscitou-se a questão da eventual inclusão do volume de negócios da Adquirida Sonae Sierra no cálculo do volume de negócios das *empresas participantes*, para efeitos da disposição legal acima mencionada.

A Autoridade explicou que, ainda que fosse a empresa-alvo, a Sonae Sierra não era uma *empresa participante* pois as empresas participantes são, apenas, as empresas que asseguram o controlo – Sonae e Grosvenor –, recorrendo ao entendimento da Comissão nesta matéria[147]. Em consequência, o volume de negócios da Sonae Sierra não foi tomado em consideração enquanto tal. A Autoridade recorda a este propósito que *«por ser controlada, em exclusivo, pela Sonae, os volumes de negócios da Sonae Sierra são consolidados nos volumes de negócios daquela, pelo que não devem ser considerados para efeitos de aferição se a operação é, ou não, notificável ao abrigo do critério do volume de negócios»* (cfr. os n.os 28 a 32). Ou seja, nestes casos, a eventual contabilização autónoma do volume de negócios da empresa comum importaria uma duplicação de valores.

Igualmente relevante e tal como já foi referido na presente contribuição em **III.3.**, o conceito de *volume de negócios realizado em Portugal* para efeitos do artigo 10.º, n.º 3 da Lei é bastante abrangente e não exige a existência de estabelecimento estável, bastando que as empresas participantes realizem (ainda que indirectamente) vendas em Portugal (por exemplo, através de importações ou de agentes comerciais juridicamente autónomos).

O segundo patamar de volume de negócios constitui uma novidade relativamente à redacção da disposição legal equivalente no anterior diploma de concorrência (Decreto-Lei n.º 371/93). Com efeito, este

---

n.º 4064/89 do Conselho. Esta Comunicação foi revogada pela Comunicação consolidada da Comissão em matéria de competência.

[147] A Autoridade refere a Comunicação acima mencionada na nota 146, n.º 23.

segundo patamar visa "afinar" o critério legal em causa, introduzindo-lhe um limiar *de minimis* e assim evitar a obrigação legal de notificação prévia de todas e quaisquer operações de concentração independentemente da sua importância económica, pela mera circunstância de nelas participar um grupo económico que isoladamente ultrapassasse os 150 milhões de euros[148].

Em todo o caso, o limiar *de minimis* actual, correspondente a 2 milhões de euros, é em nossa opinião demasiado baixo porque abrange um conjunto de operações sem qualquer significado do ponto de vista económico, que não é expectável que tenham impacto na estrutura da concorrência do(s) mercado(s) em causa[149].

Podem suscitar-se outras questões a propósito do cálculo do volume de negócios e das regras constantes do artigo 10.º da Lei, pelo que se passam a exemplificar algumas.

No processo "5/2007 – *OPCA / Pavicentro*" suscitou-se a questão da eventual inclusão no cálculo do volume de negócios do grupo económico a que pertencia a adquirente do volume de negócios de sociedades do grupo cujas aquisições tinham consubstanciado operações de concentração sujeitas à obrigação de notificação prévia nos termos e para os efeitos do artigo 9.º, n.º 1 da Lei, mas que não tinham sido notificadas nem autorizadas senão dois anos depois[150]. A Autoridade concluiu afirmativamente.

---

[148] Sobre os objectivos que presidiram à introdução do referido limiar *de minimis*, cfr. p. 43 de "Introdução à nova legislação de Concorrência", de José Luís da Cruz Vilaça em "Concorrência – Estudos", acima mencionado na nota 7.

[149] A título de exemplo, a *Ley* 15/2007, acima referida em 145, estabelece como limiar *de minimis* um volume de negócios superior a 60 milhões de euros, conforme previsto no artigo 8.º, n.º 1, alínea b). Em muitos outros países europeus, como, por exemplo, Alemanha, Áustria, Bélgica, Bulgária, Dinamarca, Eslováquia, Eslovénia, Estónia, Finlândia, França, Grécia, Holanda, Itália, Polónia, Suécia, exige-se como condição para a notificabilidade de uma concentração baseada em critérios de volume de negócios, valores significativamente superiores a 2 milhões de euros (cfr. informação constante do "International Comparative Legal Guide to: Merger Control 2008", publicado pelo Global Legal Group e disponível em http://www.glgroup.co.uk/).

[150] Tal como se explicitará adiante no ponto **IV.11.**, nos termos do artigo 11.º, n.º 2 da Lei «[a] *validade de qualquer negócio jurídico realizado em desrespeito* [da obrigação legal de notificação prévia] *depende de autorização expressa ou tácita da operação de concentração»*.

Quanto às *empresas comuns* – empresas a constituir ou empresas que passam a ser controladas conjuntamente – a Autoridade já se pronunciou na sua prática decisória quanto ao método de cálculo do respectivo volume de negócios, nos termos do artigo 10.º, n.º 2 da Lei[151].

Entre as várias situações que se podem identificar a este respeito releva, nomeadamente, aquela que consiste numa operação de concentração que resulta na criação de uma empresa comum que desempenha de forma duradoura as funções de uma entidade económica autónoma (e para a qual as empresas-mãe transferem um conjunto de activos)[152]. E também a situação que respeita à constituição de uma "empresa comum" que é controlada unicamente por uma das empresas-mãe[153]. Ambos os conceitos já foram mencionados acima em **III.3.3**.

Também relevante é o método de cálculo do volume de negócios nas operações de concentração que consistam na fusão por incorporação de várias empresas que desenvolvam a totalidade das suas actividades económicas através de uma empresa-comum[154].

Uma outra orientação que parece decorrer da prática decisória da Autoridade é a de que, além das regras especiais de cálculo do volume de negócios no caso dos sectores financeiro e segurador (cfr. n.º 5, do artigo 10.º da Lei), não devem em princípio ser admitidas outras derrogações ao regime geral. A questão colocou-se, em especial, no processo "15/2008 – *Top Atlântico / Activos Policarpo * Activos Portimar*", que envolvia a aquisição de activos relacionados com a actividade de agenciamento de viagens.

---

[151] Acima transcrito na nota 137.

[152] Cfr., por exemplo, o processo "37/2006 – *PTG e Arcolgeste (JV)*".

[153] Cfr., por exemplo, o processo "21/2007 – *SAG Gest / Alfredo Bastos / Newco*".

[154] No processo "43/2004 – *Grula / Coopertorres / Torrental*" a operação de concentração em causa consistia na fusão por integração das 3 cooperativas que correspondiam às entidades notificantes – Grula, Coopertorres e Torrental. A Autoridade tomou em consideração a circunstância de, nos cinco anos anteriores, as três notificantes terem desenvolvido a totalidade das suas actividades económicas através de uma empresa-comum, a GCT, e, em consequência, fez corresponder os respectivos volumes de negócios às participações sociais que cada uma das três notificantes detinha no capital social da empresa-comum (cfr. os n.os 3, 4 e 33).

Disposições substantivas sobre o controlo de concentrações | 97

A entidade notificante nesse processo – secundando-se da posição da Comissão quanto às actividades das entidades que se dedicam a intermediar a prestação de serviços – defendeu que os volumes de negócios das agências de viagens deveriam apenas corresponder às designadas "margens de comercialização" ou "comissões" cobradas (tal como acontece com as comissões do sector financeiro), e não ao volume de negócios originado pela venda de bens e serviços que são prestados por entidades terceiras (designadamente, companhias aéreas e empresas hoteleiras), uma vez que parte desses montantes não se destina a ser retido pelas agências de viagens.

No entanto, a AdC não subscreveu este entendimento, por vários motivos relacionados com as especificidades da actividade em causa[155] e também porque, em seu entender, *«o artigo 10.º da Lei da Concorrência apenas prevê duas derrogações ao regime geral, que se encontram previstas no seu n.º 5, relativamente a dois sectores específicos, a banca e os seguros, decorrentes da legislação sectorial específica, não consagrando nenhuma excepção quanto a nenhum outro sector»*[156].

Parece, assim, que a AdC se inclina para considerar as excepções previstas no artigo 10.º, n.º 5 como tendencialmente taxativas. Ou, pelo menos, serão muito raros os casos em que aquela instituição aceitará desvios à regra geral de cálculo do volume de negócios.

Por último, importará fazer uma breve referência ao tema da alocação geográfica do volume de negócios. A regra geral é a de que o volume de negócios se considera realizado no local onde se encontra situado o cliente na data da transacção[157]. Porém, por vezes pode não ser fácil determinar esse local, sobretudo em transacções realizadas pela Internet ou em transacções com implicações transfronteiriças. Nestes casos, o princípio enunciado pela Comissão, que nos parece que poderá ser também aplicável no controlo de concentrações nacionais, é o de imputar o volume de negócios ao local em que se regista a concorrência

---

[155] Cfr. pontos (i) a (iii), do n.º 23 da decisão.

[156] Cfr. n.º 23, (iv).

[157] Cfr. artigo 10.º, n.º 3 da Lei da Concorrência. No âmbito comunitário, cfr. artigo 5.º, n.º 1 do Regulamento das Concentrações Comunitárias.

com outros fornecedores e onde se cumpre a prestação característica do acordo em questão, *i.e.*, onde o serviço é prestado e o bem é entregue[158].

Esta afectação pode ser especialmente problemática nos processos relativos ao transporte aéreo e às telecomunicações. No primeiro caso, a Comissão não tem uma posição definida à partida, identificando pelo menos quatro metodologias possíveis de afectação do volume de negócios decorrente da venda de bilhetes de transporte aéreo: *(i)* imputar o volume de negócios ao país de destino; *(ii)* distribuir o volume de negócios entre o país de origem e o país de destino final, numa proporção de 50% para cada lado, por forma a reflectir o carácter transfronteiriço do serviço em questão; *(iii)* alocar o volume de negócios ao território onde ocorreu a venda do bilhete; ou *(iv)* atribuir o volume de negócios ao primeiro lugar de partida de cada bilhete, mesmo que se trate de uma viagem de ida e volta[159]. Já nos processos de telecomunicações, a Comissão tem considerado que o volume de negócios se considera realizado no local de terminação da chamada[160].

Note-se que a existência de segurança jurídica na metodologia de afectação geográfica do volume de negócios é da maior importância, porquanto dela depende a questão prévia da jurisdição, e respectiva autoridade, competente para apreciar uma determinada concentração[161].

6. O acompanhamento de operações de concentração de âmbito comunitário pela Autoridade

Para além das operações de concentração que se encontram sujeitas à jurisdição da Autoridade nos termos da Lei da Concorrência e que são por esta apreciadas e decididas, a Autoridade intervém ainda em duas

---

[158] Cfr. n.os 196 e seguintes da Comunicação consolidada da Comissão em matéria de competência.

[159] Cfr., por todos, processo "COMP/M.4439 – *Ryanair / Aer Lingus*", n.os 16-30.

[160] Cfr. n.º 202 da Comunicação consolidada da Comissão em matéria de competência.

[161] Entre nós, a AdC teve já oportunidade de apreciar importantes operações no domínio dos transportes aéreos (*e.g.*, processo "57/2006 – *TAP / PGA*") e das telecomunicações (*e.g.*, processo "08/2006 – *Sonaecom / PT*"), as quais foram inclusivamente concluídas com imposição de compromissos.

Disposições substantivas sobre o controlo de concentrações | 99

outras vertentes, desta feita quanto às operações de concentração de dimensão comunitária (ou que não a têm mas se encontram, ainda assim, sujeitas às competências da Comissão por virtude do Regulamento das Concentrações Comunitárias):

(*i*) operações de concentração que poderão ser objecto de remessa da ou para a Comissão Europeia, e

(*ii*) acompanhamento de processos de apreciação de operações de concentração pela Comissão, em sede de Comité Consultivo da Comissão em matéria de concentrações de empresas[162].

Mais precisamente, a alínea (i) acima abrange duas situações opostas, a saber: por um lado, as operações de concentração que, não obstante terem dimensão comunitária e como tal deverem ser notificadas à Comissão nos termos e para os efeitos dos artigos 2.º e 3.º do Regulamento das Concentrações Comunitárias, têm especificidades que aconselham a que a sua apreciação e decisão deva ser feita em alternativa pelas autoridades nacionais de concorrência, nos termos previstos no artigo 9.º do mesmo Regulamento. O citado preceito determina que, em certas condições, designadamente se considerarem que uma operação com dimensão comunitária é susceptível de afectar a concorrência no seu território, os Estados-Membros podem, por sua própria iniciativa ou a convite da Comissão, solicitar a remessa do processo em causa para a respectiva autoridade nacional de concorrência; por outro lado, as operações de concentração que não têm dimensão comunitária e, como tal, não são abrangidas pela competência exclusiva da Comissão para as apreciar, mas que atentas as suas especificidades, deverão ser apreciadas e decididas pela Comissão conforme previsto nos artigos 4.º, n.º 5 e 22.º do mesmo Regulamento. Grosso modo, a remessa à Comissão nestes casos é possível quando uma concentração sem dimensão comunitária está sujeita a notificação em pelo menos três Estados-Membros ou ainda nos casos em que uma concentração sem dimensão comunitária afecte o comércio entre Estados-Membros e ameace afectar a concorrência no território dos Estado(s)-Membro(s) em causa.

---

[162] Cfr. o artigo 19.º, n.º 3 do Regulamento das Concentrações Comunitárias.

100 | *O procedimento de controlo das operações de concentração de empresas em Portugal*

Durante os anos de 2005 e 2006 foram remetidos à Autoridade, respectivamente, 8 e 5 Memorandos Fundamentados, nos termos do artigo 4.º, n.º 5 do Regulamento das Concentrações Comunitárias, relativamente aos quais a Autoridade não manifestou desacordo em que as operações de concentração em causa fossem apreciadas e decididas pela Comissão[163].

Tanto em 2005 como em 2006 e quanto às operações de concentração com dimensão comunitária notificadas à Comissão e que eventualmente tivessem impacto no mercado nacional, a Autoridade acompanhou a sua apreciação pela Comissão sem, no entanto, ter sido necessário solicitar a remessa do processo, em virtude de, segundo a Autoridade, não estarem preenchidos os pressupostos estabelecidos no artigo 9.º do Regulamento das Concentrações Comunitárias[164].

Também nos anos de 2005 e 2006 a AdC acompanhou as operações de concentração notificadas noutros Estados-membros, de modo a avaliar o impacto a nível nacional e, caso se justificasse, exercer o direito que lhe assiste de solicitar à Comissão a remessa da operação de concentração em causa, nos termos do artigo 22.º do Regulamento das Concentrações Comunitárias[165].

Particularmente relevante em 2005 foi o pedido de remessa pela Autoridade à Comissão, nos termos e para os efeitos do artigo 22.º do Regulamento das Concentrações Comunitárias, do processo *Gas Natural / Endesa*. Com efeito, esta operação de concentração foi notificada às autoridades de concorrência espanholas em 12 de Setembro de 2005 e a Autoridade, tendo tomado conhecimento da mesma (não lhe foi notifica-

---

[163] P. 42, ponto 2.5.3.1., Relatório de Actividades da Autoridade relativo ao ano de 2005 e p. 54, ponto 3.4.3.1., Relatório de Actividades da Autoridade relativo ao ano de 2006.

[164] P. 42, ponto 2.5.3.2., Relatório de Actividades da Autoridade relativo ao ano de 2005 e p. 54, ponto 3.4.3.2., Relatório de Actividades da Autoridade relativo ao ano de 2006.

[165] Pp. 43 e 44, ponto 2.5.3.3., Relatório de Actividades da Autoridade relativo ao ano de 2005 e p. 54, ponto 3.4.3.3., Relatório de Actividades da Autoridade relativo ao ano de 2006.

Disposições substantivas sobre o controlo de concentrações | 101

da senão aproximadamente dois meses mais tarde) solicitou à Comissão que o processo lhe fosse remetido, pedido no qual foi secundada pela autoridade de concorrência italiana. A Autoridade considerou que «*da operação de concentração era susceptível de resultar, não só a afectação do comércio entre Portugal e Espanha, como a afectação da concorrência no território português*»[166]. Nenhum dos pedidos foi aceite pela Comissão e a operação de concentração acabou por ser escrutinada pelas jurisdições nacionais.

A mencionada operação de concentração veio a ser notificada em Portugal em 21 de Novembro de 2005 (processo "69/2005 – *Gas Natural / Endesa*"), foi objecto de uma decisão de passagem à fase de investigação aprofundada e, por fim, o procedimento foi declarado extinto em 1 de Março de 2007, na sequência do pedido de desistência do procedimento apresentado pela notificante.

Em 2006[167] não houve qualquer processo em que o artigo 22.º fosse invocado pela Autoridade mas já em 2007 o processo "69/2007 – *Associated British Foods / "Activos" GBI*", cuja operação de concentração foi notificada pelo menos em Portugal, foi remetido para a Comissão, para que esta o apreciasse e decidisse[168].

---

[166] P. 43, ponto 2.5.3.3., Relatório de Actividades da Autoridade relativo ao ano de 2005.

[167] P. 54, ponto 3.4.3.3., Relatório de Actividades da Autoridade relativo ao ano de 2006.

[168] Nos termos do Comunicado da Autoridade que se encontra disponível no seu sítio Internet, «[p]*or Deliberação do Conselho da Autoridade da Concorrência, de 18 de Dezembro de 2007, o procedimento administrativo n.º Ccent 69/2007 - ABF/GBI foi extinto por impossibilidade superveniente, nos termos do artigo 112.º do Código do Procedimento Administrativo, uma vez que a Comissão Europeia decidiu examinar a operação de concentração em causa, não podendo a Autoridade da Concorrência aplicar a legislação nacional a essa mesma operação, nos termos* [do] *n.º 3 do artigo 22.º do Regulamento CE n.º 139/2004, de 20 de Janeiro de 2004, relativo ao controlo das concentrações de empresas*».

102 | *O procedimento de controlo das operações de concentração de empresas em Portugal*

7. Os critérios de apreciação jusconcorrencial das operações de concentração

7.1. *Os tipos de operações de concentração*

Tradicionalmente, distinguem-se três tipos de operações de concentração, consoante as mesmas tenham uma natureza horizontal, vertical ou conglomeral[169]. Em regra, o cerne da apreciação jusconcorrencial baseia-se nesta tipificação mas não se restringe à mesma. Assim, por exemplo, uma operação de concentração de natureza horizontal (*i.e.*, levada a cabo entre dois ou mais concorrentes) pode também suscitar preocupações de natureza vertical (*e.g.*, se tiver implicações ao nível dos sistemas de distribuição de bens ou serviços) e/ou preocupações de natureza conglomeral (na hipótese de existirem efeitos em mercados próximos dos relevantes). Nesta medida, a classificação tripartida acima mencionada constitui apenas uma primeira indicação sobre as implicações de uma dada operação, pelo que, na apreciação jusconcorrencial, essa classificação deve ser considerada em conjunto com outras características da operação a analisar em concreto.

Assim, as operações de natureza horizontal ocorrem entre empresas que estão, ou poderão com algum grau de probabilidade vir a estar, presentes nos mesmos mercados, existindo, pois, concorrência real ou potencial entre as actividades por si desenvolvidas[170].

---

[169] Para maior detalhe, vejam-se as Orientações para a apreciação das concentrações horizontais nos termos do regulamento do Conselho relativo ao controlo das concentrações de empresas e as *Guidelines on the assessment of non-horizontal mergers under the Council Regulation on the control of concentrations between undertakings* (Orientações para a apreciação das concentrações não horizontais nos termos do regulamento do Conselho relativo ao controlo das concentrações de empresas), adoptadas pela Comissão em 28 de Novembro de 2007 e disponíveis em http://ec.europa.eu/comm/competition/mergers/legislation/nonhorizontalguidelines.pdf.

[170] A nível comunitário, tem-se entendido que uma empresa é concorrente potencial de outra, quando a primeira projecta entrar no mercado em causa ou desenvolveu ou prosseguiu planos nesse sentido durante os últimos dois anos [cfr. ponto 6.3. a) do formulário CO, que constitui o Anexo I ao Regulamento Comunitário de Execução, e n.º 60 das Orientações para a apreciação das concentrações horizontais]. Estranha-se, aliás, que a menção à ideia de concorrência potencial não conste da

Por sua vez, as operações de concentração de natureza vertical envolvem empresas que operam a diferentes níveis da cadeia de valor, como sejam, entre outras, as aquisições, por parte de fornecedores, das empresas que asseguram a distribuição dos respectivos produtos.

Por último, as operações de concentração de natureza conglomeral ocorrem quando entre as empresas participantes existe uma relação que não é nem horizontal – pois a(s) adquirente(s) e a(s) adquirida(s) não estão presentes nos mesmos mercados – nem vertical [as empresas em causa não são nem fornecedoras nem clientes uma(s) da(s) outra(s)]. Ou seja, numa análise preliminar estas operações não parecem suscitar as preocupações jusconcorrenciais mais comuns. Simplesmente, por exemplo, quando as empresas participantes estão activas em mercados próximos e relacionados entre si (as operações de concentração envolvem por exemplo, fornecedores de produtos complementares ou produtos que pertencem à mesma gama) as operações de concentração podem ter implicações jusconcorrenciais relevantes. Acresce que as operações de concentração de natureza conglomeral podem ter implicações de carácter horizontal, na medida em que, por exemplo, resultem numa diminuição da concentração dos mercados em causa[171] ou no aumento do grau de concentração existente[172].

A este propósito importa notar que, ao contrário do que acontece a nível comunitário, em que as operações de concentração de tipo conglo-

---

definição de "Operação de natureza horizontal" proposta pela AdC no novo "Projecto de Formulário de Notificação de Operações de Concentração", colocado em consulta pública em Maio de 2008 (cfr. comunicado n.º 4/2008, disponível em http://www.concorrencia.pt/Conteudo.asp?ID=1386). É um aspecto que a nosso ver deve ser revisto no texto final que venha a ser aprovado.

[171] Por exemplo, o processo "10/2005 – *Angelini / Aventis / Laboratórios Roussel*" acima mencionado na nota 49 e 68, ou o processo "48/2005 – *Axa / Seguro Directo Gere*", acima mencionado na nota 79.

[172] Por exemplo, no processo "73/2007 – *Sonae Sierra / Gaiashopping e Arrabidashopping*" a Autoridade considerou que embora a passagem de uma situação de controlo conjunto para uma situação de controlo único não tivesse, em princípio, impacto ao nível da oferta e não houvesse acréscimo da quota de mercado da adquirente, atendendo à elevada quota de mercado da mesma entidade, a análise das condições concorrenciais e de impacto da concentração implicava uma avaliação das barreiras à entrada ou à expansão para verificar se a sua posição poderia ser contestada por potenciais entrantes ou por concorrentes em expansão (cfr. n.º 45 e seguintes).

meral implicam a existência de algum tipo de proximidade entre as actividades das empresas participantes nas mesmas – simplesmente essas actividades não se encontram numa relação de natureza horizontal nem vertical, são normalmente actividades que se desenvolvem em mercados vizinhos estreitamente relacionados –, para a Autoridade o conceito de "operação de concentração conglomeral" é residual. Mais precisamente, a Autoridade parece considerar que todas as operações de concentração são abrangidas por um dos três tipos acima enunciados e, por essa razão, se não forem de natureza horizontal ou vertical são necessariamente conglomerais. Veja-se, a este propósito, o ponto 2.2. da Secção 2. do Formulário de Notificação de Operações de Concentração, que constitui o Anexo do Regulamento n.º 2/E/2003, do Conselho da Autoridade da Concorrência, de 3 de Julho de 2003[173].

Esta diferença de abordagem nas duas jurisdições quanto à qualificação das operações de concentração residuais tem consequências importantes no contexto dos critérios de apreciação das operações de concentração, uma vez que uma operação de concentração que consista numa mera transferência de uma sociedade ou negócio para um novo grupo económico, sem qualquer relação de natureza horizontal, vertical ou conglomeral (esta última na acepção comunitária acima referida) entre adquirente e adquirida, não implica qualquer alteração na estrutura jusconcorrencial dos mercados em causa e não suscita, como tal, o mesmo tipo de preocupações que poderão suscitar as operações que envolvam relações de qualquer um dos três tipos referidos. Neste tipo de operações pode falar-se mais correctamente em impacto puramente financeiro, por oposição a impacto sobre a estrutura de concorrência.

Em 2006, do total das operações de concentração decididas pela Autoridade, 50,7% das mesmas eram operações de tipo horizontal, 43,3% de tipo conglomeral e apenas 6% de tipo vertical[174].

Acresce que a natureza da alteração do controlo que resulta na operação de concentração é também da maior importância para a aprecia-

---

[173] Cfr. acima a nota 119.

[174] P. 43 do Relatório de Actividades da Autoridade relativo ao ano de 2006.

ção jusconcorrencial a desenvolver pela Autoridade. Com efeito, o impacto da mesma operação no mercado não é igual consoante se trate por exemplo da aquisição de controlo conjunto ou de uma passagem de controlo conjunto para controlo único, mesmo nas operações de concentração de natureza horizontal[175].

A este propósito a Autoridade já realçou que a questão do impacto da operação de concentração é distinta da questão prévia do eventual preenchimento do critério constante do artigo 9.º, n.º 1, alínea a) da Lei da Concorrência, podendo este último considerar-se preenchido por virtude do reforço da quota de mercado sem que tal tenha impacto no mercado[176].

Mas curiosamente, noutros processos, a Autoridade parece adoptar uma abordagem distinta. Por exemplo, no processo "13/2005 – *GALP Madeira / Gasinsular*", a Autoridade tomou em consideração a relação contratual de exclusividade já com longa duração que existia entre a adquirida (anteriormente Corama e à data, Gasinsular) e a adquirente (GALP) e concluiu que «*não faria sentido autonomizar, para efeitos de determinação de quotas de mercado e posterior avaliação jusconcorrencial, as vendas registadas pela Corama/Gasinsular*» relativamente à GALP (cfr. n.ᵒˢ 29 e 34).

Em seguida iremos analisar os critérios que a Lei estabelece para a apreciação jusconcorrencial de operações de concentração e a sua aplicação prática pela Autoridade, enunciando alguns exemplos que considerámos serem mais relevantes.

---

[175] Por exemplo, o processo "11/2005 – *Europac / Gescartão*" (n.ᵒˢ 43 a 45) ou o processo "18/2005 – *Edifer / Tecnasol FGE*" (n.º 35).

[176] A Autoridade, no processo "34/2005 – *CTT / Mailtec*", considerou que, da operação não ia resultar qualquer alteração estrutural do mercado relevante, pelo que, a mesma não era susceptível de suscitar preocupações de concorrência de natureza horizontal, sem prejuízo de, a título prévio, ter considerado que o critério legal constante do artigo 9.º, n.º 1, alínea a) da Lei da Concorrência se encontrava preenchido. Explicou, pois, a Autoridade que tal decorria da realização da operação de concentração – que envolvia a passagem de uma situação de controlo conjunto para uma situação de controlo exclusivo, por parte da empresa-mãe do Grupo CTT – que resultava numa situação de reforço da quota de mercado, através de um reforço do controlo sobre essa mesma quota.

7.2. A criação ou reforço de uma posição dominante que crie obstáculos significativos à concorrência no mercado

Os critérios de apreciação das operações de concentração sujeitas a notificação prévia à Autoridade encontram-se previstos no artigo 12.º, n.º 2 da Lei e têm

> «*o objectivo de determinar os seus efeitos sobre a estrutura da concorrência, tendo em conta a <u>necessidade de preservar e desenvolver</u>, no interesse dos consumidores intermédios e finais, uma <u>concorrência efectiva no mercado nacional</u>*» (sublinhados nossos)[177].

Nesta apreciação «*serão tidos em conta, <u>designadamente</u>, os seguintes factores:*

a) A estrutura dos mercados relevantes e a existência ou não de concorrência por parte de empresas estabelecidas nesses mercados ou em mercados distintos;

b) A posição das empresas participantes no mercado ou mercados relevantes e o seu poder económico e financeiro, em comparação com os dos seus principais concorrentes;

c) A concorrência potencial e a existência, de direito ou de facto, de barreiras à entrada no mercado;

d) As possibilidades de escolha de fornecedores e utilizadores;

e) O acesso das diferentes empresas às fontes de abastecimento e aos mercados de escoamento;

f) A estrutura das redes de distribuição existentes;

g) A evolução da oferta e da procura dos produtos e serviços em causa;

h) A existência de direitos especiais ou exclusivos conferidos por lei ou resultantes da natureza dos produtos transaccionados ou dos serviços prestados;

---

[177] Esta disposição aplica-se sem prejuízo do disposto no n.º 5, do artigo 12.º, que prevê as restrições directas e necessárias a uma concentração (cfr. ponto **III.8.** infra).

Disposições substantivas sobre o controlo de concentrações | 107

i) O controlo de infra-estruturas essenciais por parte das empresas em causa e as possibilidades de acesso a essas infra-estruturas oferecidas às empresas concorrentes;

j) A evolução do progresso técnico e económico, desde que a mesma seja vantajosa para os consumidores e não constitua um obstáculo à concorrência;

l) O contributo da concentração para a competitividade internacional da economia nacional» (sublinhado nosso).

Em nosso entendimento, constitui uma inovação digna de nota a modificação introduzida pela nova Lei da Concorrência no sentido de não consagrar como critério suficiente para a aprovação de uma operação de concentração *o reforço significativo da competitividade internacional das empresas participantes*, ao contrário do que previa o anterior artigo 10.º, n.º 2 do Decreto-Lei n.º 371/93, de 29 de Outubro[178].

Esta inovação é positiva e está em sintonia com o objectivo de "desgovernamentalização" da apreciação e decisão de operações de concentração, agora da competência da Autoridade, à qual *«cabe assegurar o respeito pelas regras de concorrência, tendo em vista o funcionamento eficiente dos mercados, a repartição eficaz dos recursos e os interesses dos consumidores»*[179].

Sem prejuízo do exposto, a Lei prevê a possibilidade de recurso extraordinário para o Ministro da Economia de decisões de proibição de operações de concentração quando *«os benefícios dela resultantes para a prossecução de interesses fundamentais da economia nacional superem as desvantagens para a concorrência inerentes à sua realização»*[180].

Esta possibilidade já foi utilizada no caso da operação de concentração *Via Oeste (BRISA) – Auto-Estradas do Oeste / Auto-Estradas do Atlântico"* (processo 22/2005), que acabou por ser aprovada mediante a

---

[178] Com base na letra da anterior Lei da Concorrência, o Conselho da Concorrência aprovou operações de concentração apesar de as mesmas resultarem num balanço económico negativo (artigo 10.º, n.º 1, alínea a), em conjugação com o artigo 5.º).

[179] Cfr. o artigo 1.º do Decreto-Lei n.º 10/2003, de 18 de Janeiro.

[180] Cfr. o artigo 34.º dos Estatutos da Autoridade da Concorrência, anexos ao Decreto-Lei n.º 10/2003, de 18 de Janeiro.

108 | *O procedimento de controlo das operações de concentração de empresas em Portugal*

imposição de condições e obrigações, por Despacho do Ministro da Economia e da Inovação, de 7 de Junho de 2006, com base em razões de interesse para a economia nacional[181].

Mantém-se, como tal, e à semelhança do que ocorre noutros Estados-Membros como a Alemanha e a Espanha, a possibilidade de, ao abrigo do actual regime jurídico português da concorrência, uma operação de concentração ser aprovada com base em critérios de índole política (e económica ?) alheios – e por vezes talvez até contrários – à motivação de concorrência que subjaz a este regime jurídico (cfr. artigo 12.º, n.º 1 parte final)[182]. Muito haveria a dizer sobre este factor de apreciação mas não cabe no âmbito do presente trabalho desenvolver esta problemática, pelo que, nos limitamos a referi-lo muito brevemente.

Igualmente relevante é a circunstância de o elenco de factores de apreciação a tomar em consideração no n.º 2.º do artigo 12.º não ser taxativo nem referir a ordem de importância dos mesmos.

Mais importantes são os n.ºs 3 e 4 do artigo 12.º da Lei que prevêem expressamente, por um lado, que o teste decisivo para a não oposição a operações de concentração por parte da Autoridade é que as mesmas operações *«não criem ou não reforcem uma posição dominante de que resultem entraves significativos à concorrência efectiva no mercado nacional ou numa parte substancial deste»*; e que, por outro lado, haverá

---

[181] O texto do referido Despacho esteve em tempos disponível no sítio internet do Ministério da Economia e da Inovação. Hoje em dia, apenas temos conhecimento de que esteja disponível no *site* da consultora Reckon LLP, em http://www.reckon.co.uk/temp/i005815.pdf. Quanto a entendimentos críticos desta decisão ministerial, cfr., por exemplo, Pedro Fernandes "Comentário à decisão ministerial referente ao recurso apresentado pela BRISA/AEO", *RECKON LLP Regulation and Competition Economics*, Junho de 2006, disponível em http://www.reckon.co.uk/reckon-brisa-aeo-junho2006.pdf, e António Goucha Soares, "New Developments in Portuguese Competition Law: the Competition Authority in Action", *in European Competition Law Review*, n.º 7 [2007], pp. 429 e 430.

[182] Cfr., por exemplo, "Da aplicação do controlo de concentrações em Portugal" – Conferência proferida pelo então Presidente do Conselho da Autoridade da Concorrência Professor Abel Mateus, no Curso de Verão sobre Concorrência, Regulação e Ambiente, Universidade de Coimbra, a 10 de Julho de 2006, quanto à questão dos campeões nacionais numa perspectiva de economia da concorrência, disponível em http://www.concorrencia.pt/Download/CursoDireitodaConcorrencia_Coimbra.pdf.

Disposições substantivas sobre o controlo de concentrações | 109

lugar à proibição no caso de as mesmas «*criarem ou reforçarem uma posição dominante de que resultem entraves significativos à concorrência efectiva no mercado nacional ou numa parte substancial deste*».

Ou seja, para que a Autoridade possa proibir uma operação de concentração é necessário que estejam preenchidas um conjunto de condições cumulativas, a saber, (i) a posição de mercado resultante da operação de concentração passar a constituir uma posição dominante ou reforçar essa posição preexistente, (ii) dessa posição dominante resultarem entraves à concorrência efectiva no mercado, (iii) esses entraves serem significativos e (iv) o âmbito geográfico dos entraves significativos à concorrência corresponder ao território nacional ou a uma parte substancial do mesmo.

A condição da criação ou reforço de posição dominante nos termos acima enunciados é equivalente à condição de proibição que constava do anterior Regulamento das Concentrações Comunitárias, em vigor à data de adopção da actual Lei da Concorrência[183]. Mais precisamente, o teste substantivo de análise da operação de concentração constante do referido Regulamento implicava realizar a análise jusconcorrencial em função do preenchimento de dois critérios complementares (*"two-limbed test"*), a saber: (i) ocorrência da criação ou reforço de uma posição dominante e (ii) em resultado dessa criação ou reforço existir um entrave significativo à concorrência efectiva, sendo que, na prática, muito frequentemente, a análise efectuada centrava-se no primeiro momento[184].

À semelhança do que também acontecia – e acontece – a nível comunitário, o artigo 12.º da Lei não prevê expressamente nem a definição de posição dominante nem a referência para a figura jurídica da posição dominante colectiva. Mas a definição de posição dominante que consta do artigo 6.º da Lei, concatenada com a similitude da

---

[183] As motivações para a adopção do critério constante do artigo 12.º da Lei da Concorrência encontram-se explicadas em "Introdução à nova legislação de Concorrência", de José Luís da Cruz Vilaça em "Concorrência – Estudos", acima referido na nota 7.

[184] Cfr., por todos, "Part 4 – The substantive assessment of mergers" – Claes Bengtsson, Guillaume Loriot e Anthony Whelan, em *EU Competition Law – Volume II, Mergers and Acquisitions*, pp. 246 e seguintes.

redacção das disposições legais relativas à apreciação de operações de concentração de ambos os diplomas referidos, permite à Autoridade basear-se na jurisprudência comunitária relevante para fundamentar a qualificação de uma situação como correspondendo a uma posição dominante individual ou colectiva[185].

Entretanto, a nível comunitário a condição da criação ou reforço de uma posição dominante foi substituída por uma mais abrangente, tal como consta do actual Regulamento das Concentrações Comunitárias. Com efeito, este último prevê no artigo 2.º, n.ºs 2 e 3, que o critério decisivo consiste na avaliação da operação de concentração, aferindo-se se a mesma resulta num entrave significativo à concorrência efectiva (*"significantly impede efective competition"* – designado por vezes pela sigla anglo-saxónica "SIEC")[186].

---

[185] O conceito de posição dominante foi inicialmente definido pelo TJCE nos acórdãos de 14 de Fevereiro de 1978, processo 27/76, *United Brands c. Comissão*, e de 13 de Fevereiro de 1979, processo 85/76, *Hoffman La Roche c. Comissão*, Col. 1979, nos seguintes termos:

> *"200. A posição dominante em questão diz respeito a uma situação de poder económico detido por uma empresa que lhe dá o poder de obstar à manutenção de uma concorrência efectiva no mercado em causa, dando-lhe a possibilidade de adoptar comportamentos independentes, numa medida apreciável, em relação aos seus concorrentes, aos seus clientes e, finalmente, aos consumidores".*

Posteriormente, o conceito de posição dominante colectiva foi clarificado pelo TPI no acórdão de 6 de Junho de 2002, processo T-342/99, *Airtours c. Comissão*, Col. 2002, p.II-2585.

[186] No âmbito da discussão sobre a revisão do anterior Regulamento das Concentrações Comunitárias ponderou-se se o critério da criação ou reforço de uma posição dominante (que reflectia uma abordagem mais jurídica) deveria ser mantido ou se deveria ser substituído por outro – o critério da redução substancial da concorrência efectiva (*"substantial lessening of competition"*, comummente designado por "SLC") – que reflectisse uma análise mais económica e centrada no impacto da concentração na estrutura da concorrência, à semelhança do que ocorre no direito da concorrência norte--americano. Cfr. o *"Livro Verde relativo à Revisão do Regulamento (CE) n.º 4064/89, do Conselho"* (apresentado pela Comissão), de 11.12.2001, COM (2001) 745 final, disponível em http://ec.europa.eu/comm/competition/mergers/review/green_paper/pt.pdf, pp. 41 e seguintes. O novo teste substantivo constitui uma tentativa de compromisso entre os dois testes acima mencionados e visa, por um lado, preservar os precedentes existentes e, por outro, conjugar os testes substantivos existentes nas várias jurisdições. Para uma análise mais detalhada do novo teste substantivo, cfr., por exemplo, "Part 4

Disposições substantivas sobre o controlo de concentrações | 111

A introdução deste novo critério, ao nível comunitário, e a consequente substituição do anterior explica-se em larga medida pela intenção de permitir à Comissão uma análise jusconcorrencial que extravase a simples contribuição de uma concentração com dimensão comunitária para a criação ou reforço de uma posição dominante. Com o novo critério substantivo de apreciação ("SIEC") fica claro que o Regulamento das Concentrações Comunitárias permite hoje a oposição a concentrações que, mesmo não criando ou reforçando uma posição dominante por parte das empresas participantes, conduzem a efeitos unilaterais importantes na estrutura da concorrência do(s) mercado(s) em causa[187].

Neste particular, efeitos unilaterais ou não coordenados são aqueles que conduzem à eliminação de pressões concorrenciais significativas sobre uma ou mais empresas, originando um reforço do poder de mercado dos *players* em causa[188].

Por sua vez, os efeitos coordenados dizem respeito à possibilidade de duas ou mais empresas coordenarem os respectivos comportamentos, designadamente com o objectivo de aumentar os preços ou prejudicar de qualquer outra forma a concorrência efectiva[189].

Desta forma, a noção de "entrave significativo a uma concorrência efectiva", que consta dos n.os 3 e 4, do artigo 2.º do Regulamento das Concentrações Comunitárias abrange, para além das situações em que há lugar à criação ou reforço de uma posição dominante, as operações de

---

– The substantive assessment of mergers", *op. cit.* em nota 184 e "The new ECMR: *"Significant impediment or significant improvement"*, Jessica Schmidt, Common Market Law Review 41, 2004, Kluwer Law International, pp. 1556 e seguintes.

[187] Cfr., por todos, *"Part 4 – The substantive assessment of mergers"*, *op. cit.* na nota 184 e "The new ECMR: *Significant impediment or significant improvement"*, *op. cit.* acima na nota 186.

[188] Cfr. parágrafo 22 das Orientações da Comissão para a apreciação das concentrações horizontais nos termos do Regulamento das Concentrações Comunitárias.

[189] A questão da existência de efeitos coordenados como resultado de uma operação de concentração, ao implicar a apreciação de uma situação de posição dominante colectiva, está ainda abrangida pelo critério de apreciação do artigo 12.º da Lei. Por exemplo, no processo "80/2005 – *Alliance Santé / Farmindústria / J. Mello / Alliance Unichem Farmacêutica"* a Autoridade analisou a possibilidade de a operação de concentração em causa resultar na criação de uma posição dominante colectiva nos mercados da distribuição prossista de produtos farmacêuticos e outros produtos de saúde.

concentração que produzem efeitos unilaterais anti-concorrenciais significativos.

Em nosso entendimento e tomando em consideração a importância do regime jurídico comunitário sobre o controlo de concentrações para o regime jurídico português e para a prática decisória da AdC, a actual redacção dos n.os 2 e 3, do artigo 12.º da Lei da Concorrência deveria ser reformulada em função da disposição comunitária em causa[190].

É, aliás, de notar que a Autoridade actualmente já recorre a orientações interpretativas da Comissão (como sejam as relativas à apreciação das concentrações horizontais nos termos do Regulamento do Conselho relativo ao controlo de concentrações de empresas) publicadas em função da nova redacção do Regulamento das Concentrações Comunitárias para avaliar se uma operação de concentração cria ou reforça uma posição dominante[191].

Na eventualidade de essa compatibilização com o regime comunitário ter lugar, a avaliação jusconcorrencial das operações de concentração apreciadas pela AdC permitiria a apreciação de operações de concentração, não só na perspectiva de criação ou reforço de uma posição dominante, mas também na perspectiva de verificar a existência de uma diminuição substancial da concorrência entre as partes na concentração e/ou os concorrentes remanescentes. Na redacção actual, verificando-se esta última situação, a letra da Lei não parece permitir por si só que a susceptibilidade de a operação de concentração ter esse resultado possa substanciar uma decisão de oposição da Autoridade.

De notar que em processos de concentração nacionais a Autoridade já aflorou o argumento da *empresa em situação de insolvência (failing firm)*, utilizado a nível comunitário para afastar as preocupações de natureza jusconcorrencial que resultem de uma operação de concentração, permitindo à Comissão adoptar uma decisão de não oposição a uma operação de concentração.

---

[190] Esta reformulação foi já defendida, nomeadamente, pelo Professor Abel Mateus em "Da aplicação do controlo de concentrações em Portugal", *op. cit.* acima na nota 182.

[191] Cfr. por exemplo, o n.º 368 da decisão da Autoridade no processo "22/2005 – Via Oeste (BRISA) – Auto-Estradas do Oeste / Auto-Estradas do Atlântico". A Autoridade também recorre à jurisprudência comunitária anterior ao mesmo Regulamento, por exemplo, no n.º 278 e seguintes da sua decisão no processo "80/2005 – Alliance Santé / Farmindústria / J. Mello / Alliance Unichem Farmacêutica".

No processo "57/2006 – *TAP/PGA*" e em resposta à argumentação apresentada pela notificante, a Autoridade recorreu às Orientações da Comissão sobre as concentrações horizontais[192] e à sua prática decisória em sede de controlo de concentrações, à jurisprudência comunitária sobre esta matéria e ao n.º 4, do artigo 12.º da Lei da Concorrência para explicar quando é que o argumento da *empresa em situação de insolvência* poderá ser admitido. Neste processo em concreto concluiu pelo não preenchimento dos pressupostos para que este argumento fosse considerado mas referiu que a posição das empresas participantes nos mercados relevantes e o seu poder económico e financeiro, bem como o grau de concorrência potencial constituem factores que a Autoridade deve ter em conta aquando da apreciação de uma operação de concentração, nos termos e para os efeitos do artigo 12.º, n.º 2, alíneas b) e c) da Lei da Concorrência (cfr. n.º 524 e seguintes).

Tanto a Comissão como a AdC iniciam a apreciação jusconcorrencial de uma concentração pela delimitação dos mercados de produto e mercados geográficos relevantes, numa primeira fase, e dos mercados vizinhos, se for o caso, num momento posterior. Para tal e como já vimos acima em **III.4.**, importa identificar quais são as *empresas participantes* na operação de concentração em causa e quais as actividades económicas que são desenvolvidas pelas mesmas. Tal como também já referimos, o conceito de *empresas participantes* é concretizado através da análise da estrutura de controlo das mesmas[193].

---

[192] Cfr. a nota 169.

[193] A este propósito é interessante tomar em consideração a análise desenvolvida no processo "45/2006 – *Inter-Risco / Serlima Gest*", atentas as especificidades das sociedades que participaram na operação em causa. Com efeito, a adquirente Inter-risco era uma SCR nos termos expostos no Decreto-Lei n.º 319/2002, de 28 de Dezembro (na sua redacção actual) que geria um FCR e pretendia adquirir o controlo conjunto sobre uma sociedade a constituir. As SCR têm uma autonomia de gestão e de decisão que permitem concluir que tanto a(s) entidade(s) que a(s) controla(m) como os participantes no FCR não tenham a possibilidade de exercer uma influência determinante sobre a SCR (conforme resulta da legislação aplicável e do respectivo Regulamento de Gestão). Assim, a apreciação jusconcorrencial da operação limitou-se à aquisição do controlo conjunto por parte da SCR e não se estendeu ao grupo a que a mesma pertence ou aos restantes participantes no FCR (cfr. n.os 15 a 23).

114 | *O procedimento de controlo das operações de concentração de empresas em Portugal*

No entanto, a Autoridade parece não ter seguido esta metodologia no processo "13/2007 – *ITMI / Marrachinho*", ao considerar que as empresas franquiadora e franquiada eram empresas independentes nos termos e para os efeitos de Direito da Concorrência, adicionando, no entanto, as quotas de mercado de ambas para efeitos de análise jusconcorrencial[194].

A abordagem que a Autoridade tem adoptado em sede de análise jusconcorrencial das operações de concentração por si apreciadas tem evoluído substancialmente nestes primeiros cinco anos de actividade como é, aliás, reconhecido pela própria AdC.

Com efeito, segundo a Autoridade, a sua crescente experiência nesta sede permitiu-lhe, já em 2005, «*precisar conceitos e interpretações jurídicas suscitadas pela diversidade das características e pela complexidade das notificações apresentadas. [...] Neste contexto, foi também intensificada a utilização de métodos quantitativos e modelos econométricos para a análise económica no sentido de permitir, com maior rigor, a avaliação do impacto das operações de concentração mais complexas, o que se reflectiu na praxis decisória da Autoridade*»[195]. Esta explicação deve ser tomada em consideração em conjunto com a circunstância de, nesse mesmo ano, terem sido adoptadas as duas primeiras decisões de proibição de operações de concentração[196], para além de terem sido adoptadas decisões muito importantes em sectores como o da energia e o dos seguros.

Já o ano de 2006 caracterizou-se por ser «*um ano de grande expansão do trabalho das operações de concentração, sobretudo por causa de duas OPAs* [processos "8/2006 – *Sonaecom / PT*" e "15/2006 – *BCP / BPI*"]»[197], que resultaram «*em notificações de operações de concentração de grande complexidade, que envolveram a análise de um número muito elevado de mercados relevantes e exigiram o exame de inúmeros estudos, quer elaborados pela própria Autoridade, recorrendo*

---

[194] Cfr. o já explicitado na nota 74.

[195] P. 39 do Relatório de Actividades da Autoridade relativo ao ano de 2005.

[196] O processo "37/2004 – *Barraqueiro / Arriva (ATMS)*" e o processo "45/2004 – *Petrogal / ESSO*".

[197] P. 39 do Relatório de Actividades da Autoridade relativo ao ano de 2006.

*em alguns casos a consultores externos de reconhecido mérito interna-
cional, quer submetidos pelas empresas envolvidas nas operações*»[198].
E a este propósito a Autoridade reconhece ainda ter continuado a
«*aprofundar o seu "know-how" [...], em particular através da utilização
de modelos de simulação do impacto das operações de concentração,
designadamente ao nível dos preços, como instrumento complementar da
análise económica*».

Será, sem dúvida, de louvar esta evolução da abordagem económica
da Autoridade mas é necessário ter em consideração que existe ainda um
longo caminho a percorrer até à consolidação da sua prática decisória
relativamente à análise jusconcorrencial das operações de concentração
mais complexas. E seria desejável que entretanto a Autoridade tornasse
o mais transparentes possível as suas orientações quanto à apreciação
jusconcorrencial que adopta na prática, para que as empresas possam
contar com uma abordagem indicativa, à semelhança do que acontece a
nível comunitário com as comunicações interpretativas da Comissão
relativas à análise das operações de concentração horizontais e não
horizontais[199].

Entretanto e atendendo a que a Autoridade se baseia na legislação
comunitária nesta matéria e na prática decisória da Comissão, as empresas já beneficiam de alguma orientação (ainda que indirecta) no que
respeita à abordagem jusconcorrencial expectável por parte da Autoridade. Embora, tal como já referimos acima, os critérios de apreciação da
compatibilidade das operações de concentração com a Lei não sejam
totalmente coincidentes a nível comunitário e nacional e tal deverá
sempre ser tomado em conta.

A análise, por parte da Autoridade, das eventuais preocupações
concorrenciais de tipo horizontal que uma operação de concentração

---

[198] P. 44 do Relatório de Actividades da Autoridade relativo ao ano de 2006.
A este propósito a Autoridade notou que foi particularmente relevante a análise efectuada
no âmbito do processo "08/2006 – *Sonaecom / PT*", cuja complexidade implicou a
utilização de 25 estudos económicos e econométricos ou de simulação de mercados para
determinar o impacto da operação (cfr. p. 50 do Relatório de Actividades). Mas também
no processo "15/2006 – *BCP / BPI*", igualmente de grande complexidade, foram
utilizados vários estudos econométricos (cfr. p. 52 do Relatório de Actividades).

[199] Cfr. a nota 169.

116 | O procedimento de controlo das operações de concentração de empresas em Portugal

possa suscitar inicia-se normalmente com a caracterização (e quantificação) do grau de concentração existente no mercado, com auxílio do *IHH*[200]. E, em seguida, a Autoridade analisa se ocorre, e em que medida, um acréscimo de concentração no(s) mercado(s) em causa em resultado da concretização da operação de concentração recorrendo habitualmente para o efeito ao índice *Delta* (que reflecte o aumento ou diminuição da concentração de mercado resultante da operação de concentração).

A Comissão considera que, quando em concreto os valores são superiores, respectivamente, a um IHH de 2000 e a um Delta de 150 pontos, a operação de concentração em causa é susceptível de suscitar preocupações em termos de concorrência de tipo horizontal.

Simplesmente, a Comissão considera também que estes dois índices são apenas indicadores iniciais de eventuais preocupações concorrenciais, não permitindo presumir nem a existência nem a ausência de tais preocupações. Pelo contrário, devem ser analisados em conjunto com outras características do mercado, nomeadamente, a existência ou ausência de barreiras à entrada, o poder negocial dos clientes, eventuais ganhos de eficiência específicos da operação em causa, tipo de produto (homogéneo ou diferenciado) e comportamento das empresas ou os mecanismos de funcionamento de mercado (como seja, por exemplo, mediante concursos públicos de aprovisionamento).

E a Autoridade na sua prática decisória[201] tem seguido esta abordagem da Comissão. A análise do preenchimento de vários dos critérios enunciados no artigo 12.º da Lei é desenvolvida pela Autoridade em

---

[200] A Autoridade explica amiúde nas suas decisões que «*IHH é o Índice Herfindahl-Hirschman, calculado como a soma dos quadrados das quotas das empresas a operar no mercado relevante, assim traduzindo o grau de concentração nesse mercado, e variando entre 0 e 10 000. A Comissão Europeia aplica frequentemente o Índice Herfindahl-Hirschman para conhecer o nível de concentração global existente num mercado – neste sentido vão as mais recentes guidelines em matéria de apreciação de concentrações nos termos do Regulamento das Concentrações (Cfr. Comunicação 2004/C 31/03, publicada no JOCE, de 5.02.2004)»*.

[201] Cfr., por exemplo, o processo "47/2005 – *Essex / Nexans*", n.os 49 e seguintes, o processo "14/2006 – *Ercros / Derivados Forestales*", n.os 67 e seguintes, o processo "07/2005 – *Fresenius / Labesfal*", n.os 85 e seguintes, e o processo "24/2006 – *Bayard / Enermet*", n.os 53 a 63.

função das especificidades concretas da operação de concentração em causa, podendo conferir maior ou menor importância a critérios como sejam, por exemplo, a existência de concorrentes que sejam *players* de dimensão europeia ou mesmo internacional, a importância dos mesmos no território português e a sua contribuição para uma concorrência efectiva e para a diversificação da escolha pelos clientes ou mesmo a existência ou ausência de barreiras à entrada no mercado[202], entre outros. Após esta análise mais abrangente, a Autoridade já tem concluído diversas vezes que os factores mencionados no artigo 12.º, n.º 2 da Lei que caracterizam o(s) mercado(s) relevantes, desvalorizam o impacto da operação que pareceria decorrer das elevadas quotas de mercado[203].

É neste contexto que a Autoridade recorre a consultas/elaboração de estudos de mercado semelhantes aos *"market tests"* da Comissão e, se o(s) mercado(s) em causa estiver(em) sujeito(s) a regulação sectorial, consulta o regulador competente. Acresce que a Lei prevê que a AdC possa receber comentários e/ou informações sobre o(s) mercado(s) em causa por parte de terceiros interessados, bem como dirigir questões mais específicas a concorrentes e/ou clientes, por exemplo (cfr. os artigos 33.º, 34.º, n.º 4, 38.º e 39.º da Lei da Concorrência).

7.3. A criação de uma empresa comum que tem como objecto ou efeito a coordenação de empresas independentes

Nos termos do n.º 6, do artigo 12.º da Lei da Concorrência, a Autoridade deverá apreciar se a criação (ou aquisição) de uma empresa comum tem como objecto ou efeito a coordenação de empresas que se mantêm independentes. Sendo esse o caso, essa coordenação deve ser

---

[202] Cfr., por exemplo, o processo "35/2006 – *Atlas Copco / Abac Aria Compressa*", n.os 55 a 60.

[203] Por exemplo, no processo "24/2006 – *Bayard / Enermet*", embora a quota de mercado pós-concentração fosse de [70%-80%] em Portugal, a Autoridade considerou que a circunstância de o principal cliente (que adquiria os produtos quase em exclusividade) ter fácil acesso a fontes alternativas e ter um forte poder negocial, aliada ao facto de as aquisições serem feitas por consulta pública, desvalorizava o impacto da operação que parecia decorrer das elevadas quotas de mercado (n.os 53 a 63).

apreciada nos termos dos artigos 4.º e 5.º da mesma Lei, *i.e.,* à luz das normas que regem os acordos e práticas restritivas da concorrência.

Ou seja, o primeiro momento da apreciação deste tipo de operações consiste em determinar se estamos perante a criação ou aquisição de uma empresa comum que desempenha de forma duradoura todas as funções de uma entidade económica autónoma (critério do pleno exercício) – conforme explicado acima em **III.3.3**. Sendo a resposta afirmativa, a análise da AdC é desenvolvida segundo duas perspectivas complementares.

Por um lado, a AdC aprecia essa criação da empresa comum à luz das disposições legais específicas sobre o controlo das operações de concentração (artigo 12.º, n.os 2 e 3 da Lei) e afere da sua admissibilidade em função das consequências que decorrem para a concorrência no(s) mercado(s) relevante(s) da criação da empresa comum enquanto tal.

Por outro lado, a AdC analisa qual o objecto ou efeito da criação da mesma empresa comum à luz das disposições legais sobre práticas restritivas entre empresas que se mantêm independentes (artigos 4.º e 5.º da Lei[204]). Esta última perspectiva implica a análise das consequências da criação da empresa comum na coordenação do comportamento das empresas-mãe ou de terceiros.

Ao contrário do que acontece a nível comunitário, em que o artigo 2.º, n.º 4 do actual Regulamento das Concentrações Comunitárias estabelece que a análise da coordenação dos comportamentos acima enunciada tem por fim determinar se a operação de concentração em causa é admissível à luz do Direito da Concorrência, a Lei da Concorrência é omissa quanto às consequências dessa análise para efeitos do procedimento de controlo das operações de concentração.

Sem prejuízo do critério geral que consta dos n.os 3 e 4, do artigo 12.º da Lei, o facto é que, no caso de constituição ou criação de empresas comuns de pleno exercício, a mesma norma, no n.º 6, permite expressa-

---

[204] O artigo 4.º da Lei estabelece a regra da proibição de práticas entre empresas restritivas da concorrência de forma equivalente àquela que se encontra estabelecida no artigo 81.º, n.º 1 CE e o artigo 5.º da Lei consagra a justificação das práticas proibidas de forma equivalente àquela prevista no artigo 81º, n.º 3 CE (o chamado critério do "balanço económico").

mente que seja avaliado em que medida a operação em causa tem por objecto ou como efeito a coordenação de comportamentos entre empresas que se mantêm independentes.

Ora, a única forma de dar efeito útil a esta norma é admitir que, nestes casos, a AdC possa opor-se à constituição ou aquisição de empresas comuns, não só se a transacção notificada contribuir para criar ou reforçar uma posição dominante nos mercados em causa, mas também se dela resultarem efeitos coordenados anti-concorrenciais.

A análise do objecto ou efeito da criação de uma empresa comum à luz das disposições legais sobre práticas restritivas entre empresas foi desenvolvida, por exemplo, no processo "41/2004 – *Espírito Santo Viagens / Sonae Turismo / Ibéria / Mundo VIP*"[205], que consistia na aquisição do controlo conjunto da Ibéria / Nova Mundo VIP por parte da Espírito Santo Viagens (até então detentora do controlo sobre a empresa alvo) e da Sonae Turismo e respeitava ao sector das viagens e turismo.

Neste processo a Autoridade considerou que «*após a concretização da Operação <u>as empresas mães continuarão activas de forma independente em mercados a jusante</u> (no retalho, i.e., no mercado da prestação de serviços de agência de viagens) ao mercado onde estará activa a empresa comum (mercado dos operadores turísticos), sendo estes mercados, conforme já exposto, mercados conexos*» (sublinhado nosso). Acrescia que, segundo a Autoridade, «*[…] a investigação revelou que, tendo em conta a posição ocupada pelas empresas mãe no mercado a jusante de prestação de serviços de agência de viagens, <u>não existem incentivos para coordenar o seu comportamento concorrencial</u>. De facto, as duas empresas em conjunto representam pouco mais de [<20]% deste mercado relevante. Além do mais, nada impede a empresa comum de vender pacotes turísticos a outras agências de viagens*» (sublinhado nosso).

Situação distinta desta e que não cabe analisar em sede do regime jurídico específico de controlo das operações de concentração respeita aos acordos celebrados entre empresas independentes que participem numa operação de concentração, mas que não dêem eles próprios origem

---

[205] Cfr. n.os 85 a 89.

a uma concentração, mesmo que relevem no contexto desta. Com efeito, esta última reserva-se o direito de poder vir a realizar uma análise jusconcorrencial ao(s) acordo(s) em causa, subjacente às regras comportamentais previstas na Lei da Concorrência (constantes dos artigos 4.º e seguintes)[206].

Como teremos oportunidade de observar mais adiante, em certos casos, esses acordos poderão ser aprovados automaticamente, juntamente com a operação de concentração, se estiverem com ela directa e necessariamente relacionados (cf. artigo 12.º, n.º 6 da Lei).

7.4. *A imposição de condições e obrigações indispensáveis à não oposição a uma concentração*

As únicas referências que existem na Lei da Concorrência relativamente a *compromissos* (concretizados através da imposição de condições e/ou obrigações) apresentados pelas empresas participantes numa operação de concentração à Autoridade, como forma de eliminar as preocupações de concorrência suscitadas por essa operação, resumem-se aos artigos 35.º, n.º 3 e 37.º, n.º 2 (este último remete para o primeiro).

A primeira disposição estabelece que «[a]*s decisões tomadas pela Autoridade ao abrigo da alínea b) do n.º 1* [decisões de não oposição] *podem ser acompanhadas da imposição de condições e obrigações destinadas a garantir o cumprimento de compromissos assumidos pelos autores da notificação com vista a assegurar a manutenção de uma concorrência efectiva».* Há, pois, a assinalar duas ideias-chave decorrentes da letra da Lei e que permitem, de algum modo, orientar a "nego-

---

[206] Tal sucedeu, por exemplo, no processo "13/2005 – *GALP Madeira / Gasinsular*" (cfr. n.º 36), em que relevava um acordo de cessão de exploração dos postos de abastecimento da GALP Madeira à Corama, uma vez que o mesmo era exclusivo, vigorava há mais de 50 anos e esta última era a entidade alienante da empresa que foi objecto da operação de concentração (a Gasinsular foi adquirida pela GALP Madeira). Embora as consequências do acordo no mercado em causa fossem tomadas em consideração pela Autoridade na análise jusconcorrencial da operação de concentração em causa, com vista a aferir o seu impacto no mercado, o acordo em si não foi escrutinado nessa sede.

Disposições substantivas sobre o controlo de concentrações | 121

ciação" de compromissos entre as empresas e a Autoridade e conformar as exigências que esta última poderá fazer: em primeiro lugar, a de que apenas em circunstâncias específicas – quando seja necessário *assegurar a manutenção de uma concorrência efectiva que seja ameaçada pela operação em causa* – é que devem ser exigidos compromissos por parte das empresas; e, em segundo lugar, a exigência da Lei de que as condições e obrigações impostas tenham como objectivo específico *o cumprimento de compromissos assumidos pelos autores da notificação.*

Na prática, a Autoridade tem colhido grande inspiração quanto a esta temática na legislação comunitária e na prática decisória da Comissão Europeia[207], embora a abordagem seguida por cada uma das duas autoridades tenha diferenças, nomeadamente atendendo a que a Comissão até ao presente tem sido mais crítica do que a Autoridade quanto à adequação dos designados compromissos comportamentais à eliminação das preocupações de concorrência decorrentes da operação de concentração em causa. De qualquer modo, na sua prática decisória a Autoridade faz referência para a prática decisória da Comissão e jurisprudência comunitária nesta matéria, com as quais considera estar em consonância, quando explicita que «*o objectivo básico dos compromissos consiste em assegurar estruturas de mercado concorrenciais nos termos previstos na Lei n.º 18/2003, de 11 de Junho*»[208].

Ao contrário do que acontece a nível comunitário, a Autoridade não publicou, pelo menos para já, minutas para a apresentação de compromissos de desinvestimento e para os mandatários com vista a auxiliar as

---

[207] Actualmente vigora a Comunicação da Comissão sobre as soluções passíveis de serem aceites nos termos do Regulamento (CEE) n.º 4064/89 do Conselho e do Regulamento (CE) n.º 447/98 da Comissão, mas em 24 de Abril de 2007 a Comissão lançou uma consulta pública sobre o projecto de *Commission Notice on remedies acceptable under Council Regulation (EC) No 139/2004 on the control of concentrations between undertakings (the "Merger Regulation").* Esta proposta de revisão da Comunicação actualmente vigente visa adequá-la às conclusões retiradas de um extenso estudo da Comissão sobre esta matéria com vista à implementação e eficiência dos compromissos aceites, à jurisprudência dos tribunais comunitários nesta matéria e, por último, ao novo Regulamento das Concentrações Comunitárias. Encontram-se igualmente publicadas e são utilizadas na prática as minutas da Comissão para os compromissos de desinvestimento e para os mandatários.

[208] Cfr. o processo "57/2006 – *TAP/PGA*", n.º 580.

empresas a harmonizarem os textos de compromissos e assim diminuí-rem o tempo a despender em discussões com a Autoridade sobre o modelo apresentado. No entanto, já podemos considerar que, após a adopção das decisões nos processos "8/2006 – *Sonaecom/PT*", "15/2006 – *BCP/BPI*", "57/2006 – *TAP/PGA*" e "51/2007 – *Sonae/Carrefour*", se assiste a uma consolidação do tipo de conteúdo e forma de apresentação dos compromissos de natureza estrutural assumidos pelas empresas participantes em operações de concentração que suscitam dúvidas sobre o impacto na estrutura da concorrência nos mercados. Veja-se, por exemplo, o processo "1/2008 – *Pingo Doce/Plus*".

Os compromissos podem ser de natureza estrutural (*structural remedies*),[209] ou de natureza comportamental (*behavioral remedies*)[210]. Entre os primeiros contam-se, por exemplo, (i) a alienação de actividades de filiais ou de lojas[211], (ii) a alienação de tecnologias essenciais[212], (iii) a desafectação de uma determinada área à actividade económica até então prosseguida nesse espaço físico[213] ou (iv) a rescisão de acordos exclusivos preexistentes.

Também os compromissos comportamentais são de diversa ordem e exigem normalmente a adopção, ou abstenção de adopção, de determi-nadas condutas, como sejam, por exemplo, as seguintes: (i) a garantia de que se mantenha maximizada a disponibilidade para produzir dos activos que já se detinha ou se passa a deter, para tal cumprindo um conjunto de princípios específicos com vista a prosseguir esse objectivo[214]; (ii) a

---

[209] Cfr., por exemplo, os processos "28/2004 – *Caixa Seguros / NHC (BCP Seguros)*", "15/2006 – *BCP/BPI*" e "51/2007 – *Sonae / Carrefour*".

[210] Cfr., por exemplo, os processos "16/2005 – *Enernova / Ortiga * Safra*", "44/2003 – *Dräger Medical / Hillenbrand (actividade de termoterapia neonatal)*", "47/2003 – *PPTV / PT Conteúdos / Sport TV*" e "48/2003 – *EDP / CGD / NQF (Portgás)*".

[211] Cfr., por exemplo, os processos "15/2006 – *BCP / BPI*" e "51/2007 – *Sonae / Carrefour*". Quanto à alienação de uma sociedade que se adquire por virtude da operação de concentração em causa, cfr. o processo "38/2006 – *Lactogal / International Dairies, C.V.*" (no sítio internet da Autoridade a única referência a esta decisão consiste num sumário dos compromissos assumidos pela Lactogal).

[212] Cfr. o processo "08/2006 – *Sonaecom / PT*".

[213] Cfr., por exemplo, o processo "51/2007 – *Sonae / Carrefour*".

Disposições substantivas sobre o controlo de concentrações | 123

manutenção de um segundo canal de distribuição em regime de não exclusividade por um determinado período[215]; (iii) a manutenção de condições não discriminatórias por um determinado período[216]; (iv) a manutenção de produtos disponíveis enquanto subsistir procura no mercado por um determinado período[217]; (v) a prática de condições comerciais que deverão obedecer a critérios economicamente proporcionais e em particular que não podem, por via de práticas restritivas da concorrência, conduzir à situação de eliminação do mercado dos operadores de menor dimensão[218]; (vi) a manutenção, no futuro, da separação jurídica existente à data da decisão sobre a operação de concentração, entre a adquirida e a adquirente[219]; (vii) a disponibilização de *slots* a novos concorrentes que pretendam operar em rotas em que a adquirente e/ou a adquirida (transportadoras aéreas) operam, atenuando as barreiras à entrada relativas ao acesso aos aeroportos em causa[220]; e, (viii) a celebração de um acordo de cessão temporária de gestão da energia produzida em determinadas centrais[221].

---

[214] Cfr. o processo "16/2005 – *Enernova / Ortiga * Safra*" e, de acordo com o Comunicado 10/2008 da Autoridade da Concorrência, também o "2/2008 – *EDP / Pebble Hydro / H. Janeiro de Baixo*" (não se encontra disponível a versão não confidencial da decisão, pelo que, apenas nos baseamos no texto do comunicado de imprensa acima referido).

[215] Cfr. o processo "44/2003 – *Dräger Medical / Hillenbrand (actividade de termoterapia neonatal)*".

[216] Cfr. os processos "44/2003 – *Dräger Medical / Hillenbrand (actividade de termoterapia neonatal)*" e "47/2003 – *PPTV / PT Conteúdos / Sport TV*".

[217] Cfr. o processo "44/2003 – *Dräger Medical / Hillenbrand (actividade de termoterapia neonatal)*".

[218] Cfr. o processo "47/2003 – *PPTV / PT Conteúdos / Sport TV*".

[219] Cfr. o processo "48/2003 – *EDP / CGD / NQF (Portgás)*".

[220] Cfr. o processo "57/2006 – *TAP/PGA*", n.º 584. A inserção sistemática desta medida entre os exemplos de compromisso comportamentais deve-se à duração temporal da mesma estar pré-definida (10 estações IATA).

[221] De acordo com o Comunicado 9/2008 da Autoridade, cfr. o processo "6/2008 – *EDP /Activos EDIA (Alqueva*Pedrógão)*" (não se encontra disponível a versão não confidencial da decisão, pelo que apenas nos baseamos no texto do breve comunicado de imprensa acima referido). A inserção sistemática desta medida entre os exemplos de compromisso comportamentais deve-se à duração temporal da mesma estar pré-definida (5 anos).

124 | *O procedimento de controlo das operações de concentração de empresas em Portugal*

Por seu turno, também existem compromissos comportamentais que implicam a abstenção de determinados comportamentos e entre os quais se contam, designadamente, os seguintes: (i) não utilização de forma estratégica de activos com vista a obter hipotéticos benefícios através da distorção das práticas competitivas no mercado[222]; (ii) abstenção de venda directa dos produtos, num determinado território, por um determinado período temporal[223]; (iii) não apresentação de pedidos de novas licenças para retalho de base alimentar num determinado mercado relevante[224]; (iv) não aumentar o número de frequências de voos numa determinada rota a partir do momento em que o novo concorrente inicie operações nessa mesma rota[225].

A concretização de determinados tipos de compromissos após a realização da operação de concentração – como sejam as obrigações de desinvestimento de activos ou de cessão temporária da gestão dos mesmos – poderá não ser imediata, designadamente, porque implica manifestação de vontade de terceiros (o potencial adquirente dos activos ou potencial gestor temporário dos activos em causa) e a avaliação da adequação dos mesmos pela Autoridade da Concorrência se for o caso[226]. Em consequência, a Autoridade pode considerar necessário assegurar que, durante esse mesmo período não exista susceptibilidade de afectação da concorrência, impondo obrigações de informação à

---

[222] Cfr. o processo "16/2005 – *Enernova / Ortiga * Safra*" e processo "2/2008 – *EDP /Pebble Hydro / H. Janeiro de Baixo*".

[223] Cfr. o processo "44/2003 – *Dräger Medical / Hillenbrand (actividade de termoterapia neonatal)*".

[224] Cfr. o processo "51/2007 – *Sonae / Carrefour*".

[225] Cfr. o processo "57/2006 – *TAP/PGA*", n.º 591.

[226] Cfr. o texto do Comunicado 9/2008 da Autoridade quanto ao processo "6/2008 – *EDP /Activos EDIA (Alqueva*Pedrógão)*" no respeitante à escolha do gestor da capacidade de produção de energia eléctrica das centrais da Aguieira e Raiva que será a contraparte da EDP no acordo de cessão temporária da gestão dessas centrais. Com efeito, "*a selecção do gestor fica condicionada à aprovação da Autoridade, que decidirá tendo em consideração a verificação dos critérios enunciados* [ser uma entidade independente do grupo EDP, dispor das autorizações administrativas para gerir a capacidade de produção de energia eléctrica e para a venda da mesma e ser dotado de recursos económicos, financeiros e humanos adequados, entre outros critérios], *bem como a identidade do gestor e a sua concreta posição na estrutura de mercado*".

Disposições substantivas sobre o controlo de concentrações | 125

empresa que assumiu os compromissos, de modo a monitorizar a actuação da primeira durante esse período transitório[227].

Para que os compromissos apresentados pelas empresas participantes na operação de concentração sejam considerados adequados pela Autoridade, esta última verifica se a solução proposta restabelece as condições de concorrência efectiva no(s) mercado(s) em causa pelo período considerado necessário, as quais eram susceptíveis de serem postas em causa pela operação de concentração no formato inicial.

Em regra, as autoridades de concorrência, quando apreciam se uma solução restabelece a concorrência efectiva, têm em conta todos os factores relevantes relacionados com a solução em si, incluindo, nomeadamente, o tipo, dimensão e alcance da solução proposta, juntamente com as probabilidades da sua bem-sucedida, plena e atempada execução pela(s) empresa(s) que a propõe. Além disso, esses factores são apreciados com base na estrutura e nas características específicas do(s) mercado(s) em relação aos quais se suscitam as preocupações de concorrência, incluindo a posição das empresas participantes na operação de concentração e de outros operadores no mercado[228].

Outro aspecto muito relevante neste contexto respeita à eficácia da monitorização dos compromissos por parte da Autoridade, o que constitui um aspecto essencial para o sucesso dos mesmos após a concretização da operação de concentração. Na prática, o modo como a monitorização é feita depende da diferente natureza dos compromissos (por exemplo, os compromissos comportamentais prolongam-se no tempo). Umas vezes a monitorização pode ser efectuada directamente pela Autoridade, enquanto que noutras se recorre a mandatários (que reportam à Autoridade e, se

---

[227] Cfr. o texto do Comunicado 9/2008 da Autoridade quanto à sua decisão no processo "6/2008 – *EDP /Activos EDIA (Alqueva*Pedrógão)*" e o sumário do compromisso de desinvestimento assumido pela adquirente no processo "38/2006 – *Lactogal / International Dairies C.V.*", constante do sítio internet da Autoridade.

[228] Por exemplo, nos Comunicados 9/2008 e 10/2008, respeitantes aos processos "2/2008 – *EDP /Pebble Hydro / H. Janeiro de Baixo*" e "6/2008 – *EDP/Activos EDIA (Alqueva*Pedrógão)*" a Autoridade justifica o limite de 5 anos para a vigência das condições e obrigações assumidas pela EDP com a previsão de alterações significativas na estrutura da oferta durante esse período temporal, as quais *são susceptíveis de atenuar a posição dominante da EDP no mercado da produção de energia eléctrica*.

126 | *O procedimento de controlo das operações de concentração de empresas em Portugal*

for caso disso, ao regulador sectorial)[229]. As consequências do desrespeito pelos compromissos assumidos pelas empresas perante a Autoridade e que são incluídos na decisão final de não oposição à operação de concentração serão analisadas abaixo, em **IV.16.3**.

A monitorização dos compromissos comportamentais já tem levado a Autoridade a impôr a disponibilização pela(s) empresa(s) que apresenta(m) compromissos comportamentais de relatórios com determinada periodicidade (usualmente, semestral ou anual) contendo informação sobre o cumprimento dos mesmos compromissos[230]. A Autoridade deverá fixar igualmente o prazo de duração dos compromissos e o prazo de envio dos dados tendo em conta a proporcionalidade e adequação dos

---

[229] Cfr. a página 51 do Relatório de Actividades da Autoridade relativo ao ano de 2006, com a explicação da Autoridade relativamente à monitorização dos compromissos apresentados no processo "8/2006 – *Sonaecom/PT*". Cfr. também os processos "57/2006 – *TAP/PGA*" e "51/2007 – *Sonae / Carrefour*".

[230] Por exemplo, no processo "44/2003 – *Dräger Medical / Hillenbrand (actividade de termoterapia neonatal)*", a entidade notificante devia enviar à Autoridade os seguintes documentos: (i) contrato de distribuição em regime de não exclusividade, a celebrar entre a notificante e o distribuidor nacional; (ii) tabelas de preços então em vigor e posteriores alterações; (iii) relatório detalhado com a listagem dos produtos entregues aos distribuidores em Portugal; (iv) relatório contendo uma listagem das propostas de fornecimento de equipamentos de termoterapia neonatal apresentadas por si ou por qualquer sucursal sua durante o ano anterior ao que se reportava o relatório; (v) lista de peças sobresselentes disponíveis e uma lista das que eram vendidas aos distribuidores em Portugal.

Outro exemplo é o processo "48/2003 – *EDP / CGD / NQF (Portgás)*", no âmbito do qual a Autoridade concluiu que *(I)* De forma a poder aferir do grau de expansão da rede de distribuição e do consumo de gás natural na região em concessão, a notificante deveria enviar-lhe: (a) dados anuais sobre o valor de investimento efectuado na rede de distribuição de gás natural a baixa pressão na região em concessão, bem como dados anuais que permitissem aferir da extensão física da rede; (b) dados anuais sobre o número de clientes e o seu consumo total de (i) gás natural a baixa pressão e (ii) gás propano, na região em concessão, discriminados por classe de cliente (doméstico, industrial, e comercial). *(II)* De forma a poder aferir da repercussão nos consumidores finais da Portgás dos ganhos de eficiência resultantes desta operação de concentração, a notificante deveria enviar-lhe: (c) o tarifário de gás natural e de gás propano praticado pela Portgás junto dos seus clientes industriais, em resultado de negociação entre as partes; (d) dados estatísticos que permitissem aferir da dimensão dos ganhos de eficiência resultantes desta operação de concentração e da sua repercussão na qualidade do serviço de atendimento ao cliente final da Portgás.

mesmos ao objectivo de manutenção da concorrência efectiva no(s) mercado(s) em causa[231].

A este propósito e atentas as limitações decorrentes da indisponibilidade da versão não confidencial da decisão da Autoridade e da existência apenas de um breve comunicado de imprensa (Comunicado 11/2008, de 27 de Junho), parece-nos digno de nota o processo "78/2007 – *CLT / Concessão TGLS*".

Na verdade, trata-se de uma operação de concentração que resulta da adjudicação ao concessionário Grupo GalpEnergia, após procedimento concursal público instaurado pela concedente, Administração do Porto de Sines, da exploração da concessão, em regime de serviço público e por um período máximo de 30 anos, do terminal de Granéis Líquidos do Porto de Sines.

Embora a Autoridade reconhecesse que esse terminal «*é susceptível de desempenhar uma importância fundamental ao nível da importação de combustíveis por terceiros operadores e do seu acesso a fontes alternativas de fornecimento aos mesmos*», o que poderia conduzir à imposição de – no mínimo – compromissos comportamentais (e inerentes obrigações de informação periódica à Autoridade), considerou não se encontrarem preenchidos os pressupostos para haver lugar à imposição de quaisquer compromissos («*criação ou reforço de uma posição dominante da qual resultem entraves significativos à concorrência nos mercados relevantes*»).

Com efeito, a Autoridade baseou a sua conclusão na circunstância de a Administração do Porto de Sines, enquanto concedente, ter imposto limitações à concessionária – estritamente associadas a uma obrigatoriedade de cumprimento de prerrogativas de serviço público, decorrentes da lei e do contrato -, a concedente ter poder de fiscalização e ter também o correspondente poder sancionatório por incumprimento das regras estabelecidas no contrato de concessão. Fica, pois, por esclarecer, em que medida a Autoridade entende que as operações de concentração decorrentes da adjudicação ou assunção da exploração de concessões apresentam garantias suficientes, do ponto de vista legal ou contratual,

---

[231] Cfr. por exemplo, a nota 228.

128 | *O procedimento de controlo das operações de concentração de empresas em Portugal*

quanto à existência e salvaguarda de uma concorrência efectiva na prestação do serviço em causa[232].

Tal como acima referido, um processo que teve particular relevo em 2006[233] foi o "08/2006 – *Sonaecom / PT*", atenta a sua complexidade e dimensão. Com efeito, da análise efectuada em primeira fase a Autoridade concluiu que a operação de concentração tal como notificada poderia conduzir à criação ou reforço de uma posição dominante da qual podiam resultar entraves significativos à concorrência efectiva em vários mercados relevantes de telecomunicações e de *media* e conteúdos em Portugal.

Mas posteriormente e face a um conjunto de compromissos estruturais e comportamentais considerados importantes pela Autoridade e assumidos pela entidade notificante (Sonaecom)[234], a Autoridade proferiu uma decisão de não oposição à operação de concentração, sujeita a condições e obrigações, tendo considerado que esses compromissos eliminavam as preocupações de concorrência suscitadas.

Outro processo de particular relevo em 2006 (e 2007) foi o "15/ /2006 – *BCP / BPI*", no âmbito do qual também foram assumidos vários compromissos pela entidade notificante (BCP). Após a apreciação dos mesmos, durante a fase de investigação aprofundada, a AdC também proferiu uma decisão de não oposição à operação de concentração acompanhada da imposição de condições e obrigações destinadas a

---

[232] Uma das três decisões de proibição de uma operação por parte da Autoridade da Concorrência, o processo "22/2005 – *Via Oeste (BRISA)/Auto-Estradas do Oeste / Auto-Estradas do Atlântico*", respeita igualmente a uma concessão de exploração (neste caso, de auto-estradas).

[233] Em 2006, a Autoridade acompanhou o cumprimento dos compromissos e obrigações impostos a oito operações de concentração (cfr. p. 53 do Relatório de Actividades relativo ao ano de 2006).

[234] A Autoridade salienta como principais compromissos: a separação estrutural de redes, as medidas destinadas a facilitar o acesso dos operadores concorrentes às redes fixas (cabo e cobre) até aqui detidas pelo incumbente, o desinvestimento pela Sonaecom de diversos activos do grupo PT, designadamente na área de *media* e conteúdos, e a introdução de contestabilidade no mercado de comunicações móveis com a criação de condições para o aparecimento de novos operadores (cfr. pp. 50 e 51 do Relatório de Actividades da Autoridade relativo ao ano de 2006).

garantir o cumprimento do conjunto dos compromissos assumidos pela notificante e que visavam eliminar as preocupações de concorrência suscitadas pela Autoridade.

Já em 2007, entre os vários processos de relevo quanto à imposição de compromissos, incluem-se o "38/2006 – *Lactogal / International Diaries, C.V.*", o "57/2006 – *TAP / PGA*", o "06/2007 – *Enernova / Eólica da Alagoa*", o "30/2007 – *Bencom / NSL*" e o "57/2007 – *Sonae / Carrefour*", concluídos com decisões finais de não oposição mediante a imposição de compromissos às empresas.

Mais recentemente, no primeiro semestre de 2008 relevam em especial as decisões respeitantes aos processos "2/2008 – *EDP /Pebble Hydro / H. Janeiro de Baixo*", "6/2008 – *EDP/Activos EDIA (Alqueva *Pedrógão)* e "1/2008 – *Pingo Doce/Plus*".

8. As restrições directas e necessárias à concentração

O cerne da qualificação jurídica de restrições de concorrência como sendo directas e necessárias a uma operação de concentração respeita à sua inclusão no âmbito de aplicação do regime legal de controlo das operações de concentração. Com efeito, as operações de concentração constituem uma das formas de reestruturação de empresas que, pelas suas especificidades, requerem um regime jurídico próprio que seja distinto do regime jurídico aplicável à globalidade dos entendimentos entre empresas independentes (constante dos artigos 4.º e 5.º da Lei da Concorrência e do artigo 81.º CE).

Assim, é da maior relevância clarificar o âmbito da noção de *restrições directamente relacionadas com a realização da concentração e a ela necessárias* de modo a, no caso concreto, se delimitar o escopo de aplicação do regime jurídico das concentrações às restrições de concorrência em causa.

Na verdade, o enquadramento jurídico comunitário nesta matéria encara as operações de concentração de forma positiva e poderá ser considerado menos exigente quanto à sua admissibilidade do que as regras gerais de Direito da Concorrência aplicáveis aos entendimentos entre empresas independentes[235].

Por seu turno, no regime jurídico português, a única referência às restrições directamente relacionadas com a realização da concentração e a ela necessárias consta do artigo 12.º, n.º 5 da Lei da Concorrência, que estabelece que as mesmas também são abrangidas pela decisão que autoriza a operação de concentração. Em tudo o que respeita à figura jurídica deste tipo de restrições, a começar pela sua definição, é aconselhável recorrer à legislação comunitária[236] e à prática decisória da Comissão, tal como a Autoridade tem expressamente reconhecido no seu acervo decisório[237].

Em termos gerais, as restrições estão *directamente relacionadas* com a realização da operação de concentração na medida em que estejam estreitamente ligadas à concentração em causa (porque estão economicamente relacionadas com a transacção principal e destinam-se a permitir uma transição harmoniosa para a estrutura alterada da empresa após a concentração). E são consideradas *necessárias* na medida em que, sem as mesmas restrições, a operação de concentração em causa ou não se realizaria, ou realizar-se-ia em condições mais incertas, com custos substancialmente mais elevados e com muito maiores dificuldades. Ou seja, estas restrições têm por fim assegurar a viabilidade e o sucesso comercial da aquisição a realizar[238].

---

[235] Cfr. os considerandos (3) e (4) do Regulamento das Concentrações Comunitárias.

[236] Cfr. o artigo 6.º, n.º 1, segundo parágrafo, alínea b), o segundo parágrafo do n.º 1 do artigo 8.º e o terceiro parágrafo do n.º 2 do Regulamento das Concentrações Comunitárias, bem como a Comunicação da Comissão relativa às restrições directamente relacionadas e necessárias às Concentrações.

[237] Cfr., por exemplo, os processos "28/2004 – *Caixa Seguros / NHC (BCP Seguros)*", "41/2004 – *ES Viagens / Sonae / Ibéria*", "12/2005 – *Alliance Unichem / Alloga*", "21/2006 – *Grupo Pestana / Intervisa*", "46/2006 – *Recordati / Jaba*", "52/2006 – *Mota Engil / R.L.– Sociedade Gestora De Participações Sociais, S.A*" e "23/2007 – *Tomgal / Idal*".

[238] Cfr., por exemplo, o processo "52/2006 – *Mota Engil/ R.L.– Sociedade Gestora de Participações Sociais, S.A.*"

A qualificação de restrições como sendo *directas e necessárias à operação de concentração* varia consoante se trate, por um lado, da aquisição de uma empresa ou, por outro, da criação de uma empresa comum que desempenhe todas as funções de uma entidade económica autónoma. Mas em ambas as situações se analisam as restrições de concorrência não apenas quanto ao respectivo âmbito material e territorial, mas também quanto à respectiva duração das restrições, às especificidades dos mercados em causa e à posição de mercado das empresas.

Da já considerável prática da AdC neste domínio é possível identificar um conjunto de cláusulas acessórias comuns a várias operações de concentrações, bem como o respectivo regime jurídico de autorização:

(i) *não concorrência entre cedente e adquirente.* As cláusulas desta natureza destinam-se tipicamente a transferir e preservar o valor dos activos adquiridos (em termos de clientela, saber-fazer e preferências), o qual ficaria seriamente prejudicado se o adquirente não beneficiasse de alguma protecção contra a concorrência do cedente[239].

Contudo, «*estas cláusulas de não concorrência só são justificadas pelo objectivo legítimo de realização da concentração quando a sua duração, o seu alcance territorial e o seu âmbito material e pessoal de aplicação não excederem o que é razoavelmente necessário para esse fim*»[240].

Assim, a *duração* das cláusulas de não concorrência justifica-se normalmente por um período de três ou dois anos, consoante haja ou não lugar à transferência de *know-how*. No entanto, a AdC, em conformidade com a prática decisória da Comissão, admitiu já, em casos excepcionais, devidamente justificados em função da especial protecção do saber-fazer e

---

[239] Cfr. processos "28/2004 – *Caixa Seguros / NHC (BCP Seguros)*", n.os 541--546; "07/2005 – *Fresenius / Labesfal*", n.os 39 e 40; "34/2005 – *CTT / Mailtec*", n.os 56-61; "21/2006 – *Grupo Pestana / Intervisa*", n.º 26; "46/2006 – *Recordati / Jaba*", n.os 67-79; e, "52/2006 – *Mota Engil / RL*", n.os 128-135.

[240] Cfr. n.º 19 da Comunicação da Comissão relativa às restrições directamente relacionadas e necessárias às concentrações.

dos direitos de propriedade intelectual da empresa adquirida, que esse limite temporal fosse prolongado até aos cinco anos[241]. Por seu turno, o *alcance material* e o *âmbito geográfico* das cláusulas de não concorrência devem ser delimitados por referência aos bens / serviços e área geográfica onde a empresa adquirida desenvolvia a sua actividade à data da operação de concentração[242].

Note-se que podem ainda ser consideradas directamente relacionadas e necessárias a uma concentração as cláusulas de não concorrência que, além de vincularem o alienante, abranjam também as suas subsidiárias e os seus agentes comerciais[243];

(ii) um segundo tipo de restrições acessórias que é relativamente comum em operações de concentração que envolvam a constituição ou aquisição de uma empresa comum de pleno exercício (na acepção do art. 8.º, n.º 2 da LdC) diz respeito às *cláusulas de não concorrência entre as empresas-mãe e a empresa comum.* Estas cláusulas «*traduzem, nomeadamente, a necessidade de assegurar que as negociações são conduzidas de boa fé; podem igualmente traduzir a necessidade de utilizar plenamente os activos da empresa comum ou de permitir que esta integre o saber-fazer e o* goodwill *transferidos pelas empresas-mãe; ou a necessidade de proteger os interesses das empresas-mãe na empresa comum contra actos de concorrência facilitados, nomeadamente, pelo acesso privilegiado das empresas-mãe ao saber-fazer e ao* goodwill *transferidos para a empresa comum ou por esta desenvolvidos*»[244].

---

[241] Cfr. processos "34/2005 – *CTT / Mailtec*", n.º 60 ; "46/2006 – *Recordati / Jaba*", n.os 69 e 70; "52/2006 – *Mota Engil / RL*", n.os 132 e 133.

[242] Cfr. processos "07/2005 – *Fresenius / Labesfal*", n.º 44; "34/2005 – *CTT / Mailtec*", n.º 61; "46/2006 – *Recordati / Jaba*", n.º 77; e, "52/2006 – *Mota Engil / RL*", n.º 134.

[243] Cfr. processo "34/2005 – *CTT / Mailtec*", n.º 60, e Comunicação da Comissão relativa às restrições directamente relacionadas e necessárias às concentrações, n.os 24 e 25.

[244] Cfr. n.º 36 da Comunicação da Comissão relativa às restrições directamente relacionadas e necessárias às concentrações.

Estas obrigações de não concorrência são normalmente consideradas directamente relacionadas e necessárias à realização de uma concentração quando são instituídas pelo período de vida da empresa comum, ou seja, enquanto se mantiver a estrutura de controlo resultante da operação[245];

(iii) um outro tipo de restrição acessória com o qual a AdC já se deparou tem que ver com as *obrigações de não angariação de clientes e/ou de colaboradores* da empresa adquirida, por parte da empresa alienante. Este tipo de cláusula tem um objectivo semelhante ao das cláusulas de não concorrência, *i.e.*, proteger o valor dos activos adquiridos, sabendo-se que a carteira de clientes e os funcionários da empresa adquirida constituem um elemento essencial desses activos.

Também por isto, as cláusulas de não angariação são normalmente avaliadas em termos semelhantes aos das cláusulas de não concorrência[246];

(iv) por fim, os *acordos de fornecimento*, os *acordos de distribuição*, os *acordos de licenciamento* e os *acordos de prestação de serviços transitórios*, celebrados entre o adquirente e o alienante, são outros exemplos de restrições acessórias que, em determinados casos, podem estar relacionadas com a realização de uma concentração e a ela serem necessárias.

A apreciação da ligação e necessidade deste tipo de cláusulas face a uma concentração deverá ser feita caso a caso, tendo presentes a natureza própria das restrições em causa e os respectivos âmbitos temporal, material e geográfico[247].

---

[245] Cfr. processo "41/2004 – *Espírito Santo Viagens / Sonae / Ibéria*", n.os 35 e 36.

[246] Cfr. processos "12/2005 – *Alliance Unichem / Alloga*", n.º 94 e "21/2006 – *Grupo Pestana / Intervisa*", n.º 27; Comunicação da Comissão relativa às restrições directamente relacionadas e necessárias às concentrações, n.º 26.

[247] Cfr. processos "28/2004 – *Caixa Seguros / NHC (BCP Seguros)*", n.os 512- -540; "23/2007 – *Tomgal / Idal*", n.os 16-23.

IV. AS DISPOSIÇÕES PROCESSUAIS

9. A pré-notificação de uma transacção

Até à primeira alteração da Lei da Concorrência, concretizada pelo Decreto-Lei n.º 219/2006, de 2 de Novembro, não era comum em Portugal, ao contrário da prática consistente que se verifica a nível comunitário, existirem contactos de pré-notificação entre as entidades envolvidas numa concentração e a Autoridade. Naturalmente que a AdC não se opunha à realização de contactos dessa natureza quando para tal solicitada pelas partes notificantes. Simplesmente, nunca existiu um "incentivo" ou "favorecimento" deste tipo de discussão informal em momento anterior à notificação, ao contrário da prática decisória comunitária, em que a Comissão assume expressamente a conveniência e utilidade que vê na utilização do procedimento de apreciação prévia[248].

Com o Decreto-Lei n.º 219/2006 foi aditado um novo n.º 3 ao artigo 9.º da Lei da Concorrência que veio determinar que as operações de concentração projectadas podem ser objecto de avaliação prévia pela AdC, segundo procedimento a estabelecer. Nos termos desta disposição, a Autoridade adoptou, em 3 de Abril de 2007, as "Linhas de orientação sobre o procedimento de avaliação prévia de operações de concentração de empresas" (adiante designadas "**Linhas de Orientação**"), acompanhadas pelo respectivo comunicado n.º 7/2007, divulgado em 16 de Abril desse ano.

---

[248] Cfr. *"DG Competition Best Practices on the conduct of EC merger procee-dings"*, n.os 5 e seguintes, disponível no sítio da Direcção-Geral da Concorrência da Comissão Europeia, em http://ec.europa.eu/comm/competition/mergers/legislation/proceedings.pdf.

Através das referidas Linhas de Orientação, a Autoridade pretende dar a conhecer aos interessados a conduta que adopta no momento anterior ao da notificação de uma operação de concentração. A pré--notificação foi instituída como um procedimento facultativo e de carácter confidencial, que visa *(i)* apoiar as empresas no preenchimento do formulário de notificação; *(ii)* reunir o máximo de informação possível para a fase de notificação, reduzindo assim a necessidade de pedidos de informação no decorrer do processo; *(iii)* informar as empresas sobre a sujeição ou não de uma concentração a notificação prévia; e *(iv)* identificar os eventuais problemas jusconcorrenciais que a operação projectada poderá suscitar.

A regulamentação de um procedimento de apreciação prévia de operações de concentração em Portugal, ainda que recente e eventualmente sujeita a reajustes no futuro (como a própria AdC admite nas Linhas de Orientação), é uma iniciativa que merece bom acolhimento e que está em sintonia com a prática decisória da Comissão, onde foi colher grande parte da inspiração[249], e de várias autoridades de concorrência de Estados-Membros da União Europeia.

O documento das Linhas de Orientação identifica aquelas que nos parecem ser as principais virtudes do mecanismo de apreciação prévia, se dele for feito um bom aproveitamento[250]. No entanto, a articulação do referido procedimento de pré-notificação com o regime português de controlo de concentrações previsto na Lei da Concorrência, por um lado, e a redacção de algumas passagens específicas das Linhas de Orientação, por outro, suscitam alguma reflexão.

Desde logo, importa chamar a atenção para o facto de, em Portugal, ao contrário do Direito da Concorrência comunitário e nacional de vários Estados-Membros, vigorar um regime de notificação prévia obrigatória

---

[249] Cfr. documento da Comissão, referido na nota anterior.

[250] Dados da Autoridade dão conta de, durante o ano de 2007, a AdC ter recebido 13 pedidos de avaliação prévia, dos quais 8 vieram a dar lugar a notificações formais de operações de concentração. Cfr. intervenção do Presidente cessante da AdC na Comissão de Orçamento e Finanças da Assembleia da República, de 12.03.08, "Anexo simplificação e redução de prazos nas concentrações", p. 2, disponível em http://www.autoridadedaconcorrencia.pt/Conteudo.asp?ID=1317.

com *prazo limite* de submissão da mesma[251]. A articulação entre esta exigência rígida, relativa ao início da fase de notificação, e o carácter relativamente flexível que não poderá deixar de estar associado a um procedimento de pré-notificação é susceptível de gerar algumas dificuldades na transição de uma fase para outra. Por exemplo, se o procedimento de pré-notificação estiver ainda a correr numa altura em que se tiver já iniciado o prazo de 7 (sete) dias úteis para efectuar a notificação obrigatória, poderão as entidades notificantes "interromper" a fase de avaliação prévia, apresentando a notificação, mesmo que não esteja ainda resolvida a totalidade das questões que deveriam ter sido clarificadas durante a pré-notificação ? Ou será que, nestes casos, é apenas à AdC que cabe dar por concluída a fase de pré-notificação?

Seria desejável que as Linhas de Orientação da Autoridade tivessem versado sobre a transição da fase de avaliação prévia para a fase de notificação, estabelecendo, designadamente, uma estimativa quanto aos prazos de duração do procedimento de pré-notificação, ou determinando prazos indicativos para a AdC se pronunciar sobre as questões que lhe são submetidas durante essa fase. É que, é bom não esquecer, a abertura de um procedimento de avaliação prévia não isenta as entidades notificantes de cumprirem os prazos curtos, estabelecidos por lei, no que respeita à data limite para efectuar a notificação relativa à concentração em causa.

As dificuldades assinaladas nos parágrafos anteriores prendem-se também com a questão do início do procedimento de avaliação prévia e, em particular, com a interpretação dos parágrafos 23 e 24 das Linhas de Orientação, na parte em que referem que o pedido de pré-notificação deve ser enviado à AdC o mais cedo possível, *«mas nunca em prazo inferior a quinze dias úteis anteriores à data da notificação obrigatória».*

---

[251] Após as alterações introduzidas pelo Decreto-Lei n.º 219/2006, o n.º 2, do artigo 9.º da Lei da Concorrência passou a ter a seguinte redacção: «[a]*s operações de concentração abrangidas pela presente lei devem ser notificadas à Autoridade no prazo de sete dias úteis após a conclusão do acordo ou, sendo caso disso, após a data da divulgação do anúncio preliminar de uma oferta pública de aquisição ou de troca ou da divulgação de anúncio de aquisição de uma participação de controlo em sociedade emitente de acções admitidas à negociação em mercado regulamentado».*

138 | O procedimento de controlo das operações de concentração de empresas em Portugal

A nosso ver, qualquer prazo para o início do procedimento de avaliação prévia deve ser sempre contado (para trás) a partir do evento que desencadeia a obrigação de notificação, tal como previsto no artigo 9.°, n.° 2 da Lei da Concorrência, e nunca do termo final do prazo de 7 dias úteis de que se dispõe para efectuar a notificação. É que a primeira das soluções, ao conferir mais tempo às empresas notificantes e à AdC para completar a fase de pré-notificação, potencia a obtenção de resultados úteis e reduz o risco de a fase de pré-notificação se prolongar até um momento em que esteja já a contar o prazo de 7 dias úteis para efectuar a notificação obrigatória.

Uma crítica que nos parece inevitável apontar ao novo procedimento de apreciação prévia prende-se com a circunstância de a Autoridade não se vincular às posições por si adoptadas e transmitidas durante o procedimento de pré-notificação. Este aspecto de regime é particularmente decepcionante, nos casos em que os interessados pretendam obter da AdC conforto quanto à não obrigatoriedade de notificação de determinada concentração, fornecendo para o efeito os elementos de facto e de direito suficientes para a Autoridade tomar uma decisão dentro dos prazos prescritos nas Linhas de Orientação.

Numa situação como a descrita, das duas uma: *(i)* ou a AdC se recusa a adoptar uma decisão sobre este assunto na fase prévia, aguardando pela notificação para de seguida decidir eventualmente pela não obrigatoriedade da mesma – caso em que estará certamente a gorar-se um dos principais objectivos do procedimento em causa e em que a recusa da Autoridade em adoptar uma posição, em fase prévia, poderá implicar uma violação do princípio da decisão, previsto no artigo 9.° do CPA[252]; *(ii)* ou, optando a Autoridade por emitir uma decisão na fase prévia, no sentido da não obrigatoriedade de notificação, seria incompre-

---

[252] Uma vez mais, a existência de um prazo limite (de 7 dias úteis) para notificação de operações de concentração em Portugal, constitui um elemento de destabilização na transição da fase prévia para a fase de notificação. A eliminação desse limite permitiria que a fase de apreciação prévia de uma concentração se prolongasse pelo tempo necessário para que a AdC pudesse decidir com segurança quanto à não obrigatoriedade de notificação de uma concentração e permitiria, desta forma, evitar notificações desnecessárias.

ensível que essa mesma Autoridade pudesse mais tarde, com base nos mesmos elementos de facto e de direito, adoptar uma decisão de teor diferente. Esta última lógica seria contrária a alguns dos princípios fundamentais do Direito Administrativo português, como os princípios da boa fé e da boa colaboração da Administração com os particulares, este último postulando aliás que «[a] *Administração Pública é responsável pelas informações prestadas por escrito aos particulares, ainda que não obrigatórias*» (artigo 7.º, n.º 2 do CPA).

Por fim, num aspecto mais prático, assinala-se com agrado a gratuitidade do procedimento de avaliação prévia de concentrações, aspecto que nos parece importante e justo, sobretudo atendendo às taxas já aplicáveis à notificação de operações de concentração de empresas, previstas no Regulamento n.º 1/E/2003 do Conselho da AdC, de 3 de Julho de 2003, *ex vi* do artigo 56.º, n.º 1, alínea a) da Lei da Concorrência.

10. O prazo para notificar e o evento que o desencadeia

Conforme vimos já, a disposição relevante a este respeito é o artigo 9.º, n.º 2 da Lei da Concorrência, na redacção introduzida pelo Decreto-Lei n.º 219/2006. De acordo com esta norma, as operações de concentração abrangidas pela referida Lei devem ser notificadas à AdC no prazo de 7 dias úteis após a verificação do evento que dá origem à obrigação de notificação[253].

A principal crítica que este regime nos merece é a existência de um prazo-limite de notificação, que se revela rígido e pouco realista e que se presta a utilizações indevidas. Para mais, trata-se de um aspecto de regime que está hoje ao arrepio da legislação comunitária de concorrência e das legislações da generalidade dos Estados-Membros da União Europeia, como é o caso da Alemanha, Bélgica, Dinamarca, Espanha, França, Itália, Holanda, Reino Unido e Suécia.

---

[253] Cfr. a nota 251.

Parece-nos de facto que um regime de controlo de concentrações sem prazo fixo para os interessados apresentarem a notificação à autoridade competente é preferível e mais adequado ao actual estádio do Direito da Concorrência, em que tendem a surgir operações cada vez mais complexas e em que o procedimento de avaliação prévia desempenha um papel cada vez mais importante. Um controlo eficaz do impacto de uma transacção no(s) respectivo(s) mercado(s) pode ser facilmente alcançado através da simples obrigatoriedade de notificação da concentração antes da sua implementação e após a conclusão do negócio que lhe dá origem. Até porque, não podendo uma concentração sujeita a notificação prévia ser executada antes de ter sido notificada à autoridade competente e de ter sido objecto de uma decisão, expressa ou tácita, de não oposição, é naturalmente do interesse de qualquer entidade notificante proceder à respectiva notificação no mais curto prazo possível após a conclusão do acordo que dá origem à concentração.

Aliás, a previsão de um prazo limite de 7 dias úteis para efectuar a notificação ao abrigo da Lei da Concorrência é susceptível de originar situações não pretendidas do ponto de vista da celeridade do procedimento, como a apresentação de formulários de notificação incompletos ou inexactos, apenas para garantir o cumprimento do prazo, ou ainda pedidos para prorrogação do prazo de notificação, para os quais não existe base legal.

Já no que respeita ao evento que desencadeia a obrigação de notificação (*"triggering event"*), verificámos já que, nos termos do artigo 9.º, n.º 2 da Lei da Concorrência, na redacção introduzida pelo Decreto--Lei n.º 219/2006[254], o prazo de 7 dias úteis é contado a partir *(i)* da conclusão do acordo, *(ii)* da divulgação do anúncio preliminar de uma oferta pública de aquisição ou de troca, ou *(iii)* da divulgação do anúncio de aquisição de uma participação de controlo em sociedade emitente de acções admitidas à negociação em mercado regulamentado.

No que respeita à notificação de ofertas públicas de aquisição ou de troca [aspecto previamente assinalado em *(ii)*], a anterior redacção da Lei

---

[254] Cfr. nota 251.

da Concorrência dispunha que, neste particular, a notificação deveria ser efectuada «*até à data da publicação do anúncio de uma oferta pública de aquisição ou de troca*». A interpretação desta norma e consequente determinação do momento a partir do qual surgia a obrigação de notificação nestes casos era feita em paralelo com o artigo 175.º do Código dos Valores Mobiliários, nos termos do qual, logo que tome a decisão de lançar uma oferta pública de aquisição, o oferente deve proceder à publicação do anúncio preliminar da oferta e requerer à CMVM, no prazo de 20 dias, o registo da mesma.

A interpretação comummente propugnada – e aceite pela AdC[255] – à luz destas disposições era a de que a notificação de ofertas públicas de aquisição ou de troca deveria ser feita até à data do registo da oferta e não do respectivo anúncio preliminar. No entanto, o Decreto-Lei n.º 219/ /2006 veio alterar o *triggering event* para efeitos de contagem do prazo de notificação no que respeita a operações desta natureza, passando a determinar que as ofertas públicas de aquisição ou de troca devem ser notificadas à Autoridade no prazo de 7 dias úteis após a data da divulgação do anúncio preliminar da oferta, o que equivale a uma redução significativa do prazo de notificação face ao regime anterior e que tem consequências não despiciendas.

Por seu turno, o regime de notificação de "acordos" [identificado em *(i)* supra], não tendo sofrido alterações por via do Decreto-Lei n.º 219/2006, é porém aquele que suscita maiores dificuldades de interpretação prática, para efeitos de determinação do momento em que se considera constituída na esfera jurídica das entidades notificantes a obrigação de formalizar a notificação a que se refere o n.º 2, do artigo 9.º da Lei da Concorrência.

Nesta medida, a AdC, nas suas Linhas de Orientação sobre o procedimento de avaliação prévia de operações de concentração de

---

[255] Foi este o entendimento adoptado pela Autoridade, designadamente, na notificação das ofertas públicas de aquisição lançadas pela Sonaecom, SGPS, S.A. sobre a Portugal Telecom, SGPS, S.A. e PT Multimédia – Serviços de Telecomunicações e Multimédia, SGPS, S.A. e pelo Banco Comercial Português, S.A. sobre o Banco BPI, S.A. (cfr. processos "08/2006 – *Sonaecom / PT*" e "15/2006 – *BCP / BPI*").

empresas, analisadas previamente em **IV.9.**, aproveitou para tecer algumas considerações sobre a noção de "acordo" para estes efeitos, num esforço de clarificação e síntese que consideramos positivo e útil.

Em termos sintéticos, a Autoridade reconduz a ideia de "acordo" à de "contrato", na acepção do artigo 232.º do Código Civil, considerando que a obrigação de notificação prevista no n.º 2, do artigo 9.º da Lei da Concorrência apenas se torna exigível a partir do momento em que as partes tenham acordado em todas as cláusulas sobre as quais qualquer delas tenha julgado necessário o acordo. Nesta medida[256]:

> «[é] *entendimento da Autoridade da Concorrência que tal momento coincide com o da celebração do contrato, entendido enquanto contrato definitivo, muito embora se possa considerar que, do ponto de vista do direito da concorrência, o contrato-promessa, na medida em que exige que estejam determinados ou sejam determináveis os elementos essenciais do contrato prometido e implica a extensão do regime do contrato prometido a este contrato preliminar, pressupõe que se encontram estabelecidos e estabilizados os elementos essenciais da operação de concentração sujeita a notificação prévia, nomeadamente, as partes envolvidas, o seu objecto e as cláusulas directamente relacionadas e necessárias à realização da operação. Deste modo, a natureza do contrato celebrado – contrato definitivo ou contrato-promessa – torna-se diminuta, porquanto o que se torna determinante é a vinculação das partes a uma série de elementos-chave da transacção, estabilizando--os, para efeitos de análise pela Autoridade da Concorrência, nos termos dos artigos 8.º, 9.º e 31.º e seguintes da Lei n.º 18/2003».*

Este excerto está em consentaneidade com a prática decisória da AdC, que por diversas vezes teve o ensejo de sublinhar que a noção de "acordo", para efeitos da Lei da Concorrência, *maxime* do seu artigo 9.º, n.º 2, deve ser interpretada de uma forma ampla, como qualquer instru-

---

[256] Cfr. Linhas de Orientação referidas em texto, n.º 22.

As disposições processuais | 143

mento contratual ao qual as partes se vinculam, que estabeleça e estabilize os elementos essenciais afectos a uma operação de concentração, nomeadamente, partes envolvidas, objecto e cláusulas principais, independentemente da forma jurídica que esse acordo revista[257].

Dentro desta lógica, a Autoridade considerou verificada a condição de estabilização dos elementos essenciais de uma concentração, numa situação em que as partes notificantes, através de uma carta, «*declaravam encontrar-se em processo de conclusão da operação, declarando-se igualmente vinculadas aos termos já acordados e constantes de um projecto de "Contrato de Compra e Venda de Acções"*»[258].

Em regra, a existência de um direito de opção de compra sobre determinados activos não é susceptível, por si só, de desencadear uma obrigação de notificação, a menos que o direito de opção em causa deva ser exercido num futuro imediato, em função de acordos juridicamente vinculativos[259].

No caso de operações de concentração que envolvam fusões, a Autoridade tem considerado que a aprovação do projecto de fusão pelas Assembleias Gerais das empresas participantes equivale à "conclusão do acordo" a que faz referência o n.º 2, do artigo 9.º da Lei, uma vez que as empresas em causa manifestam, nessa sede, uma intenção séria de concretizar a operação projectada, acordando e estabilizando os contornos essenciais da mesma[260].

A finalizar este capítulo, assinala-se como um aspecto de regime eventualmente a ponderar em futuras linhas orientadoras da AdC ou mesmo em sede de alteração legislativa à Lei da Concorrência, a

---

[257] Neste sentido, cfr., a título de exemplo, decisões da AdC nos processos "48/ 2003 – *EDP/ CGD / NQF (Portgás)*"; "03/2004 – *Lusomundo / Ocasião e Anuncipress*"; "60/2005 – *Enernova / Tecneira / Bolores * Eneraltius * Levante * Cabeço de Pedras * Malhadizes*"; "22/2005 – *Via Oeste (Brisa) / Auto-estradas do Oeste / Auto-estradas do Atlântico*"; "82/2005 – *La Seda Barcelona / Selenis*"; "04/2006 – *ES Saúde / Hospor*"; e "07/2006 – *CIC / AMC Portugal*".

[258] Cfr. processo "11/2008 – *Lincoln / Electro-Arco*", n.º 11.

[259] Cfr. processo "31/2007 – *Mota-Engil / Multiterminal*", n.º 23.

[260] Cfr. processo "20/2007 – *OPCA / Apolo*".

consagração de orientações quanto às designadas "operações fragmentadas", *i.e.*, operações constituídas por transacções sucessivas que ocorrem, num curto espaço de tempo, entre as mesmas pessoas ou empresas[261].

Tal como referido, nestas situações, o que importa sobretudo determinar é em que casos estas operações correspondem a uma mesma realidade económica – qualificável como uma única operação de concentração, eventualmente notificável na data da última transacção – e em que casos cada transacção deverá ser considerada de forma isolada. Sendo que, na primeira hipótese referida, seria também relevante clarificar se a notificação da operação global é devida mesmo que uma ou mais das transacções individuais não preencham os requisitos da notificação prévia, previstos no artigo 9.º da Lei da Concorrência.

Em nome da segurança jurídica seria útil a adopção de orientações para o tratamento jurídico destas situações ou mesmo a introdução de uma alteração legislativa à Lei da Concorrência, na linha da redacção do artigo 5.º, n.º 2, § 2 do Regulamento das Concentrações Comunitárias[262] ou do artigo 12.º, n.º 3 da lei de concorrência dinamarquesa[263].

---

[261] Para uma análise mais aprofundada da prática decisória da AdC quanto a esta temática e da problemática que ela suscita, cfr. acima **III.3.5**.

[262] Cujo teor é: «(...) *duas ou mais operações na acepção do primeiro parágrafo que sejam efectuadas num período de dois anos entre as mesmas pessoas ou empresas são consideradas como uma única concentração realizada na data da última operação*». Cfr. ainda a Comunicação consolidada da Comissão em matéria de competência, referida na nota 32, que, neste âmbito específico, veio substituir a Comunicação da Comissão relativa ao conceito de empresas em causa para efeitos do Regulamento (CEE) n.º 4064/89 do Conselho, relativo ao controlo das operações de concentração de empresas e a Comunicação da Comissão relativa ao cálculo do volume de negócios para efeitos do Regulamento (CEE) n.º 4064/89 do Conselho, relativo ao controlo das operações de concentração de empresas.

[263] Cujo teor é: «(...) *two or more acquisitions as referred to in subsection (2), which take place within a two-year period between the same persons or undertakings, shall be treated as one and the same merger arising on the date of the last transaction*» (tradução não oficial, disponível no sítio internet da autoridade de concorrência dinamarquesa, em http://www.ks.dk/en/competition/legislation/love/the-competition-act-consolidation-act-consolidation-act-no-1027-of-21-august-2007/).

11. A obrigação legal de suspensão da concentração

O n.º 1, do artigo 11.º da Lei da Concorrência estabelece uma condição suspensiva automática na pendência do processo de notificação, determinando que «[u]ma operação de concentração sujeita a notificação prévia não pode realizar-se antes de ter sido notificada e antes de ter sido objecto de uma decisão, expressa ou tácita, de não oposição».

A violação desta exigência constitui uma contra-ordenação punível com coima que pode ascender a 10% do volume de negócios das empresas infractoras, nos termos do artigo 43.º, n.º 1, alínea b), primeira parte da Lei da Concorrência.

A referida violação determina ainda, de acordo com o n.º 2, do artigo 11.º, a invalidade dos negócios jurídicos realizados antes da adopção de uma decisão de não oposição à transacção. No entanto, a formulação utilizada pela Lei da Concorrência («[a] validade de qualquer negócio jurídico realizado em desrespeito pelo disposto na presente secção depende de autorização expressa ou tácita da operação de concentração») suscita a questão de saber qual o tipo de "invalidade" de que padece um negócio jurídico desta natureza.

Na verdade, o tipo de invalidade aqui previsto não parece corresponder à nulidade típica, por interpretação a contrario do artigo 41.º da Lei da Concorrência e também porque o referido n.º 2, do artigo 11.º sugere que a adopção de uma decisão de autorização da concentração pela Autoridade tem o efeito de "sanar" a validade dos negócios jurídicos realizados em desrespeito pela obrigação de suspensão dos efeitos da concentração. A forma de invalidade aqui em causa distingue-se também da anulabilidade porquanto os actos anuláveis normalmente produzem os seus efeitos até serem anulados e, se não forem anulados dentro do prazo legal, passam a ser válidos (artigo 285.º do Código Civil). O tipo de invalidade aqui em causa parece estar assim mais próximo de uma forma de invalidade atípica (artigo 294.º do Código Civil) ou de validade sob condição, ideia que expressa um tipo de invalidade que não segue o regime geral dos artigos 285.º e seguintes do Código Civil.

Sem prejuízo do exposto, o n.º 4 do artigo 11.º determina a possibilidade de a AdC, verificadas certas condições, autorizar a execução de uma concentração notificada, antes de adoptada uma decisão de não oposição. Na prática, porém, a Autoridade tem vindo a interpretar esta prerrogativa de forma muito restritiva, tendo até à data e com base na informação disponível recusado pedidos de derrogação que lhe foram submetidos ao abrigo da norma em causa[264]. O entendimento da Autoridade tem sido o de que a concessão de um pedido de derrogação ao n.º 1, do artigo 11.º da Lei da Concorrência reveste-se de um carácter excepcional, que não deverá ser deferido senão em presença de cenários que revistam tal excepcionalidade, tais como o da falência iminente de alguma das empresas participantes.

12. A primeira fase de apreciação

12.1. *Pagamento da taxa de notificação e conteúdo da notificação*

As regras que regulam a tramitação do procedimento de apreciação de operações de concentração estão maioritariamente previstas nos artigos 30.º e seguintes da Lei da Concorrência, sem prejuízo da relevância de outras normas constantes da mesma Lei, dos Estatutos da AdC e da aplicação subsidiária das regras do CPA[265]. É ainda importante tomar em consideração os Regulamentos do Conselho da AdC n.os 1/E/2003, de 3 de Julho – sobre as taxas aplicáveis à apreciação de operações de concentração de empresas – e 2/E/2003, de 3 de Julho – que contém o formulário de notificação de operações de concentração de empresas[266].

---

[264] Cfr. processos "12/2005 – *Alliance Unichem / Alloga*", n.os 25 e seguintes; "24/2005 – *Invescaima / Portucel Tejo*", n.º 21; e "11/2006 – *Grupo de gestores UEE * Ibersuizas * Vista Desarrollo / UEE*", n.os 35 e seguintes.

[265] Conforme resulta das remissões operadas pelos artigos 20.º e 30.º da Lei da Concorrência, o primeiro dos quais em articulação com o artigo 7.º, n.º 3, alínea c) dos Estatutos da Autoridade.

[266] Cfr. notas 16 e 119.

A notificação prévia de uma operação de concentração é apresentada à Autoridade pela(s) entidade(s) que adquire(m) controlo sobre a(s) empresa(s) ou activo(s) em causa.

Embora a Lei da Concorrência e o Regulamento n.º 2/E/2003 estabeleçam a obrigatoriedade de as notificações conjuntas serem apresentadas por um representante comum, com poderes para enviar e receber documentos em nome de todas as partes notificantes, temos dúvidas quanto à bondade e ao efeito útil desta norma. Sobretudo, porque a prática demonstra que não são poucos os casos em que, em função dos interesses específicos das partes notificantes e/ou das normas deontológicas que regem o exercício da profissão de advogado, a designação de um representante comum em caso de notificações conjuntas não se revela possível ou pelo menos aconselhável.

A notificação é apresentada de acordo com o formulário que consta do Regulamento n.º 2/E/2003 e nos termos nele previstos. Os itens do formulário de notificação à AdC são semelhantes aos do formulário CO relativo à notificação de uma concentração à Comissão Europeia, que consta de um anexo ao Regulamento Comunitário de Execução.

Sublinhe-se, no entanto, que este Regulamento, além do formulário CO, contém também em anexo um formulário simplificado, que se destina a ser utilizado em operações com pouca probabilidade de suscitarem preocupações do ponto de vista da concorrência. A nível nacional, está também prevista uma menor exigência quanto às informações a fornecer à Autoridade no caso de operações de concentração menos complexas, uma vez que o formulário de notificação anexo ao Regulamento n.º 2/E/2003 atribui às partes notificantes a faculdade de não preencherem alguns pontos do formulário que, por serem de carácter facultativo, estão assinalados em itálico. O exercício desta faculdade não prejudica porém o poder conferido à AdC de exigir o fornecimento de parte ou da totalidade das informações omitidas.

A este propósito, lamenta-se que o procedimento de "Decisão Simplificada", adoptado pela Autoridade em 24 de Julho de 2007[267], apenas tenha vindo flexibilizar a pronúncia da AdC, sem fazer referência

---

[267] Cfr. Comunicado n.º 12/2007.

ao correspectivo "aligeirar" do volume de informação exigido às partes notificantes no caso de operações de concentração que não suscitam preocupações jusconcorrenciais.

O artigo 32.º, n.º1 da Lei da Concorrência estabelece que a notificação de uma concentração à AdC só produz efeitos na data do pagamento da taxa de notificação devida nos termos do já referido Regulamento n.º 1/E/2003, taxa essa que é de montante variável, em função do volume de negócios das empresas envolvidas.

Apesar de a Lei da Concorrência [concretamente, o seu artigo 56.º, n.º 1, alínea a)] determinar que a apreciação de concentrações sujeitas a notificação prévia nos termos do artigo 9.º do mesmo diploma está sujeita ao pagamento de uma taxa, o facto é que a prática decisória da AdC tem ido no sentido de não reembolsar as taxas pagas no caso de notificações de concentrações em relação às quais se veio a concluir não estarem abrangidas pela obrigação de notificação prévia. Neste particular, tivemos já oportunidade de explicitar em **IV.9.** supra porque é que, em nossa opinião, o novo procedimento de pré-notificação regulamentado pela Autoridade, conjugado com as especificidades do regime de controlo de concentrações português, não permitirá conferir aos operadores económicos a certeza jurídica que seria desejável, no sentido de evitar notificações desnecessárias e, consequentemente, o pagamento de taxas injustificadas.

12.2. *Publicitação da concentração notificada*

O artigo 33.º da Lei da Concorrência determina que, no prazo de 5 dias contados da data em que a notificação produz efeitos, a AdC promove a publicação, em dois jornais de expansão nacional, a expensas das entidades notificantes, dos elementos essenciais da notificação, por forma a que quaisquer terceiros interessados possam apresentar observações no prazo que for fixado, o qual não pode ser inferior a 10 dias.

Esta norma, aparentemente pacífica e axiomática, suscita sérias questões de aplicação prática. Essas questões estão sobretudo relacionadas, por um lado, com a interpretação do conceito de "quaisquer terceiros interessados" e, por outro, com a compatibilização do direito de apresentação de observações no processo com o direito de consulta dos documentos constantes do procedimento administrativo iniciado por uma notificação.

Quanto à primeira questão, importa assinalar que a Lei da Concorrência distingue dois tipos de terceiros intervenientes num procedimento de controlo das operações de concentração: os "quaisquer terceiros interessados", a que se refere o artigo 33.º, e os "contra-interessados", definidos no artigo 38.º, n.º 3 como *«aqueles que, no âmbito do procedimento, se tenham manifestado desfavoravelmente quanto à realização da operação de concentração em causa».* Nada indica que os dois conceitos estejam relacionados, nem que sejam pressuposto um do outro.

Por seu turno, no que respeita à segunda questão identificada acima, constata-se que o artigo 33.º da Lei da Concorrência não regula a questão da consulta do processo e da obtenção de certidões pelos terceiros interessados, questão que encontra previsão nos artigos 62.º a 65.º do CPA e na LADA)[268]. O artigo 33.º regula um momento processual distinto, eventualmente situado a jusante do primeiro, que é o da possibilidade de apresentação de observações por parte de "quaisquer terceiros interessados".

Ora, apesar das situações referidas, o que se tem verificado na prática decisória da AdC é que esta Autoridade tem vindo a fazer uma interpretação muito restritiva da conjugação dos estatutos e direitos referidos anteriormente. Assim, após alguma flutuação inicial, a Autoridade tem considerado recentemente que, na sequência da publicação do aviso previsto no artigo 33.º da Lei da Concorrência, além das próprias entidades notificantes, apenas poderão ter acesso ao processo de notificação na Autoridade, *(i)* aqueles que possuam um *interesse legítimo na operação*, nos termos do artigo 64.º do CPA, *e* tenham desde logo *apresentado observações* relativamente à operação em causa, nos termos

---

[268] O artigo 56.º, n.º 1 alíneas c) e e) da Lei da Concorrência prevê a sujeição a taxas dos actos praticados pela Autoridade enquanto prestadora de serviços e o Regulamento n.º 47/2004, de 30 de Novembro, fixa as taxas devidas por vários serviços, entre os quais se incluem a passagem de certidões e a cópia de documentos.

do referido artigo 33.º[269], ou *(ii)* aqueles que se tenham desde logo manifestado desfavoravelmente à realização da concentração em causa *e* se tenham *constituído como contra-interessados* no processo, nos termos do n.º 3, do artigo 38.º da Lei da Concorrência.

Ou seja, na sequência da publicação do anúncio com os elementos essenciais da notificação, a AdC condiciona o direito de acesso ao processo por parte de terceiros interessados à exigência de apresentação prévia de observações, nos termos do artigo 33.º, ou de constituição da categoria de contra-interessado, nos termos do artigo 38.º, n.º 3.

Uma vez que o direito de acesso ao processo em casos de operações de concentração não está regulado na Lei da Concorrência e que as exigências impostas pela Autoridade não têm qualquer base legal no CPA ou na LADA, não poderemos deixar de discordar dessa interpretação. Com efeito, essa interpretação tem consequências gravosas, ao impedir que, como seria normal e desejável, pessoas e empresas que possuam um interesse legítimo no conhecimento dos elementos constantes de um processo de notificação na AdC, possam consultar esses elementos, para só depois ponderarem a eventual apresentação de observações e/ou a sua constituição como contra-interessados. Acresce que, para a própria Autoridade, seria mais conveniente receber as observações dos terceiros quando os mesmos tivessem um maior conhecimento do processo para que assim pudessem dar uma maior contribuição para o conhecimento dos mercados em causa.

Aos lesados por esta situação é conferido um direito de queixa à Comissão de Acesso aos Documentos Administrativos, nos termos do artigo 15.º da LADA, e a via da intimação para prestação de informações, nos termos dos artigos 104.º e seguintes do CPTA"[270].

---

[269] Neste sentido, cfr. processo "39/2006 – *Manuel Fino / Soares da Costa"*, n.os 55 e 60.

[270] A parte decisória dos acórdãos do Supremo Tribunal Administrativo, de 05.07.2007, processo 0223/07, e de 25.07.2007, processo 0295/07, determina que «*I – Face ao disposto no artigo 104.º do Código de Processo nos Tribunais Adminis-*

As disposições processuais | 151

Por outro lado, com a adopção de uma decisão pela AdC no termo do procedimento administrativo relativo a uma concentração, passa a vigorar a partir desse momento o princípio da administração aberta (*"open file"*), nos termos do artigo 65.º do CPA.

12.3. *O prazo para o decurso da instrução e as suspensões previstas*

O artigo 34.º da Lei da Concorrência determina que a AdC dispõe de 30 dias, contados da data de produção de efeitos da notificação nos termos do artigo 32.º, para completar a instrução do procedimento iniciado pela respectiva notificação. Esse prazo é contado em dias úteis, por força da remissão operada do artigo 30.º da Lei da Concorrência para o CPA [artigo 72.º, n.º 1, alínea b)].

O prazo de 30 dias para conclusão da designada fase I do procedimento é suspenso sempre que a Autoridade dirigir um pedido de informação ou documentação às entidades notificantes. Em princípio, não existem limites ao número de pedidos de informação (ou seja, ao número de suspensões do prazo) que a AdC pode efectuar ao longo da fase I do procedimento, nem ao número de dias de suspensão por cada pedido, determinando-se apenas que a Autoridade deverá fixar um prazo razoável para o fornecimento dos elementos solicitados[271]. Já os pedidos

---

trativos, a intimação para a prestação de informações, consulta de documentos ou passagem de certidões é o único meio processual próprio de reacção contra qualquer forma de recusa do direito à informação. II – A recusa da Autoridade da Concorrência em facultar informações, recolhidas em procedimento de controlo de concentração de empresas, por considerar confidenciais tais informações, constitui decisão que não configura acto administrativo, passível de impugnação contenciosa.

III – A competência para conhecer de pedido de intimação da referida autoridade, para prestar tais informações, cabe aos tribunais administrativos, nos termos do disposto no artigo 4.º, n.º 1, alínea a) do Estatuto dos Tribunais Administrativos e Fiscais». Cfr. www.dgsi.pt.

[271] Veja-se o que se dirá a este respeito no ponto **IV.13.** infra, na sequência das modificações legislativas que foram introduzidas à Lei da Concorrência pelo Decreto--Lei n.º 219/2006.

de informação ou documentação que sejam dirigidos pela AdC a quaisquer entidades terceiras no âmbito do procedimento de concentração não suspendem a contagem do prazo de instrução.

Paralelamente e embora a AdC possa adoptar na primeira fase do procedimento uma decisão de não oposição à concentração, acompanhada da imposição de condições e obrigações, não está previsto qualquer mecanismo de suspensão do prazo durante a fase de discussão e redacção dos compromissos.

Ainda a respeito da questão da suspensão dos prazos do procedimento de concentrações, a AdC tem adoptado o entendimento, sufragado pela jurisprudência dos nossos tribunais superiores[272], de que os feriados municipais em Lisboa, onde a AdC está sedeada, e os designados dias de "tolerância de ponto" são considerados dias úteis para efeitos do decurso do procedimento. Existem, porém, duas excepções a esta regra: *(i)* quando algum desses dias coincida com o último dia para a AdC praticar um acto ou *(ii)* quando algum desses dias coincida com o último dia para alguma das partes praticar um acto. Nestes dois casos o termo do prazo para a prática do acto em causa transfere-se para o primeiro dia útil seguinte[273].

12.4. *Hipóteses possíveis de conclusão da primeira fase*

Estando concluída a instrução do procedimento de apreciação de uma concentração, determina a Lei da Concorrência que a AdC adoptará decisão em um de três sentidos:

(i) não se encontrar a operação de concentração abrangida pela obrigação de notificação prévia;

(ii) não oposição à operação de concentração, com ou sem imposição de condições e obrigações destinadas a garantir o cumprimento de compromissos assumidos pelos autores da notifi-

---

[272] Cfr., a título de exemplo, acórdãos do Supremo Tribunal Administrativo, de 17.06.2004, processo 0706/02, e do Supremo Tribunal de Justiça n.º 8/96, de 10.10.1996, processo 048826.

[273] O entendimento referido em texto aplica-se às duas fases do procedimento de controlo das operações de concentração.

cação com vista a assegurar a manutenção de uma concorrência efectiva;

(iii) dar início a uma investigação aprofundada, quando considere que a operação de concentração em causa é susceptível, à luz dos elementos recolhidos, de criar ou reforçar uma posição dominante da qual possam resultar entraves significativos à concorrência efectiva no *território* nacional[274] ou numa parte substancial deste.

Ou seja, no final da designada fase I do procedimento, a única decisão que a AdC não pode adoptar é a de proibição de uma concentração. Para proibir uma operação, é necessário que a Autoridade tenha previamente dado início a uma fase de investigação aprofundada, também designada fase II.

Por outro lado, existe ainda um outro tipo de decisão que a AdC pode adoptar, quer em fase I quer em fase II, a qual, apesar de não se encontrar expressamente prevista na Lei da Concorrência, tem tido alguma relevância prática. Falamos do encerramento do processo na sequência da desistência e retirada da notificação por parte das entidades notificantes.

Esta questão colocou-se em, pelo menos, quatro casos até à data (processos "45/2003 – *Cecisa / Cecime*"; "21/2004 – *REN / GDP / Rede de Transporte de Gás Natural em Alta Pressão*"; "22/2006 – *Ibersol / Telepizza*"; e "69/2005 – *Gaz Natural / Endesa*"). A fórmula utilizada pela Autoridade nestes casos, na ausência de uma previsão expressa na Lei da Concorrência, foi a de, após a retirada da notificação pela entidade notificante, declarar o procedimento administrativo extinto, nos

---

[274] O artigo 35.º, n.º 1, alínea c), assim como os artigos 9.º, n.º 1, alínea a) e 12.º, n.os 3 e 4, todos da Lei da Concorrência falam sempre do "mercado nacional" de determinado bem ou serviço ou de uma parte substancial deste. Trata-se, no entanto, de uma referência incorrecta, uma vez que existem vários mercados de bens ou serviços que têm uma dimensão geográfica supra-nacional [por exemplo, ibérica, europeia ou mesmo mundial), como se refere acima em **III.4.ii**]. Nesses casos, não se pode falar correctamente em "mercado nacional"; deveria antes falar-se na parte do mercado correspondente ao território nacional ou, simplesmente, em território nacional.

termos do artigo 112.º do CPA, atenta a impossibilidade de concretização do objecto e finalidade do processo – a apreciação e decisão da operação notificada[275].

A nível comunitário, o novo Regulamento das Concentrações Comunitárias veio regular expressamente estas situações, ao prever, na parte final da alínea c), do n.º 1, do artigo 6.º, que os processos de concentração possam ser encerrados quando *as empresas em causa tenham demonstrado a contento da Comissão que abandonaram a concentração*. A Comissão é bastante exigente na prova do "abandono da concentração" por parte das empresas notificantes, considerando que, na maioria dos casos, *the mere withdrawal of the notification is not considered as sufficient proof that the concentration has been abandoned in the sense of Article 6(1)c*[276].

De entre as decisões da AdC de não oposição simples a uma concentração, *i.e.*, aqueles casos de autorização da transacção sem imposição de condições ou obrigações, valerá ainda a pena distinguir os casos de adopção expressa de uma decisão daqueles em que a não oposição se consubstancia na ausência de decisão dentro dos prazos referidos no ponto **IV.12.3.** supra. De facto, neste particular e ao

---

[275] Ainda a respeito do expediente de desistência e retirada da notificação, refira--se que, por Despacho de 31 de Janeiro de 2006, no processo T-48/03, *Schneider c. Comissão*, n.ºs 97-102, o TPI considerou que o ofício da Comissão Europeia que toma conhecimento da falta de objecto de um processo de controlo de concentrações, designadamente na sequência de uma inutilidade superveniente motivada pela desistência e retirada da notificação, e que consequentemente informa a entidade notificante do encerramento formal do referido processo, é um acto em que não existe *nenhuma tomada de posição da Comissão*, limitando-se esta a *tirar as consequências inevitáveis das circunstâncias de facto que deixaram o processo de controlo sem objecto*. Assim, o Tribunal considerou que uma decisão de encerramento desta natureza não constitui um acto desfavorável para efeitos de recurso de anulação, nos termos do artigo 230.º do Tratado CE. Caso os interessados entendam que foram cometidas ilegalidades no decurso do processo de controlo, restará a via da acção de responsabilidade civil extra-contratual das Comunidades Europeias, nos termos dos artigos 235.º e 288.º, § 2 do Tratado CE (cfr. Despacho *cit.*, n.º 103).

[276] Cfr. "DG Competition Information note on Art. 6 (1) c) 2nd sentence of Regulation 139/2004 (abandonment of concentrations)", parágrafo 5, disponível no sítio da Direcção-Geral da Concorrência da Comissão, em http://ec.europa.eu/comm/competition/mergers/legislation/abandonment.pdf. Cfr. também n.ºs 117 e seguintes da Comunicação consolidada da Comissão em matéria de competência.

contrário do princípio geral que vigora no Direito Administrativo português (artigo 109.º do CPA), a ausência de decisão nos prazos regulamentados origina um deferimento tácito. Esta é, aliás, a única situação que se afigura possível em sede de controlo de concentrações, onde as decisões de proibição obedecem a exigências muito próprias (veja-se o teste substantivo que consta do artigo 12.º, n.º 4 da Lei da Concorrência, acima analisado em **III.7.2**).

Ainda a respeito da questão do deferimento tácito, assinala-se com curiosidade que pouco tempo depois da entrada em vigor da Lei da Concorrência[277], o Conselho da AdC, em reunião extraordinária realizada no dia 26 de Agosto de 2003, declarou extinto o procedimento relativo a três processos em matéria de concentrações[278], e consequentemente aprovadas por deferimento tácito as respectivas transacções notificadas, uma vez que tinha entretanto sido ultrapassado o prazo legal de decisão da Autoridade.

A este facto pode não ter sido alheia a circunstância de a Lei da Concorrência ter entrado em vigor pouco tempo antes dessa data e de essa mesma Lei ter vindo encurtar significativamente os prazos de instrução de que dispõe a AdC em fase I, bem como o correspondente prazo de deferimento tácito, quando comparados com os prazos de decisão previstos no Decreto-Lei n.º 371/93, de 29 de Outubro, cuja última redacção, antes de ser revogado pela Lei da Concorrência, conferia à AdC um máximo de 60 dias para adoptar uma decisão em primeira fase (cfr. artigo 9.º do Decreto-Lei n.º 10/2003, de 18 de Janeiro, diploma que aprovou os Estatutos da Autoridade).

Importa também tomar em consideração que, embora a Lei da Concorrência só tenha entrado em vigor em Junho de 2003, o facto é que a AdC foi constituída a 23 de Janeiro desse mesmo ano[279], pelo que,

---

[277] A qual ocorreu em 16 de Junho de 2003, por força do artigo 2.º, n.º 2 da Lei n.º 74/98, de 11 de Novembro.

[278] Cfr. processos "12/2003 – *Lusomundo / Warner Lusomundo*"; "22/2003 – *NMC / Dinefro*"; e "25/2003 – *NMC / CCV*".

[279] Data da entrada em vigor do Decreto-Lei nº 10/2003, de 18 de Janeiro, uma vez mais, nos termos do artigo 2.º, n.º 2 da Lei n.º 74/98, de 11 de Novembro. Sem prejuízo do exposto, o artigo 4.º, n.º 1 do Decreto-Lei n.º 10/2003 determinou que a Autoridade só estaria em condições de desempenhar a plenitude das suas atribuições no prazo de 60 dias contados a partir da data da entrada em vigor desse mesmo diploma.

156 | *O procedimento de controlo das operações de concentração de empresas em Portugal*

durante esse hiato temporal, as operações de concentração entretanto notificadas à Autoridade foram apreciadas e decididas ainda ao abrigo do anterior regime da concorrência, que constava do Decreto-Lei n.º 371/93, já por diversas vezes referido[280].

Até ao dia 30 de Junho de 2008, a AdC tinha adoptado as seguintes decisões em processos de controlo das operações de concentração:[281]

TIPO DE DECISÃO

Anos	Não abrangida[1]	Não oposição simples[2]		Não oposição com condições		Proibição	Desistência da notificante
		Fase I	Fase II	Fase I	Fase II		
2003	14	27	–	1	–	–	
2004	3	35	–	2	5	–	1
2005	5	69	1	1	1	2	–
2006	9	51	1	–	2	1	2
2007	4	79	1	3	3	–	1
2008 (até 30.06)	–	29	1	3	–	–	–
Total	**35**	**290**	**4**	**10**	**11**	**3**	**4**	**357**

[1] Inclui tanto as decisões de não aplicabilidade por não preenchimento das condições enunciadas no artigo 9.º da Lei da Concorrência, como as decisões de reenvio do processo para a Comissão ao abrigo do Regulamento das Concentrações Comunitárias.

[2] Inclui tanto as decisões adoptadas expressamente, como as situações de deferimento tácito.

Em termos de prazos médios de análise de operações notificadas, a Autoridade deu recentemente conta de que tem vindo a assistir-se a uma crescente redução dos mesmos, circunstância a que, em sua opinião, não

---

[280] Na adopção das decisões referentes a esses casos a AdC invocou a competência que lhe era conferida pelas normas dos seus Estatutos em matéria de procedimentos de controlo de concentrações, designadamente a norma transitória do artigo 9.º do Decreto-Lei n.º 10/2003 e bem assim o artigo 17.º, n.º 1, alínea b) dos próprios Estatutos.

[281] Dados compulsados a partir da informação que se encontrava disponível no sítio internet da AdC em 01.07.2008, em http://www.autoridadedaconcorrencia.pt/proc_dec/decididas.asp. Para uma análise mais "desagregada" das várias decisões adoptadas pela AdC nesta sede, *vide* os respectivos Relatórios de Actividade, disponíveis em http://www.autoridadedaconcorrencia.pt/instituicao/relat_actividades.asp.

será alheia a adopção, em 2007, do procedimento de "Decisão Simplificada"[282]. A título de exemplo, a análise comparativa dos prazos médios de apreciação em 2006 e 2007 indica uma diminuição de 30,2 para 28,7 dias úteis, assistindo-se igualmente, no mesmo período, a um aumento de operações decididas entre 10 e 20 dias úteis (segundo dados da AdC, a percentagem de decisões adoptadas neste prazo em 2006 foi de 3%, tendo aumentado para 18% em 2007).

Ainda no capítulo das decisões da AdC, poderá ter interesse prático determinar se essas decisões têm algum "prazo de validade", *i.e.*, qual a consequência que decorre de uma operação de concentração autorizada pela Autoridade vir apenas a ser implementada algum tempo após a adopção da decisão de não oposição.

A resposta a esta questão tem naturalmente de ser casuística. Parece-nos, no entanto, que se deverão tomar em consideração algumas circunstâncias. Desde logo, importa ter presente que a análise jusconcorrencial que as autoridades de concorrência desenvolvem em sede de apreciação de concentrações é uma análise prospectiva (cfr., por todos, acórdão do TJCE de 15.02.2005, processo C-12/03 P, *Comissão c. Tetra Laval*, também conhecido por *Tetra Laval II*, n.ºs 42 e 43):

> «[u]*ma análise prospectiva, como as que são necessárias em matéria de fiscalização das concentrações, necessita de ser efectuada com grande atenção, uma vez que não se trata de analisar acontecimentos do passado, a respeito dos quais se dispõe frequentemente de numerosos elementos que permitem compreender as suas causas, nem mesmo acontecimentos presentes, mas sim prever os acontecimentos que se produzirão no futuro, segundo uma probabilidade mais ou menos forte, se não for adoptada nenhuma decisão que proíba ou que precise as condições da concentração prevista. Assim, a análise prospectiva consiste em examinar de que modo uma operação de concentração pode alterar os factores que determinam a situação da concorrência num dado mercado, para*

---

[282] Cfr. Intervenção do Presidente cessante da AdC na Comissão de Orçamento e Finanças, de 12.03.2008, anexo designado por "Simplificação e redução de prazos na análise de operações de concentração", disponível em http://www.concorrencia.pt/Conteudo.asp?ProTree=0&ID=1317.

verificar se daí resulta um entrave significativo a uma concorrência efectiva. Essa análise exige que se imaginem os vários encadeamentos de causa e efeito, a fim de ter em conta aqueles cuja probabilidade é maior».

Assim, na apreciação que faz das operações de concentração que lhe são notificadas, a AdC deve tomar em consideração a evolução da estrutura do(s) mercado(s) relevante(s) em causa[283]. Admitimos assim que, nos casos em que medeie um curto espaço de tempo entre o momento da adopção da decisão de não oposição pela Autoridade e o da execução da transacção, não seja provável que se alterem substancialmente as condições essenciais nas quais se baseou a decisão da Autoridade. Nestes casos, não estaremos em princípio perante uma nova operação de concentração sujeita a notificação. Pela mesma razão, não estarão igualmente preenchidos os requisitos para que a AdC possa abrir um procedimento oficioso, ao abrigo do artigo 40.º, n.º 1 da Lei da Concorrência (em qualquer das suas alíneas), uma vez que a operação de concentração em causa foi já notificada (e até autorizada).

Já nas situações em que, entre o momento da adopção da decisão pela AdC e o da execução da transacção pelas partes, decorra um prazo anormalmente extenso e ocorra simultaneamente uma alteração significativa das circunstâncias essenciais para a decisão, poderemos estar perante uma nova concentração, eventualmente sujeita a notificação prévia ou a abertura de procedimento oficioso pela Autoridade[284].

Trata-se, no entanto, de uma situação de carácter excepcional, impendendo sobre a AdC o ónus de provar que as circunstâncias se alteraram de forma tal que a decisão previamente adoptada não reflecte a realidade económica existente à data de execução da concentração.

---

[283] Sabendo-se que são variados os pontos do Formulário de Notificação de Operações de Concentração, aprovado pelo Regulamento n.º 2/E/2003 do Conselho da AdC, que impõem às partes notificantes a obrigação de fornecerem estimativas de evolução do(s) mercado(s) relevante(s) nos três anos seguintes ao da notificação.

[284] Para uma análise desta questão, numa perspectiva diferente (de alteração da estrutura contratual ou accionista da concentração autorizada e não das condições de mercado vigentes à data da decisão de aprovação), cfr. n.os 122 e 123 da Comunicação consolidada da Comissão em matéria de competência.

13. A fase de investigação aprofundada

Conforme vimos já, uma das hipóteses de conclusão da fase I do procedimento é a adopção de uma decisão de passagem à investigação aprofundada, ou fase II[285].

A abertura da segunda fase do procedimento deverá ocorrer quando a Autoridade considere que a concentração em causa é susceptível, à luz dos elementos recolhidos, de criar ou reforçar uma posição dominante da qual possam resultar entraves significativos à concorrência efectiva no mercado relevante, à luz dos critérios enunciados no artigo 12.º da Lei da Concorrência[286].

---

[285] Nos casos em que a AdC decida dar início à fase de investigação aprofundada, dispõe o n.º 4 do Regulamento n.º 1/E/2003 que, «*à taxa base referida no n.º 1* [taxa a cobrar pela apreciação de operações de concentração], *acrescerá uma taxa adicional correspondente a 50% da taxa base*». No processo "47/2003 – *PPTV / PT Conteúdos / Sport TV*", verificou-se que o pagamento devido pela abertura da fase II não foi efectuado no prazo estabelecido pela Autoridade, o que conduziu a AdC a anunciar a sua decisão de dar cumprimento ao disposto no n.º 3, do artigo 56.º da Lei da Concorrência, que prevê a cobrança coerciva das dívidas provenientes da falta de pagamento das taxas, mediante processo de execução fiscal, servindo como título executivo a certidão passada para o efeito pela Autoridade.

[286] No plano do Direito Comunitário, o TPI pronunciou-se já pela irrecorribilidade da decisão de passagem à fase de investigação aprofundada, declarando que essa decisão «*constitui uma simples medida preparatória tendo como único objectivo o início de uma instrução destinada a apurar os elementos que virão a permitir à Comissão, no fim deste processo, pronunciar-se em decisão final sobre a compatibilidade da operação com o mercado comum*» (cfr. Despacho de 31 de Janeiro de 2006, processo T-48/03, *Schneider c. Comissão*, n.ºs 79-84). Nesta medida, apesar de uma decisão desta natureza determinar o prolongamento da suspensão da operação notificada, o TPI decidiu que esta é uma consequência que decorre directamente do regime de controlo de concentrações e que não ultrapassa os efeitos próprios de um acto de processo, não sendo susceptível de afectar a posição jurídica das entidades notificantes nem podendo ser considerada um acto desfavorável às mesmas para efeitos de recurso de anulação, nos termos do artigo 230.º do Tratado CE. À luz desta jurisprudência, que foi confirmada em sede de recurso, por Despacho do TJCE, de 9 de Março de 2007, processo C-188/06 P, apenas é possível interpor um recurso de anulação para os tribunais comunitários da decisão final adoptada no processo de controlo de concentrações.

160 | *O procedimento de controlo das operações de concentração de empresas em Portugal*

Como veremos de seguida, apesar da clareza com que estão legalmente previstas as situações que legitimam a abertura de uma fase de investigação aprofundada pela AdC, ocorre, por vezes, que, na prática, as entidades notificantes ficam sem conhecer os concretos motivos que conduzem a Autoridade a dar início a essa fase.

Por outro lado, com base na informação disponível sobre a prática decisória da Autoridade parecem já ter existido situações em que houve lugar à abertura da fase II para recolher elementos que permitam determinar se a concentração é susceptível de resultar em entraves à concorrência, quando o que a Lei determina é que essa avaliação seja feita à luz dos elementos recolhidos na fase I.

O controlo de mérito da decisão de passagem à investigação aprofundada torna-se tanto mais difícil quanto, ao contrário do que ocorre no plano comunitário, a AdC não adopta uma "comunicação de objecções" (*"statement of objections"*) como a que está prevista nos artigos 18.º do Regulamento das Concentrações Comunitárias e 13.º do respectivo Regulamento Comunitário de Execução. Com efeito, a AdC limita-se a comunicar às partes notificantes e aos restantes interessados o projecto de decisão de passagem à fase de investigação aprofundada, nos termos do artigo 37.º da Lei da Concorrência, do qual, em nossa opinião, por vezes não é possível retirar objecções concretas contra eles formuladas.

A comunicação de objecções é, conforme foi declarado recentemente pelo Tribunal de Justiça, uma peça essencial no exercício do princípio do contraditório[287]. Esse princípio exige que as partes interessadas tenham a oportunidade, durante o procedimento administrativo, de dar a conhecer utilmente o seu ponto de vista sobre os factos e elementos de prova considerados por uma autoridade de concorrência em apoio de uma alegação de existência de uma infracção às regras de concorrência. A segurança jurídica exige que esse exercício seja levado a cabo por escrito.

Por outro lado, do ponto de vista prático, a existência da comunicação de objecções é sobretudo útil na perspectiva de auxiliar as partes

---

[287] Cfr. acórdão de 10.07.2008, processo C-413/06 P, *Bertelsmann / Sony*, n.ᵒˢ 61-63 e 87-89.

notificantes na eventual apresentação de compromissos que sejam adequados e proporcionais à remoção das preocupações jusconcorrenciais existentes e identificadas. Este processo torna-se mais difícil no regime português, em que é por vezes necessário apresentar "remédios" sem se conhecer o "diagnóstico do problema".

Em nossa opinião, a adopção de uma comunicação de objecções nos termos em que é formulada pela Comissão é um passo essencial no procedimento de controlo de concentrações português, que a nossa Autoridade deveria importar. Note-se que a modificação proposta não carece sequer de uma alteração legislativa. Bastaria que a AdC passasse a adoptar esta prática nos procedimentos que instrui[288].

No termo da fase de investigação aprofundada, a AdC pode decidir *(i)* não se opor à operação de concentração (com ou sem a imposição de condições) ou *(ii)* proibir a operação de concentração. Nesta última situação, a AdC dispõe ainda da possibilidade de, caso a operação proibida se tenha entretanto realizado[289], ordenar medidas adequadas ao restabelecimento de uma concorrência efectiva, nomeadamente a separação das empresas ou dos activos agrupados ou a cessação do controlo.

Ao contrário do que ocorre no termo da fase I do procedimento, a Lei da Concorrência não prevê a possibilidade de a Autoridade, após o termo da investigação aprofundada, decidir que a operação em causa não se encontra abrangida pela obrigação de notificação prévia. Esta questão deve, pois, ficar definitivamente resolvida no final da fase I.

Por último, algumas referências às alterações introduzidas pelo Decreto-Lei n.º 219/2006, de 2 de Novembro, que, a pretexto de trans-

---

[288] A informalidade no procedimento não prejudicaria, no entanto, a vinculação jurídica da administração às informações prestadas, nos termos gerais de direito (cfr. artigo 7.º, n.º 2 do CPA).

[289] O que, a ocorrer, terá sido em contravenção ao disposto no artigo 11.º, n.º 1 da Lei da Concorrência, que determina a obrigação de suspensão dos efeitos da concentração na pendência do procedimento de notificação, constituindo também uma contra-ordenação punível com coima até 10% do volume de negócios das empresas infractoras no último ano, nos termos do artigo 43.º, n.º 1, alínea b). A menos que a Autoridade tenha concedido uma derrogação à obrigação legal de suspensão da implementação da operação de concentração nos termos do artigo 11.º, n.º 4 da Lei da Concorrência.

162 | *O procedimento de controlo das operações de concentração de empresas em Portugal*

posição para o ordenamento jurídico interno da Directiva 2004/25/CE do Parlamento Europeu e do Conselho, de 21 de Abril, relativa às ofertas públicas de aquisição, veio introduzir modificações legislativas importantes na Lei da Concorrência (as primeiras, por sinal), em particular no capítulo da duração do procedimento de investigação aprofundada.

As alterações legislativas em causa consistem na nova redacção dada ao n.º 1, do artigo 36.º e no aditamento de um n.º 3 a essa disposição, alterações que motivaram a aprovação de uma "Orientação Geral dos Serviços da Autoridade da Concorrência", «[e]*m virtude das dúvidas suscitadas pela ambiguidade das normas referidas*»[290], reacção a que poderá não ser alheio o facto de a AdC não ter sido ouvida antes da adopção do Decreto-Lei n.º 219/2006, em desrespeito do que é imposto pelo artigo 60.º, n.º 2 da Lei da Concorrência.

A redacção original do artigo 36.º da Lei da Concorrência determinava que a Autoridade dispunha de um prazo máximo de 90 dias[291], contados da data da decisão de passagem à fase II, para completar a investigação aprofundada. Tomando em consideração que, nos termos do artigo 34.º, n.º 1 – que permanece inalterado – a fase I tem uma duração de 30 dias, isto queria dizer que, antes da primeira alteração legislativa à Lei da Concorrência, um procedimento de controlo de concentrações poderia durar 120 dias, sem prejuízo das suspensões determinadas por lei, designadamente por força de pedidos de esclarecimento (nos termos dos artigos 34.º, n.ºs 2 a 4 e 36.º, n.º 2) ou da realização da audiência dos interessados (de acordo com o artigo 38.º, n.º 4). Acresce que, na sua redacção inicial, a Lei da Concorrência não previa qualquer limitação quanto ao número e à extensão dos períodos de suspensão referidos.

Com a publicação do Decreto-Lei n.º 219/2006, algumas destas situações foram alteradas. Num dos últimos considerandos deste diploma o legislador explica a alteração ao regime jurídico da concorrência «*no*

---

[290] Cfr. p. 2 do documento aprovado pelo Conselho da AdC, em 1 de Fevereiro de 2007, disponível em http://www.autoridadedaconcorrencia.pt/download/ /AdC-Orientacoes_Concentracoes.pdf.

[291] Os prazos previstos na Lei da Concorrência no que respeita ao procedimento de controlo de concentrações são contados em dias úteis, nos termos do artigo 72.º, n.º 1, alínea b) do CPA, *ex vi* dos artigos 19.º, 22.º e 30.º do primeiro dos diplomas.

sentido da redução dos prazos de análise pela autoridade administrativa responsável pela área da concorrência. Com esta alteração, procura-se minimizar o período durante o qual a administração da sociedade visada vê os seus poderes limitados e contribuir para uma rápida resolução da oferta pública de aquisição». Ainda que a alteração em causa possa ter sido pensada para os casos de notificação de operações de oferta pública de aquisição, o facto é que nada no Decreto-Lei n.º 219/2006 permite supor que as modificações legislativas introduzidas por este diploma à Lei da Concorrência se circunscrevem a este tipo de operações, parecendo assim aplicar-se a todas as concentrações que sejam notificadas à AdC ao abrigo da referida Lei[292].

Quanto ao teor concreto da alteração legislativa introduzida e no que interessa à economia do presente trabalho, sublinha-se que, por um lado, a fase II do procedimento passou a ter uma duração máxima de 90 dias úteis contados da data em que a notificação começou a produzir efeitos[293]. Assim sendo, o prazo máximo de apreciação de uma operação de concentração por parte da AdC foi reduzido, de 120 para 90 dias, sujeito às suspensões a que faremos referência alguns parágrafos abaixo.

Por outro lado, foi também introduzido um novo n.º 3 ao artigo 36.º, que passou a determinar que *«as suspensões do prazo previsto no n.º 1* [prazo dos 90 dias, referido] *para solicitação de informações adicionais não podem exceder um total de 10 dias úteis»* (sublinhado nosso).

De um ponto de vista sistemático, a introdução desta norma num preceito cuja epígrafe é "Investigação aprofundada", conjugada com a ausência de qualquer alteração legislativa ao correspondente artigo 34.º relativo à fase de "Instrução" do procedimento, suscita variadas questões numa área que se pretende de regulamentação clara e perceptível.

---

[292] Neste sentido, "Orientação Geral dos Serviços da Autoridade da Concorrência", ponto II.

[293] Apesar de o novo n.º 1, do artigo 36.º da Lei da Concorrência remeter a data de início de contagem do prazo dos 90 dias para o artigo 31.º, esta norma disciplina apenas questões de forma relativas à apresentação do formulário de notificação, parecendo-nos indispensável tomar também em linha de conta, de forma até mais lógica, o disposto no artigo 32.º, que regula o momento do início da produção de efeitos da notificação.

164 | *O procedimento de controlo das operações de concentração de empresas em Portugal*

Desde logo, tendemos a concordar com a AdC, quando afirma que «[t]*endo em conta a inserção sistemática da limitação relativa à suspensão do prazo no último número do preceito relativo à fase de investigação aprofundada e não na sequência dos números 2 e 3 do artigo 34.º, a Autoridade da Concorrência considera que esta limitação deve apenas aplicar-se durante a segunda fase do procedimento, ou seja, em fase de investigação aprofundada*»[294].

Na verdade, quer tenha sido ou não esta a intenção do legislador, a circunstância de não ter sido alterada a redacção do artigo 34.º da Lei da Concorrência indicia que não se pretendeu introduzir qualquer limitação às suspensões do procedimento na primeira fase. Este facto, porém, reforça o apelo a uma gestão razoável e criteriosa do tempo por parte da AdC, em fase I, que legalmente continua a dispor da possibilidade de prolongar indefinidamente a instrução do procedimento de apreciação.

Nesta medida e em nossa opinião, o novo prazo máximo de 90 dias introduzido pelo Decreto-Lei n.º 219/2006 no artigo 36.º da Lei da Concorrência *não é, em bom rigor e apesar da sua inserção sistemática, um prazo de duração da fase II, é antes um prazo de duração máxima de todo o procedimento administrativo de controlo de concentrações.* Ou seja, na medida em que a fase I do procedimento continua a ter uma duração máxima de 30 dias e que este prazo poderá ser suspenso pelo número de vezes e pelo período que a AdC considerar necessário, à luz do artigo 34.º, o prazo de duração máxima da fase de investigação aprofundada será composto pela diferença entre o prazo "utilizado" na primeira fase e o limite dos 90 dias.

Este limite, uma vez que passou a ser contado da data de produção de efeitos da notificação, passa a ser o novo prazo máximo de duração de um procedimento de controlo de concentrações em Portugal, que foi assim reduzido de 120 para 90 dias úteis.

Esta conclusão leva-nos a considerar que a redacção do novo n.º 3, do artigo 36.º da Lei da Concorrência, ao prever um limite total de 10 dias para as suspensões do prazo de 90 dias previsto no n.º 1, terá que ser objecto de uma interpretação restritiva, porquanto esse limite será

---

[294] Cfr. p. 5 das Orientações que temos vindo a referir.

apenas aplicável à *parte desses 90 dias que decorra em fase II*, uma vez que, como vimos já, não foi introduzida qualquer limitação às suspensões de prazo decorrentes de pedidos de informação em fase I.

Sem prejuízo do exposto, tem sido justamente a propósito da introdução do referido limite para as suspensões de prazo em fase II que mais se tem discutido a redução da duração do procedimento de controlo de concentrações em Portugal. Apesar de o artigo 36.º, n.º 3 ser muito claro ao determinar que as suspensões para solicitações de informação adicional não podem exceder um *total de 10 dias úteis*, a AdC veio sustentar, nas Orientações Gerais a que se tem feito referência e que têm carácter vinculativo para os respectivos serviços[295], que a norma em causa apenas estipula um *limite máximo de 10 dias úteis para cada pedido de informação*, independentemente do número de solicitações.

A respeito deste entendimento da Autoridade, não poderá deixar de se assinalar que, a nosso ver, viola a letra e o espírito da lei e assenta, de resto, em pressupostos que não parecem encontrar acolhimento no regime de controlo de concentrações português.

Quanto ao primeiro aspecto, mister se torna concluir que onde a lei fala num limite total às suspensões do prazo não quer certamente referir-se a um limite de suspensão por pedido de informação[296]. Esta interpretação da AdC está aliás ao arrepio do objectivo que presidiu à modificação legislativa das normas em causa, que foi, como tivemos já ensejo de sublinhar, o de reduzir os prazos de análise de concentrações, por parte da Autoridade da Concorrência. Este objectivo fica seriamente comprometido pelo entendimento adoptado nas Orientações Gerais da AdC.

Já o segundo aspecto referido parece-nos particularmente merecedor de crítica, uma vez que denota uma intenção clara da AdC de conferir ao mecanismo de suspensão do prazo do procedimento de concentrações um alcance que ele não tem, com o único propósito de procurar contrariar, através de uma interpretação *contra legem* aliás, um regime jurídico que lhe é desfavorável.

---

[295] Cfr. p. 2.

[296] Neste sentido, cfr. artigo 9.º, n.os 2 e 3 do Código Civil.

166 | *O procedimento de controlo das operações de concentração de empresas em Portugal*

Em especial, a AdC considera que o mecanismo da suspensão do prazo é «*não só um instrumento essencial numa fase da discussão do*[s] *compromissos, como para alinhar os incentivos da notificante, que pode beneficiar dum*[a] *aprovação tácita, com a necessidade da Autoridade em fundamentar a decisão*». Considera ainda a Autoridade que a interpretação por si propugnada tem presentes «*os interesses das empresas notificantes e a necessidade de articulação com os reguladores sectoriais*»[297].

Salvo melhor opinião, estes argumentos não podem ser aceites.

A suspensão do prazo de duração do procedimento de controlo de concentrações está prevista na Lei da Concorrência apenas para dois tipos de situações: *(i)* se se revelar necessário o fornecimento de informações ou documentos por parte das entidades notificantes ou a correcção dos que foram fornecidos (artigos 34.º, n.os 2 e 3 e 36.º, n.º 2); e *(ii)* aquando da realização da audiência dos interessados (artigo 38.º, n.º 4).

Em ambas as situações referidas, a suspensão do cômputo do prazo justifica-se como uma forma de a AdC obter das entidades notificantes e dos terceiros interessados toda a informação que seja estritamente necessária para a realização de uma análise cuidada e esclarecida da operação e para a adopção de uma decisão fundamentada, que se baseie exclusivamente em objecções relativamente às quais as partes tenham podido fazer valer a sua defesa.

Para mais, todas as suspensões de prazo que ocorram durante a apreciação de uma concentração são necessariamente desfavoráveis às entidades notificantes, porquanto são contrárias ao objectivo de celeridade do procedimento e, indirectamente, suspendem o benefício que as partes necessariamente retiram de uma decisão de deferimento tácito. Justamente em homenagem a este último aspecto, o artigo 108.º, n.º 4 do CPA determina que os prazos de deferimento tácito apenas se suspendem quando o procedimento estiver parado por motivo imputável ao particular.

Ora, ao contrário do que a AdC parece fazer crer nas passagens das Orientações Gerais acima citadas, não está previsto na Lei da Concorrên-

---

[297] Cfr. p. 5.

As disposições processuais | 167

cia qualquer expediente processual que permita à Autoridade suspender o prazo do procedimento de apreciação só porque este se encontra em fase de discussão de compromissos. Igualmente não está prevista a possibilidade de a AdC suspender o prazo só para solicitar parecer às autoridades reguladoras sectoriais competentes[298], como aliás resulta claro do facto de a própria Autoridade da Concorrência, na sua decisão de 24 de Outubro de 2005, "56/2005 – *NQF Energia / NQF Gás*", n.º 57, ter adoptado a decisão final no procedimento *antes* de ter recebido o parecer da Entidade Reguladora dos Serviços Energéticos.

Assim, o expediente de suspensão do prazo para apreciação de uma concentração está previsto na Lei da Concorrência, e no Direito Administrativo em geral, como um instrumento de natureza excepcional, que se destina apenas a permitir à AdC, nos casos em que tal se mostre necessário, solicitar informação às partes notificantes.

Este expediente não deve ser utilizado como uma forma de a AdC "ganhar tempo" ou prolongar o procedimento a seu favor, mesmo que essa suspensão do prazo pudesse, em si mesma, contribuir para que a Autoridade tivesse mais tempo para preparar e redigir a respectiva decisão. É que a instituição de um regime de deferimento tácito visa precisamente proteger o particular da demora excessiva ou abusiva da actuação da administração, nos casos em que o exercício de um direito por esse particular esteja dependente de autorização de uma autoridade administrativa (artigo 108.º, n.os 1 e 4 do CPA).

Caso a AdC venha efectivamente a implementar o entendimento defendido nas referidas Orientações Gerais, poderá vir a enfrentar a oposição de entidades notificantes que considerem que as respectivas transacções foram aprovadas tacitamente, uma vez decorridos 90 dias úteis sobre o momento da notificação (acrescidos das suspensões a que houver lugar em fase I e de um total de 10 dias úteis de suspensões em fase II).

---

[298] Admitimos, no entanto, que o prazo possa ser suspenso nos casos de pedido de parecer prévio vinculativo à ERC, à luz do artigo 57.º da Lei da Concorrência, pelas razões que explicitaremos no ponto **IV.13.** infra.

14. Os direitos processuais das partes e dos terceiros: em especial, a audiência de interessados

Os princípios da audiência de interessados, do contraditório, da participação e do direito à informação constituem regras essenciais do procedimento administrativo português. O próprio regime comunitário de controlo de concentrações contém importantes referências aos direitos de defesa das partes, assinalando-se disposições como as de que «*a Comissão deve* [dar] *às pessoas, empresas e associações de empresas em causa a oportunidade de se pronunciarem, em todas as fases do processo até à consulta do comité consultivo, sobre as objecções contra elas formuladas*»; de que «*a Comissão deve basear as suas decisões exclusivamente em objecções relativamente às quais as partes tenham podido fazer valer as suas observações*»; de que «[o]*s direitos de defesa são plenamente garantidos durante o processo*»; de que «[p]*elo menos as partes envolvidas têm acesso ao processo, garantindo--se simultaneamente o legítimo interesse das empresas em que os seus segredos comerciais não sejam divulgados*»; ou de que «[c]*aso quaisquer pessoas singulares ou colectivas que comprovem ter um interesse suficiente e, nomeadamente, os membros dos órgãos de administração ou de direcção das empresas em causa ou os representantes devidamente reconhecidos dos trabalhadores dessas empresas solicitem ser ouvidos, será dado deferimento ao respectivo pedido*»[299].

Não temos dúvidas de que todos estes princípios são igualmente válidos no sistema de controlo de concentrações português. Este é, no entanto, um dos temas em que, devido à riqueza de conteúdo do Direito Administrativo nacional, a Lei da Concorrência podia ter ido mais longe do que a redacção do seu artigo 38.º, nem que fosse através de um preâmbulo, cuja falta bem se sente, sobretudo nesta sede.

O artigo 38.º da Lei da Concorrência prevê que a adopção, pela AdC, de uma decisão final no procedimento de controlo de concentrações seja precedida de audiência dos autores da notificação e, caso os

---

[299] Cfr. artigo 18.º do Regulamento das Concentrações Comunitárias. Cfr. ainda os artigos 11.º e seguintes e 17.º e seguintes do Regulamento Comunitário de Execução.

haja, dos contra-interessados, sendo assim considerados aqueles que, no âmbito do procedimento, se tenham manifestado desfavoravelmente quanto à realização da operação de concentração em causa. Como vimos já, a realização da audiência de interessados suspende o cômputo dos prazos de duração das fases I e II do procedimento.

A nosso ver, a maior lacuna do artigo 38.º da Lei da Concorrência reside em, além das entidades notificantes, apenas se prever a obrigatoriedade de audição dos interessados que se tenham manifestado *contra* a realização da operação de concentração em causa (os chamados "contra-interessados"), deixando aparentemente de fora os restantes *terceiros interessados* que, sem se manifestarem contra a realização de determinada operação, sejam titulares de direitos subjectivos ou interesses legalmente protegidos, no âmbito de decisões que sejam adoptadas em procedimentos iniciados pela notificação dessas mesmas operações.

Ora, a posição jurídica destes *terceiros interessados* num procedimento administrativo que lhes diga respeito é claramente tutelada pela CRP (artigo 267.º, n.º 5, *in fine*) e pelas regras gerais do procedimento administrativo português, como resulta do direito de intervenção e do direito de audiência dos interessados, previstos, respectivamente, nos artigos 52.º e 53.º e 100.º e seguintes do CPA.

Assim, entendemos que, além dos autores da notificação e dos contra-interessados, também os terceiros interessados têm o direito de ser ouvidos pela AdC no procedimento de controlo de concentrações, antes de ser adoptada uma decisão final e em qualquer fase de um procedimento que possa ter implicações sobre os respectivos direitos ou interesses legalmente protegidos. A capacidade de intervenção desses terceiros interessados no procedimento tem por base e por medida a capacidade de exercício de direitos segundo a lei civil (cfr. artigo 52.º, n.º 2 do CPA).

Não nos parece assim que a AdC possa recusar o direito de intervenção no procedimento ou de audiência prévia a um particular que possua interesse legítimo no processo, só porque ele não se manifestou desfavoravelmente quanto à realização da operação em causa.

Também não resulta de lado algum, como havíamos já dado nota[300], que um "contra-interessado" para efeitos do artigo 38.º tenha necessa-

---

[300] Cfr. ponto **IV.12.2.** supra.

riamente que ter sido um "terceiro interessado", nos termos do artigo 33.º, pelo que defendemos que um contra-interessado possa assim constituir-se durante qualquer fase do procedimento[301] e gozar dos direitos inerentes a essa qualidade, designadamente o direito de audiência prévia.

Sem prejuízo da posição por nós sustentada em matéria de direito de intervenção e de audição dos terceiros interessados nesse tipo de procedimentos administrativos, é hoje pacífico que «[a] *intervenção do interessado no procedimento em que tenha sido praticado o acto administrativo constitui mera presunção de legitimidade para a sua impugnação*» [artigo 55.º, n.ºs 1, alínea a) e 3 do CPTA].

Nesta medida, independentemente da legalidade da solução adoptada pela Lei da Concorrência e da posição sustentada pela AdC, quanto ao alcance dos direitos conferidos aos terceiros interessados em procedimentos de controlo de concentrações – que é pelo menos discutível –, o facto é que qualquer particular que alegue ser titular de um interesse directo e pessoal (de direito ou de facto) na impugnação de um acto administrativo possui legitimidade processual (*"locus standi"*) para o efeito.

Normalmente, a audiência de interessados a que faz referência o artigo 38.º da Lei da Concorrência é efectuada por escrito, o que faz com que a AdC esteja vinculada a conceder um prazo mínimo legal de 10 (dez) dias úteis para os interessados dizerem o que se lhes oferecer (artigo 101.º, n.º 1 do CPA). A prorrogação do prazo para a audiência escrita só terá lugar quando for apresentada justificação atendível perante a Autoridade, que decidirá livremente[302].

À semelhança do que ocorre no plano comunitário[303], parece-nos que a AdC não estará obrigada a tomar em consideração observações recebidas após o termo do prazo que tiver fixado, não obstante tal ter já ocorrido[304].

---

[301] Como aliás resulta da letra do n.º 3, do artigo 38.º, ao qualificar como "contra-interessados" aqueles que se tenham manifestado contra a realização da operação de concentração, «*no âmbito do procedimento*» (sublinhado nosso).

[302] Cfr. processo "17/2005 – *Controlinveste / Lusomundo Serviços*", n.ºs 328 e segs.

[303] Cfr. artigo 13.º, n.º 2, § 5 do Regulamento Comunitário de Execução.

[304] Cfr. processo "47/2003 – *PPTV / PT Conteúdos / Sport TV*", n.º 122.

Em todo o caso, parece-nos que a AdC deve, na decisão final que põe termo ao procedimento, fazer referência aos argumentos aduzidos pelas entidades notificantes e pelos interessados na audiência prévia, bem como às razões que conduzem à refutação e/ou aceitação desses mesmos argumentos[305].

O artigo 38.º, n.º 2 da Lei da Concorrência dispõe que, nas decisões de não oposição a uma concentração, quando não acompanhadas da imposição de condições ou obrigações, a AdC pode dispensar a audiência dos autores da notificação, o que se compreende uma vez que se trata de uma decisão de sentido favorável aos mesmos[306]. Entendemos que nestes casos, porém, é obrigatória a audição dos restantes interessados exactamente pelo motivo inverso.

Um pouco à margem da letra da Lei da Concorrência mas em consentaneidade com a boa interpretação do disposto nos artigos 100.º e 103.º do CPA, a AdC parece ter vindo a construir, a nosso ver bem, a obrigatoriedade de audição dos interessados sempre que alguma das partes sustente uma determinada posição a respeito de um aspecto importante do procedimento e a Autoridade alcance conclusão diferente. Aconteceu assim no caso de uma operação de concentração que a AdC decidiu estar sujeita a notificação prévia, contra a opinião da entidade notificante[307]; no caso de uma concentração que a AdC declarou não estar sujeita a notificação prévia, em contraste com a posição globalmente sustentada pelo contra-interessado no processo[308]; no caso da qualificação de um mercado como relevante para efeitos da apreciação da transacção e da restrição geográfica de uma obrigação acessória de não concorrência[309]; bem como num caso em que a posição da AdC quanto à natureza do controlo resultante da operação de concentração diferia daquela que havia sido sustentada pelas empresas notificantes[310].

---

[305] É o que resulta do princípio da fundamentação das decisões administrativas (artigo 124.º CPA).

[306] Neste sentido, artigo 103.º, n.º 2, alínea b) do CPA.

[307] Cfr. processo "46/2006 – *Recordati / Jaba*", n.º 80.

[308] Cfr. processo "39/2006 – *Manuel Fino / Soares da Costa*", n.os 80 e 82.

[309] Cfr. processo "31/2007 – *Mota Engil / Multiterminal*", n.os 92 e 93.

[310] Cfr. processo "21/2007 – *SAG Gest / Alfredo Bastos / NEWCO*", n.º 90.

Um último aspecto que poderá ter interesse referir, sobretudo pela sua importância prática para todos quantos trabalham com estas matérias, tem que ver com a crescente exigência e preocupação da AdC com as versões não confidenciais dos vários documentos disponibilizados pelos autores da notificação e pelos contra-interessados no decorrer de um procedimento administrativo de controlo de concentrações. A título de exemplo, constata-se que quer as entidades notificantes quer os contra-interessados são crescentemente solicitados pela Autoridade a fornecer intervalos indicativos para dados de mercado referentes a volumes de negócio, quotas de mercado, índices de concentração, preços praticados, etc., aspecto que se reputa essencial para o exercício dos direitos de defesa das partes intervenientes no processo[311].

Como contraponto desta exigência, parece-nos útil que também a própria Autoridade procure manter, através do seu sítio internet, um registo tão fidedigno e actual quanto possível das versões públicas de todas as decisões adoptadas em matéria de controlo de concentrações, preferencialmente com um resumo em versão inglesa dos aspectos essenciais da transacção notificada[312].

---

[311] No processo "03/2004 – *Lusomundo / Ocasião e Anuncipress*", esta questão foi suscitada pela Sonaecom, que, tendo-se constituído como contra-interessada e tendo sido notificada para a audiência de interessados, invocou a insuficiência da notificação, alegando que lhe seria impossível tomar posição sobre as conclusões provisórias da AdC, «*na falta de indicação de valores aproximados das quotas de mercado das empresas envolvidas e da sua evolução em consequência da operação de concentração projectada. Com efeito, sendo embora natural a não divulgação de valores concretos, já é exigível a indicação de um intervalo na casa dos 10 a 20 pontos percentuais*» (cfr. n.º 153 da decisão). A AdC não respondeu directamente à questão colocada (cfr. n.os 174-193 da decisão).

[312] A título exemplificativo, refira-se que, das três operações de concentração proibidas pela AdC até hoje, apenas se encontra disponível publicamente a decisão relativa a uma delas.

15. Articulação das competências com as autoridades reguladoras sectoriais

Além de uma ampla cooperação em matérias de Direito da Concorrência e projectos de interesse comum, importa sobretudo assinalar neste ponto que a AdC e as autoridades reguladoras sectoriais colaboram no âmbito dos procedimentos de concentrações que tenham incidência em mercados regulados[313]. O artigo 39.º da Lei da Concorrência prevê que «[s]empre que uma operação de concentração de empresas tenha incidência num mercado objecto de regulação sectorial, a Autoridade da Concorrência, antes de adoptar uma decisão ao abrigo do n.º 1 do artigo 35.º ou do n.º 1 do artigo 37.º, consoante os casos, solicita que a respectiva autoridade reguladora se pronuncie, num prazo razoável fixado pela Autoridade»[314].

A respeito da qualificação de uma entidade como reguladora sectorial para efeitos desta norma, poderemos socorrer-nos do elenco exemplificativo que consta do artigo 6.º, n.º 4 do Decreto-Lei n.º 10/2003, ainda que daí não conste qualquer definição do que se deve entender por "autoridade reguladora sectorial" e que muitas outras entidades devam também ser qualificadas como tal. A título de exemplo e recorrendo à prática decisória da AdC, é possível constatar que, de entre as entidades não identificadas no artigo 6.º do Decreto-Lei n.º 10/2003, foram consideradas autoridades reguladoras sectoriais para efeitos do artigo 39.º da Lei da Concorrência, pelo menos, a Entidade Reguladora da Saúde[315], o Instituto Portuário e dos Transportes Marítimos[316] e a ERC[317].

---

[313] Cfr. também o que sobre este ponto se disse em **II.2.** supra.

[314] No processo "17/2004 – *Semapa / Portucel*", n.os 38-41, houve uma consulta, *rectius*, pedido de esclarecimento da AdC à CMVM quanto à possibilidade de controlo, numa fase anterior à notificação em causa, da Portucel pela Semapa, sem que, no entanto, a referida consulta seja enquadrável no artigo 39.º da Lei da Concorrência. Este tipo de iniciativa encontra porventura acolhimento no quadro de uma colaboração mais ampla entre a AdC e as autoridades públicas, como a que está prevista nos n.os 1 a 3, do artigo 6.º do Decreto-Lei n.º 10/2003 e no artigo 9.º dos Estatutos da Autoridade, anexos a esse diploma.

[315] Cfr. processo "04/2006 – *ES Saúde / Hospor*", n.º 3.

[316] Cfr. processo "52/2006 – *Mota-Engil / R.L.*", n.os 136-138.

[317] Cfr. processo "54/2006 – *Prisa / Media Capital*", n.os 80 e 81. Também a antecessora da ERC, a Alta Autoridade para a Comunicação Social, tinha já sido

Sublinhamos, aliás, que o único caso, em sede de controlo de concentrações nacionais, em que o parecer prévio de uma autoridade reguladora sectorial tem *carácter vinculativo* para a AdC é o da ERC, que, no entanto, apenas deverá emitir parecer negativo quando a operação de concentração em causa colocar comprovadamente em causa a livre expressão e o confronto das diversas correntes de opinião[318].

A nosso ver, o regime especial de parecer prévio que vigora quanto às operações de concentração em que participem empresas jornalísticas ou noticiosas tem também implicações ao nível do *decurso do prazo de análise* de que dispõe a AdC em procedimentos relativos a operações dessa natureza.

Assim, defendemos que, nos casos em que a ERC seja chamada a emitir parecer prévio obrigatório e vinculativo, ao abrigo dos artigos 39.º e 57.º da Lei da Concorrência, a AdC deve dispor da possibilidade de suspender o prazo de decurso do procedimento administrativo em causa na pendência do parecer da ERC, se tal se revelar necessário para, por um lado, salvaguardar o respeito pela natureza vinculativa do referido parecer e, por outro, evitar que se opere a formação de uma decisão de deferimento tácito pela AdC, que poderia ser ilegal se a ERC viesse mais tarde a adoptar parecer negativo quanto à realização da operação em causa. Este é também o entendimento que resulta da decisão da Autoridade no processo "47/2003 – *PPTV / PT Conteúdos / Sport TV*", n.º 128.

De resto, esta parece ser a única solução que permite conferir efeito útil à norma do n.º 2, do artigo 39.º da Lei da Concorrência, que determina que «[o] *disposto no número anterior não prejudica o exercí-*

---

chamada a pronunciar-se, ao abrigo do artigo 39.º da Lei da Concorrência, nos processos "47/2003 – *PPTV / PT Conteúdos / Sport TV*", n.os 101-104, e "17/2005 – *Controlinveste / Lusomundo Serviços*", n.os 4 e 311-313.

[318] Cfr. artigo 57.º da Lei da Concorrência, que alterou a redacção do n.º 4, do artigo 4.º da Lei n.º 2/99, de 13 de Janeiro (Lei de Imprensa); artigo 4.º, n.º 2 da Lei n.º 32/2003, de 22 de Agosto (Lei da Televisão), norma cuja vigência foi expressamente ressalvada pelo artigo 98.º, n.º 2 da Lei n.º 27/2007, de 30 de Julho (nova Lei da Televisão); artigo 7.º, n.º 2 da Lei n.º 4/2001, de 23 de Fevereiro (Lei da Rádio); e artigos 8.º, alíneas b) e g) e 24.º, n.º 3, alíneas o) e p) da Lei n.º 53/2005, de 8 de Novembro (que criou a ERC, extinguindo a Alta Autoridade para a Comunicação Social).

cio pelas autoridades reguladoras sectoriais dos poderes que, no quadro das suas atribuições específicas, lhes sejam legalmente conferidos relativamente à operação de concentração em causa». No mesmo sentido, o artigo 6.º, n.º 1 do Decreto-Lei n.º 10/2003 dispõe que «[a]*s atribuições cometidas à Autoridade pelos Estatutos anexos ao presente diploma são por aquela desempenhadas sem prejuízo do respeito pelo quadro normativo aplicável às entidades reguladoras sectoriais».*

Fora destas situações, entendemos que nos restantes casos de parecer prévio não vinculativo solicitado ao abrigo do artigo 39.º da Lei da Concorrência, não existe base legal para a AdC suspender o prazo do procedimento de apreciação na pendência do parecer da entidade sectorial, opinião que encontra igualmente acolhimento no processo "56/2005 – *NQF Energia / NQF Gás*", n.º 57, tal como referido acima, em que a AdC emitiu a sua decisão *depois* de ter solicitado parecer ao regulador energético mas ainda *antes* de este se ter pronunciado[319].

O entendimento referido está ainda em consonância com a letra do artigo 39.º, n.º 1 da Lei da Concorrência, que apenas determina a obrigação de a AdC, antes de adoptar uma decisão final, *solicitar* – e não *aguardar* – que a respectiva autoridade reguladora se pronuncie, o que bem se compreende, pois a Autoridade encontra-se sujeita a prazos legais estritos para a emissão da sua decisão, sob pena de deferimento tácito.

Um outro aspecto de regime importante na interpretação da referida norma tem que ver com o *momento* em que a solicitação do pedido de parecer deve ser feita pela AdC. A este propósito, o artigo 39.º, n.º 1 faz uma distinção não inocente entre a obrigatoriedade de consulta ao regulador sectorial «*antes de* [a AdC] *tomar uma decisão ao abrigo do n.º 1 do artigo 35.º ou do n.º 1 do artigo 37.º, consoante os casos*» (sublinhados nossos).

A redacção dessa norma deve, em nossa opinião, comportar a seguinte interpretação:

(i) nos casos em que a AdC adopte uma *decisão final sobre o fundo em fase I* [opções referidas nas alíneas a) e b), do n.º 1,

---

[319] Situação idêntica parece ter ocorrido na decisão "48/2005 – *AXA / Seguro Directo Gere*", n.º 5.

do artigo 35.º], ela está obrigada a solicitar parecer às autoridades sectoriais em momento anterior à tomada da decisão que põe fim ao procedimento;

(ii) nos casos em que a AdC decida, no termo da fase I e ao abrigo da alínea c), do n.º 1, do artigo 35.º, dar início à *fase de investigação aprofundada*, a Autoridade não está obrigada a consultar os reguladores sectoriais durante a fase I do procedimento, uma vez que o artigo 39.º, n.º 1 coloca o momento da exigência da consulta, *de forma alternativa*, antes da adopção de uma decisão final em fase I *ou*, se se avançar para a fase II, antes da adopção de uma decisão final na fase de investigação aprofundada;

(iii) no entanto, nos casos em que a AdC tenha iniciado a fase II do procedimento, ela está *sempre obrigada* a solicitar parecer às autoridades reguladoras antes de tomar uma decisão final nos termos do artigo 37.º, *independentemente de ter já ou não solicitado parecer às entidades sectoriais durante a fase I*. A consulta em fase I é, nos casos de abertura de investigação aprofundada, uma mera *faculdade* da AdC e não uma *obrigação*, já que a verdadeira obrigação só se considera cumprida quando, naqueles casos, os reguladores sectoriais sejam chamados a pronunciar-se antes da adopção de uma decisão ao abrigo do artigo 37.º.

A circunstância de o artigo 39.º, n.º 1 exigir a formulação da consulta em dois momentos procedimentais distintos, consoante a fase do procedimento em que a AdC adopte a sua decisão final, não parece deixar margem para interpretação diversa.

Por outro lado, o facto de esta norma exigir que as autoridades reguladoras sectoriais sejam chamadas a pronunciar-se em momento *anterior à decisão da AdC* que põe fim ao procedimento e não, por exemplo, em momento imediatamente subsequente à notificação da concentração, só se pode explicar pela intenção do legislador de que as autoridades reguladoras estejam em condições de dar o seu parecer numa fase adequada e útil do procedimento e numa altura em que a própria AdC esteja em condições de transmitir às entidades sectoriais um conjunto de informação e de documentação que contribua para um parecer esclarecido e bem fundamentado. Ora, se nos casos de procedimentos sujeitos a abertura de fase II, a obrigação prevista no artigo 39.º, n.º 1 se considerasse satisfeita com a mera consulta em fase I, o objectivo referido seria, o mais das vezes, gorado[320].

Uma outra questão que releva da articulação entre a AdC e as autoridades reguladoras sectoriais em matéria de controlo de concentrações diz respeito ao *alcance* da intervenção do regulador sectorial no contexto específico de um processo de notificação em curso. O artigo 39.º da Lei da Concorrência não fornece de facto "pistas" quanto a aspectos essenciais dessa intervenção como, por exemplo, qual o tipo de documentação que a AdC deve transmitir ao regulador sectorial, para este emitir o seu parecer; como se processa nesses casos a reserva de confidencialidade que vincula a AdC quanto aos documentos que constam do processo e em que termos essa reserva vincula também o regulador sectorial; ou em que condições pode o regulador sectorial endereçar questões suplementares à AdC ou à própria entidade notificante e qual o tipo de informação suplementar que deve ser disponibilizada.

Estas são questões que não têm naturalmente de estar previstas no próprio texto da Lei da Concorrência mas em relação às quais é importante existirem orientações claras. O Relatório do Tribunal de Contas n.º 7/2007, de Fevereiro de 2007, que apresenta as conclusões da Auditoria à Regulação na Área da Concorrência, refere, neste particular, que a eventual aprovação de uma Lei-quadro para as entidades administrativas independentes, ao concorrer para uma harmonização das soluções institucionais aplicáveis aos reguladores sectoriais, contribuiria para facilitar a articulação destes com a AdC [321].

No intuito de prever eventuais conflitos e garantir uma articulação, atempada e eficaz, com os reguladores sectoriais, a AdC tem vindo a

---

[320] Parece também ter sido este o entendimento da AdC no processo "08/2006 – *Sonae / PT*", ao ter solicitado a intervenção do regulador sectorial competente (ICP – Autoridade Nacional de Comunicações) por três vezes ao longo do procedimento.

[321] Cfr. pp. 12 e 47. A este respeito cfr. nota 12 supra.

celebrar com estes protocolos de cooperação que identifiquem com clareza o âmbito de actuação respectiva e que estabeleçam os mecanismos procedimentais necessários à concretização de tal articulação. Esses protocolos de cooperação cobrem vários objectivos essenciais, entre os quais o de criar regras que definam de forma clara e previsível, para ambas as partes, o respectivo modo de intervenção, os circuitos de informação e respectivos prazos e agentes, bem como o tratamento a dar à informação confidencial[322].

Esta é uma iniciativa que naturalmente se aplaude, lamentando-se apenas que de alguns desses protocolos de cooperação e respectivo teor não seja dada devida nota nas sedes próprias[323].

16. O incumprimento das disposições sobre controlo de concentrações

As consequências decorrentes do não cumprimento de disposições que regulam o procedimento de controlo de concentrações estão essencialmente previstas nos artigos 40.º a 48.º da Lei da Concorrência, sem prejuízo da relevância de outras disposições da mesma Lei[324].

Os eventos que desencadeiam a aplicação dessas normas são *(i)* a falta de notificação de uma concentração sujeita a notificação prévia nos

---

[322] Neste sentido, cfr. Relatório do Tribunal de Contas referido na nota 12, p. 47.

[323] O único acordo de cooperação desta natureza de que temos conhecimento é o celebrado, em Julho de 2003, entre a AdC e o ICP-ANACOM, cujo texto deixou de estar disponível no sítio internet da AdC, mas que poderá ser consultado em .http://www.anacom.pt/streaming/ACORDO.pdf?contentId=132088&field=ATTACHED_FILE. Por oposição, encontra-se acessível no sítio internet da Autoridade, extensa informação sobre protocolos de cooperação celebrados entre a AdC e diversas Universidades e Institutos Superiores (portugueses e não só), o Tribunal de Contas, o Centro de Estudos Judiciários e diversas autoridades de concorrência europeias e internacionais.

[324] Cfr. *e.g.* o artigo 11.º, n.º 2, que tivemos ensejo de analisar no ponto **IV.11.** supra. Poderá ainda considerar-se que a decisão tácita de não oposição a uma operação de concentração é também ela uma consequência do não cumprimento, pela AdC, das normas que estabelecem os prazos de decurso do procedimento de apreciação de uma concentração (cfr. artigos 35.º, n.º 4 e 37.º, n.º 3).

termos do artigo 9.º, normalmente acompanhada da execução dessa mesma concentração, numa altura em que os seus efeitos deveriam estar suspensos[325]; *(ii)* a não prestação ou a prestação falsa, inexacta ou incompleta de informações no decorrer do procedimento de apreciação de uma concentração; e *(iii)* o incumprimento de decisões adoptadas ou condições impostas pela AdC a respeito de uma determinada operação de concentração.

Sem prejuízo da eventual responsabilidade criminal e/ou administrativa a que as referidas infracções possam dar lugar à luz de legislação própria, sublinha-se que, no estádio actual do Direito da Concorrência nacional e comunitário, todos os ilícitos de natureza jusconcorrencial – mesmo aqueles que implicam a violação de regras de *antitrust*, como as previstas nos artigos 4.º, 6.º e 7.º da Lei da Concorrência – "apenas" consubstanciam contra-ordenações puníveis com coimas e outro tipo de sanções acessórias (artigo 42.º). Não existe, portanto, qualquer sanção de natureza criminal para estes casos.

16.1. *Consequências da falta de notificação e da implementação da concentração não notificada*

Os casos de *mera* falta de notificação de uma concentração sujeita a notificação prévia e os de *execução* de uma concentração não notificada recebem tratamento quase idêntico na Lei da Concorrência[326], à excepção da medida da coima passível de aplicação, como veremos mais adiante.

A primeira medida de reacção ao dispor da AdC, nesses casos, consiste na possibilidade de a Autoridade iniciar um *procedimento oficioso*, notificando as empresas inadimplentes para procederem à noti-

---

[325] Por força do artigo 11.º, n.º 1.

[326] A par das duas situações referidas em texto existe ainda um *tertium genus*, constituído pelos casos de operações de concentração *notificadas* que são *executadas* antes da adopção de uma decisão pela AdC. Estas situações foram analisadas, no essencial, no ponto **IV.11.** supra.

ficação da operação nos termos previstos na Lei da Concorrência, num prazo razoável fixado pela Autoridade [artigo 40.º, n.ºs 1, alínea a) e 2][327].

Habitualmente, a "notificação para cumprimento" a que faz referência o artigo 40.º é antecedida por uma outra, em que a Autoridade – ao abrigo dos seus *poderes de supervisão*, previstos nos artigos 17.º e 18.º da Lei da Concorrência e 7.º, n.º 3, alínea c) dos respectivos Estatutos – solicita às supostas entidades infractoras que lhe enviem informação e documentação que permita avaliar se a operação de concentração em causa estará efectivamente sujeita a notificação prévia.

O nosso entendimento é o de que este pedido de informações prévio não é ainda um acto adoptado ao abrigo do artigo 40.º, n.º 2, uma vez que se trata, como já se referiu, de um acto adoptado ao abrigo dos poderes de supervisão da Autoridade e que a abertura de um procedimento oficioso tem que ser determinada por decisão do Conselho da AdC, nos termos do artigo 17.º, n.ºs 1, alínea b) e 3 dos respectivos Estatutos. Ou seja, defendemos que uma operação de concentração que seja notificada *após* a recepção do referido pedido de informações mas *antes* da recepção da "notificação para cumprimento" prevista no artigo 40.º, n.º 2 *não se encontra abrangida pelo regime do procedimento oficioso*, o que tem consequências práticas muito importantes, tendo em conta o regime a que ficam sujeitas as notificações efectuadas nesse âmbito, como veremos de seguida.

A abertura de um procedimento oficioso por parte da AdC, nos termos do artigo 40.º, n.º 1, alínea a), comporta algumas consequências gravosas para a entidade notificante em falta.

Desde logo, existe a possibilidade de aplicação de diversos tipos de *sanções pecuniárias*. Além da eventual imposição de uma coima, que,

---

[327] Até ao momento e segundo a informação publicamente disponível, foram notificadas ao abrigo de procedimentos oficiosos, pelo menos, as seguintes operações de concentração: "1/2003 – *RTP / Porto TV*", operação que a AdC veio a constatar não estar sujeita à obrigação de notificação prévia (decisão não disponível); "80/2005 – *Farmindústria / JMP II / Alliance Santé / Alliance Unichem*", operação formalizada em 28.06.2005 e notificada à AdC em 23.12.2005 e "13/2006 – *ANA / Portway*", operação formalizada em 17.01.2006 e notificada à AdC em 24.03.2006.

por ser independente da abertura de um procedimento oficioso, será tratada mais adiante, a AdC pode fazer acompanhar a sua decisão de abertura de um procedimento oficioso da aplicação de uma sanção pecuniária compulsória, num montante que não excederá 5% da média diária do volume de negócios da empresa faltosa no último ano, por cada dia de atraso, nos termos do artigo 46.º, alínea b), *ex vi* da parte final, do n.º 2, do artigo 40.º da Lei da Concorrência.

Um outro tipo de sanção pecuniária a registar, desta feita que resulta inevitavelmente da instauração de um procedimento oficioso, consiste na circunstância de a taxa de notificação devida nestes casos pelas notificantes ser elevada para o dobro da taxa base respectiva, nos termos do n.º 3 do Regulamento n.º 1/E/2003 do Conselho da Concorrência, que fixa as taxas devidas pela notificação de operações de concentração de empresas[328].

A par da possibilidade de aplicação das sanções pecuniárias referidas, a instauração de um procedimento oficioso de notificação acarreta ainda importantes consequências ao nível do regime de apreciação de uma concentração assim notificada, às quais poderemos chamar "sanções procedimentais".

Assim, nas notificações efectuadas em resultado da instauração de um procedimento oficioso, a AdC não está submetida aos prazos fixados nos artigos 32.º a 37.º da Lei da Concorrência[329], a saber: *(i)* prazo de 7 dias úteis para convidar as entidades notificantes a completar ou

---

[328] O montante da taxa base devida pela notificação de uma operação de concentração à AdC varia em função do volume de negócios realizado em Portugal, no último exercício, pelo conjunto das empresas participantes na concentração: esse montante é de € 7.500, quando o volume de negócios seja inferior ou igual a € 150.000.000; de € 15.000 quando o volume de negócios seja superior a € 150.000.000 e inferior ou igual a € 300.000.000; e de € 25.000 quando o volume de negócios seja superior a € 300.000.000.

[329] Cfr. artigo 40.º, n.º 3. A remissão operada por esta norma não abrange – propositadamente, julgamos – o artigo 38.º da Lei da Concorrência, relativo à audiência dos interessados, uma vez que nesta norma não se prevêem expressamente os prazos a que a AdC se encontra adstrita nesse âmbito, aplicando-se assim os prazos previstos nos artigos 101.º e 102.º do CPA, conforme se deu conta no ponto **IV.14.** supra.

corrigir a notificação, para que esta possa começar a produzir efeitos; *(ii)* prazo de 5 dias úteis para promover a publicação, em dois jornais de referência nacional, dos elementos essenciais da notificação e prazo mínimo de 10 dias úteis para a apresentação de observações por parte de eventuais terceiros interessados; *(iii)* prazo de 30 dias úteis para completar a fase I do procedimento; e *(iv)* prazo de 90 dias úteis, contados da data da notificação, para completar a fase II do procedimento, acrescido de um total de 10 dias úteis de suspensões durante a fase II[330].

Na ausência de indicação expressa na Lei da Concorrência sobre quais os prazos a que a AdC se encontra sujeita na prática dos actos acima referidos quando estejamos perante um procedimento oficioso de notificação, terão de aplicar-se as regras gerais do CPA, por força das remissões operadas pelos artigos 20.º e 30.º da Lei da Concorrência. Assim sendo, defendemos que:

(i) a AdC deve dispor de um *prazo de 10 dias úteis* para praticar os actos referidos no ponto *(i)* e na primeira parte do ponto *(ii)* supra (artigo 71.º, n.º 1 do CPA);

(ii) os interessados devem também dispor de um *prazo de 10 dias úteis* para apresentar as observações a que faz referência a parte final do ponto *(ii)* supra (artigo 71.º, n.º 2 do CPA);

(iii) a AdC deve dispor de um *prazo de 90 dias úteis* em cada uma das fases (I e II) do procedimento [pontos *(iii)* e *(iv)* supra], por ser este o prazo geral do deferimento tácito no Direito Administrativo português (artigo 108.º, n.º 2 do CPA). Este prazo poderá ser *suspenso* sempre que se revelar necessário o fornecimento de informações ou documentos adicionais ou a correcção dos que foram fornecidos e sempre que o procedimento estiver parado por motivo imputável ao particular (interpretação conforme ao artigo 108.º, n.º 4 do CPA).

---

[330] Para maior detalhe sobre a problemática respeitante à contagem deste último prazo é importante tomar em consideração o ponto **IV.13.** supra.

As disposições processuais | 183

Chegados a este ponto, importa assinalar que, a par da possibilidade de abertura de um procedimento oficioso, nos termos do artigo 40.º, a Lei da Concorrência prevê um segundo tipo de sanção para os casos de *mera* falta de notificação de uma operação de concentração sujeita a notificação prévia e de *execução* de uma concentração não notificada, que consiste na possibilidade de *aplicação de coimas*, sendo que é nesta sede que se regista a maior diferença de tratamento entre os dois tipos de situação. Na verdade, a medida da coima passível de aplicação é bem mais gravosa neste último caso do que no primeiro, já que a *realização* de uma operação de concentração que se encontre suspensa é punível com coima que pode ascender a 10% do volume de negócios realizado, no último ano, por cada uma das empresas partes na infracção [artigo 43.º, n.º 1, alínea b), primeira parte], ao passo que a *mera* falta de notificação "apenas" é punível com coima até 1% do volume de negócios [artigo 43.º, n.º 3, alínea a)][331].

Sublinhe-se que a circunstância de uma notificação ser apresentada tardiamente pelas empresas em causa, ao abrigo de um procedimento oficioso, não prejudica a eventual instauração de um procedimento de contra-ordenação pela AdC, pelo que não isenta as empresas faltosas da sujeição a uma possível coima[332].

---

[331] Até ao momento, são conhecidos pelo menos os seguintes casos, ocorridos em 2003 e 2004, de aplicação de coimas por não notificação de uma operação de concentração: à SECIL Betões e Inertes (SGPS), S.A., no montante de € 75.000, à Edinfor – Sistemas Informáticos, S.A. e outros, no montante global de € 19.000, à PT Multimédia – Serviços de Telecomunicações e Multimédia, SGPS, S.A., no montante de € 20.000, à Arriva – Transportes da Margem Sul, S.A., no montante de € 75.000 e à J. C. Decaux, no montante de € 25.000. Há ainda notícia de, em 2004, a AdC ter arquivado um processo de contra-ordenação por não notificação contra a RTP – Radiotelevisão Portuguesa, S.A. Curiosamente, estas decisões são referentes à violação do anterior regime da concorrência, aprovado pelo Decreto-Lei n.º 371/93, de 29 de Outubro. Informação disponível em http://www.autoridadedaconcorrencia.pt/proc_dec/ nao_notifica.asp e em http://www.autorida dedaconcorrencia.pt/Download/tribunal_pt.pdf e Relatórios de Actividades da AdC de 2003, Anexo II, e de 2004, Anexo III.

[332] Neste sentido, cfr. processos "03/2007 – *OPCA / Aleluia Cerâmica*", n.º 12; "04/2007 – *OPCA / Edifer / Gestisôr e Promorail*", n.º 18; e "05/2007 – *OPCA / Pavicentro*", n.º 21.

O artigo 43.º não especifica qual o "volume de negócios" por referência ao qual são calculadas as coimas aí previstas. No entanto, não poderá deixar de se fazer uma interpretação sistemática da norma em questão, o que leva a que essa noção deva coincidir com aqueloutra que consta do n.º 3, do artigo 10.º da Lei da Concorrência, compreendendo assim os valores dos produtos vendidos e/ou dos serviços prestados a empresas e consumidores em *território português*. Esta parece-nos ser também a solução que melhor se coaduna com o princípio da territorialidade, constante do n.º 2, do artigo 1.º da Lei da Concorrência. No mesmo sentido vai ainda o Regulamento n.º 1/E/2003 do Conselho da AdC, que estabelece as taxas devidas pela notificação de operações de concentração, cujos montantes variam em função do volume de negócios realizado em Portugal pelo conjunto das empresas participantes na concentração, sendo que o volume de negócios assim calculado se justifica por ser um indicador de inegável relevância do poder de mercado das partes e da complexidade da apreciação das operações de concentração em causa (parágrafos 4 e 7 dos considerandos do Regulamento).

Sem prejuízo da posição exposta, não existe prática decisória suficiente da AdC que permita concluir se é efectivamente este o seu entendimento. A ausência de precedentes neste domínio explica-se também pela circunstância de serem muito poucos, até ao momento, os casos de aplicação de coimas pela Autoridade em sede de controlo de concentrações[333].

Por sua vez, em sede de práticas restritivas da concorrência, os tribunais nacionais tiveram já ensejo de clarificar alguns aspectos significativos a respeito do volume de negócios relevante para efeitos de aplicação de coimas ao abrigo do artigo 43.º da Lei da Concorrência, os quais deverão ser tidos em conta no domínio dos procedimentos de controlo de concentrações.

Salienta-se, em especial, a jurisprudência firmada pelo Tribunal da Relação de Lisboa, em acórdão de 7 de Novembro de 2007, segundo a

---

[333] Cfr. nota 331.

qual o "volume de negócios no último ano" «*tem que corresponder àquele em que cessou a prática ilícita*»[334].

Já sobre a questão de saber se o volume de negócios a considerar para estes efeitos se reporta apenas ao mercado relevante onde ocorre a infracção, ou se abrange o volume de negócios total realizado pela empresa em causa, o Tribunal da Relação esclarece, no processo referido, que «*ele só se pode reportar ao volume total de negócios da empresa porque é essa a única realidade em que pode assentar o pretendido efeito dissuasor da sanção. Dito de outro modo. A prevenção geral que o estabelecimento de um tal limite máximo da coima pretende alcançar desvanecer-se-ia por completo se se atendesse apenas a um sector da actividade da empresa*».

Um outro conceito cuja interpretação se pode prestar a equívocos é o de "empresas partes na infracção". Na verdade, importa ter presente que o artigo 43.º regula a possibilidade de aplicação de coimas em consequência de diversos tipos de infracção à Lei da Concorrência: além das infracções às regras sobre controlo de concentrações, estão também previstas coimas por violação das regras relativas a práticas proibidas e, mais em geral, relativas à não colaboração com a Autoridade ou obstrução ao exercício por esta dos seus poderes sancionatórios ou de supervisão. Assim sendo, era forçoso que o epílogo dos n.ºs 1 e 3, do artigo 43.º utilizasse uma expressão que fosse neutra e que pudesse abranger todos estes conjuntos de situações.

Nesta medida, entendemos que, numa situação de não notificação de uma concentração sujeita a notificação prévia ou de execução de uma concentração não notificada, o conceito de "empresas partes na infracção" deve ser interpretado como referindo-se, em princípio, às entidades sobre as quais recai a obrigação de apresentação da notificação em falta, nos termos dos artigos 8.º, n.º 1 e 31.º, n.º 1 da Lei da Concorrência e do ponto A) do Regulamento n.º 2/E/2003 do Conselho da AdC[335], a

---

[334] Processo "7251/2007-3", *Companhia Portuguesa de Sal Higienizado, S.A. e outros*, disponível em www.dgsi.pt.

[335] Cfr. o Regulamento referido supra no texto principal com referência à nota 119.

menos que a AdC comprove que outras empresas participantes na transacção contribuíram também para essa omissão e que podem assim ser consideradas "partes na infracção".

Finalmente, quanto aos critérios de determinação da medida da coima em situações como as referidas, o artigo 44.º da Lei da Concorrência identifica algumas das circunstâncias genéricas que deverão ser tidas em conta, designadamente, a gravidade e duração da infracção, a eventual existência de vantagens decorrentes da infracção, a colaboração prestada à Autoridade e a disposição em corrigir a situação de incumprimento. A prática decisória da Comissão poderá, neste particular, fornecer indícios importantes quanto a circunstâncias atenuantes ou agravantes que devam ser tomadas em consideração em casos como os que temos vindo a tratar[336].

16.2. *Consequências da não prestação ou da prestação incorrecta de informações*

A não prestação ou a prestação falsa, inexacta ou incompleta de informações à AdC por parte das empresas participantes numa operação de concentração pode ter diversas consequências, dependendo da fase do procedimento em que nos encontrarmos.

Assim, se tal resultar da análise dos elementos constantes do texto da notificação, o mais provável é que esta seja declarada incompleta pela Autoridade e, nessa medida, só comece a produzir efeitos na data da recepção, pela AdC, das informações ou documentos em falta ou da sua rectificação (cfr. artigo 32.º da Lei da Concorrência). A Autoridade pode, no entanto, dispensar a apresentação de determinadas informações ou documentos, caso não se revelem necessários para a apreciação da concentração em causa[337].

---

[336] A título de exemplo, cfr. decisões da Comissão, de 18.02.1998, processo "IV/ M.920 – *Samsung / AST*", e de 10.02.1999, processo "IV/M.969 – *A. P. Möller*". Decisões disponíveis em http://ec.europa.eu/comm/competition/mergers/cases/#by_case_ number.

[337] Cfr. artigo 32.º da Lei da Concorrência. Tal como referimos atrás, no formulário estão assinaladas a itálico as informações cujo fornecimento não é obriga-

Por seu turno, se a não prestação ou a prestação incorrecta de informações tiver lugar na sequência de um pedido de informações efectuado pela AdC na pendência do respectivo procedimento administrativo de apreciação, tal facto implicará, o mais das vezes, que o prazo de instrução ou de investigação aprofundada esteja suspenso até à recepção, pela Autoridade, dos elementos solicitados[338]. Resulta ainda da Lei da Concorrência (designadamente, do n.º 2, do seu artigo 34.º) que também nesta sede poderá a AdC dispensar a apresentação de informações ou documentos que não se revelem essenciais para a apreciação da concentração em causa[339]. Por outro lado e embora tal não resulte expressamente da letra da lei, parece-nos que, em homenagem ao princípio da boa colaboração entre a Administração e os particulares, a AdC deverá, sempre que possível, optar por pedidos de elementos "informais", que não suspendam o decurso do prazo.

Ainda na pendência do procedimento administrativo de controlo de concentrações, a não prestação ou a prestação falsa, inexacta ou incompleta de informações constitui uma contra-ordenação punível com coima que pode ascender a 1% do volume de negócios realizado, no último ano, por cada uma das empresas infractoras[340].

Por fim, existem os casos em que, já depois de uma determinada operação de concentração ter sido objecto de uma decisão expressa ou tácita de não oposição por parte da AdC, se vem a constatar que essa decisão foi fundada em informações falsas ou inexactas relativas a circunstâncias essenciais para a decisão, fornecidas pelas empresas par-

---

tório em processos de concentrações menos complexas. Em sede de pré-notificação, poderá tentar clarificar-se, junto da Autoridade, quais são essas informações.

[338] Cfr. artigos 34.º, n.os 2 e 3 e 36.º, n.os 2 e 3 da Lei da Concorrência, na redacção introduzida pelo Decreto-Lei n.º 219/2006.

[339] A Autoridade é, em regra, muito exigente quanto à prestação de informações/ estimativas sobre os mercados em causa. Simplesmente, em circunstâncias que considerou excepcionais – como sejam, a ausência total de dados sobre o mercado e multiplicidade de concorrentes em mercados atomizados – a AdC já admitiu que a não prestação dessas informações/estimativas não a impedia de decidir sobre a concentração em causa.

[340] Cfr. artigo 43.º, n.º 3, alínea b) da Lei da Concorrência, em articulação com o disposto na alínea c), do n.º 3, do artigo 7.º dos Estatutos da AdC.

ticipantes na operação de concentração. Nestas situações, a Lei da Concorrência prevê dois tipos de consequências possíveis: *(i)* a abertura de um procedimento oficioso, que poderá resultar na obrigação de as partes na concentração efectuarem uma nova notificação à AdC, a qual poderá dar origem a uma decisão de sentido idêntico ou diferente à anteriormente adoptada[341]; ou *(ii)* a instauração de um procedimento de contra-ordenação que poderá culminar na aplicação de uma coima, que pode ascender a 1% do volume de negócios de cada uma das empresas inadimplentes no último ano[342].

16.3. *Consequências do incumprimento das decisões da AdC*

Um último tipo de situações geradoras de incumprimento das normas que regulam os procedimentos de controlo de concentrações consiste na violação do teor de decisões adoptadas ou condições impostas pela AdC a respeito de uma dada operação de concentração.

Neste âmbito, há que fazer uma distinção, consoante estejamos perante uma decisão de não oposição acompanhada da imposição de condições ou obrigações[343] ou perante uma decisão de proibição[344].

No primeiro caso, a Lei da Concorrência prevê que o desrespeito, total ou parcial, de obrigações ou condições impostas pela AdC aquando de uma decisão de não oposição a uma operação de concentração possa originar três tipos de consequências: *(i)* a abertura de um procedimento oficioso de notificação[345]; *(ii)* a nulidade dos negócios jurídicos relacionados com essa operação de concentração, na medida em que contrariem as condições impostas para a sua realização[346]; e/ou *(iii)* a aplicação

---

[341] Cfr. artigo 40.º, n.os 1, alínea b) e 3.

[342] Cfr. artigo 43.º, n.º 3, alínea b), em articulação com o disposto na alínea c), do n.º 3, do artigo 7.º dos Estatutos da AdC.

[343] Adoptada ao abrigo dos artigos 35.º, n.º 3 ou 37.º, n.º 2 da Lei da Concorrência.

[344] Adoptada ao abrigo do artigo 37.º, n.º 1, alínea b) da Lei da Concorrência.

[345] Nos termos do artigo 40.º, n.os 1, alínea c) e 4.

[346] À luz do artigo 41.º, alínea b).

de uma coima que pode ascender a 10% do volume de negócios realizado, no último ano, por cada uma das empresas partes na infracção[347]. Constata-se assim que a Lei da Concorrência comete à Autoridade importantes funções de monitorização dos "remédios" impostos em certas operações, como condição para assegurar a manutenção de uma concorrência efectiva.

Já tratando-se de uma decisão de proibição de uma operação de concentração, a Lei da Concorrência prevê que a violação do sentido dessa decisão possa comportar dois tipos de consequências: *(i)* a nulidade dos negócios jurídicos praticados em contravenção à decisão[348]; e/ou *(ii)* a aplicação de uma coima que pode ascender a 10% do volume de negócios realizado, no último ano, por cada uma das empresas partes na infracção[349].

17. O recurso das decisões da AdC em matéria de controlo de concentrações

Entrando agora no último capítulo da análise das disposições processuais que regem o procedimento administrativo de controlo de concentrações português, procuraremos dar nota dos principais aspectos que caracterizam o regime jurídico do recurso de decisões adoptadas pela AdC nessa sede.

A principal distinção a operar a esse respeito consiste na separação entre os recursos judiciais, previstos nos artigos 53.º e seguintes da Lei

---

[347] Nos termos do artigo 43.º, n.º 1, alínea d). É ainda susceptível de aplicação de coima nos termos desta disposição, o desrespeito pelas condições ou obrigações impostas pela AdC à luz do n.º 4, do artigo 11.º da Lei da Concorrência.

[348] Nos termos do artigo 41.º, alíneas a) e c), esta última aplicável nos casos em que a AdC se tenha socorrido do expediente previsto na segunda parte, da alínea b), do n.º 1, do artigo 37.º, *i.e.* se uma operação de concentração que tenha sido proibida pela AdC tiver entretanto sido executada e a Autoridade tiver adoptado medidas adequadas ao restabelecimento de uma concorrência efectiva, nomeadamente a separação das empresas ou dos activos agrupados ou a cessação do controlo.

[349] Cfr. artigo 43.º, n.º 1, alínea b), *in fine*.

da Concorrência, e o recurso extraordinário para o ministro da tutela, previsto no artigo 34.º dos Estatutos da Autoridade.

Até ao momento, apenas temos conhecimento de que cada uma destas vias tenha sido utilizada uma única vez. Importa notar que a informação disponível ao público no sítio internet da Autoridade relativamente a esta matéria é muito escassa. Assim, da decisão da AdC proferida no processo "37/2004 – *Barraqueiro / Arriva (ATMS)*", que constituiu a primeira decisão de proibição de uma operação de concentração por parte de uma autoridade de concorrência em Portugal, foi interposto recurso judicial para o Tribunal de Comércio de Lisboa, o qual se encontra ainda pendente de decisão[350].

Por sua vez, a operação de concentração relativa ao processo "22//2005 – *Via Oeste (Brisa) / Auto-Estradas do Oeste / Auto-Estradas do Atlântico*", também ela objecto de uma decisão de proibição por parte da AdC[351], veio a ser autorizada, com imposição de condições e obrigações, por Despacho do Ministro da Economia e da Inovação, de 7 de Junho de 2006, com base em razões de interesse para a economia nacional[352].

17.1. *Os recursos judiciais*

Os artigos 53.º a 55.º da Lei da Concorrência disciplinam a matéria dos recursos judiciais das decisões proferidas pela AdC em procedimentos de controlo de concentrações e, ainda, da decisão ministerial proferida ao abrigo do recurso extraordinário previsto no artigo 34.º dos Estatutos da Autoridade.

No essencial, o *regime processual* desses recursos poderá resumir--se no seguinte. O recurso é interposto para o Tribunal de Comércio de

---

[350] Informação disponibilizada em tempos no sítio internet do Tribunal de Comércio de Lisboa, em http://www.tribunaisnet.mj.pt/distrib/default.aspx. O processo em causa tem a referência "223/06.9TYLSB" e deu entrada a 23.02.2006.

[351] Além das duas decisões de proibição referidas em texto, a AdC adoptou ainda uma decisão de sentido negativo no processo "45/2004 – *Petrogal / Esso*", em relação à qual não existe registo de ter sido recorrida.

[352] Cfr. acima a nota 181.

Lisboa e é tramitado como acção administrativa especial, nos termos dos artigos 46.º e seguintes do CPTA. O recurso em causa tem efeito meramente devolutivo, salvo se lhe for atribuído efeito suspensivo por via do decretamento de medidas cautelares. Das decisões proferidas pelo Tribunal de Comércio de Lisboa nas acções referidas cabe recurso jurisdicional para o Tribunal da Relação de Lisboa e deste, limitado às questões de direito, para o Supremo Tribunal de Justiça. Também estes dois graus de recurso têm efeito devolutivo.

Em tudo quanto não estiver regulado na Lei da Concorrência sobre a interposição, processamento e julgamento dos recursos judiciais em causa, aplica-se o regime de impugnação contenciosa de actos administrativos definido no CPTA. Esta remissão tem implicações importantes, desde logo em matéria de legitimidade processual (*locus standi*). Conforme vimos já, resulta dos artigos 55.º, n.ᵒˢ 1, alínea a) e 3 do CPTA que têm legitimidade activa para impugnar uma decisão da AdC em sede de controlo de concentrações, ou uma decisão ministerial proferida ao abrigo de um recurso extraordinário, quaisquer particulares que aleguem ser titulares de um interesse directo e pessoal na impugnação do acto em causa. Para este efeito, é irrelevante se esse particular teve intervenção no procedimento administrativo que conduziu à adopção da decisão recorrida.

Sem prejuízo desta breve referência ao regime processual que rege os recursos judiciais em questão, a maior expectativa quanto ao desfecho destes recursos reside no entanto em saber quais os *critérios de substância* que serão adoptados pelos tribunais nacionais para analisar e controlar o mérito das decisões adoptadas pela Autoridade em procedimentos de controlo de concentrações. A circunstância de não ter sido adoptada até ao momento qualquer decisão judicial nesta sede[353] leva a que não existam precedentes a nível nacional que permitam definir, com segurança e *a priori*, os parâmetros essenciais dessa avaliação.

---

[353] Está neste momento pendente no Tribunal de Comércio de Lisboa o recurso interposto da decisão proferida pela AdC no processo "37/2004 – *Barraqueiro / Arriva (ATMS)*", como vimos na nota 350.

Tradicionalmente, sabe-se que os juizes portugueses têm uma certa relutância em interferir em decisões de autoridades administrativas nacionais que tenham sido adoptadas em áreas nas quais essas autoridades gozem de uma considerável margem de apreciação (como é claramente o caso da AdC em matérias de natureza económica), a menos que as decisões em causa padeçam de erros de facto ou de erros manifestos de apreciação.

Apesar de o Direito Comunitário não ser directamente aplicável aos casos de operações de concentração abrangidas pela Lei da Concorrência[354], parece-nos que o *level playing field* para o controlo jurisdicional de mérito das decisões da AdC por parte dos tribunais nacionais deve procurar aproximar-se dos critérios que norteiam os tribunais comunitários na apreciação de mérito das decisões adoptadas pela Comissão no mesmo âmbito jurídico. Esta solução justifica-se pelo paralelismo de redacção entre a nossa Lei da Concorrência e o anterior Regulamento das Concentrações Comunitárias[355], que estava em vigor na data da publicação da Lei da Concorrência, bem como pelo princípio geral de interpretação conforme ao Direito Comunitário.

Por outro lado, esta solução não colide com a circunstância de os recursos judiciais das decisões da AdC neste âmbito serem regulados, subsidiariamente, pelas regras do CPTA, porquanto este é um diploma que, como o próprio nome indica, apenas regula o *regime processual*. Assim sendo, a inspiração que defendemos do Direito Comunitário para estes casos é somente para a parte do *controlo de mérito* das decisões, sabendo-se que a margem de apreciação de que dispõe a AdC em sede de controlo de concentrações não pode pôr em causa o controlo jurisdicional efectivo das decisões aí adoptadas, por obediência ao princípio

---

[354] Em obediência ao sistema do "balcão único", o artigo 21.º do Regulamento das Concentrações Comunitárias estabelece a regra da competência exclusiva da Comissão para apreciar as operações de concentração com dimensão comunitária, sem prejuízo do disposto no artigo 4.º, n.º 4 e no artigo 9.º do mesmo Regulamento, Por seu turno, as concentrações que não têm dimensão comunitária são da competência das autoridades dos Estados-Membros, sem prejuízo do disposto no artigo 22.º do mesmo Regulamento.

[355] Cfr. ponto **III.7.2.** supra.

As disposições processuais | 193

constitucional da tutela jurisdicional efectiva, consagrado no artigo 268.º, n.º 4 da CRP[356].

Ora, a respeito do controlo jurisdicional de mérito das decisões adoptadas pela Comissão em procedimentos de controlo de concentrações, o acórdão do TJCE no caso *Tetra Laval II* é bem impressivo do "estado da arte" nessa matéria:

> «[e]*mbora o Tribunal de Justiça reconheça à Comissão uma margem de apreciação em matéria económica, tal não implica que o tribunal comunitário se deva abster de fiscalizar a interpretação que a Comissão faz de dados de natureza económica. Com efeito, o tribunal comunitário deve, designadamente, verificar não só a exactidão material dos elementos de prova invocados, a sua fiabilidade e a sua coerência, mas também fiscalizar se estes elementos constituem a totalidade dos dados pertinentes que devem ser tomados em consideração para apreciar uma situação complexa e se são susceptíveis de fundamentar as conclusões que deles se retiram»* (sublinhados nossos)[357].

A nossa opinião é a de que o controlo judicial de mérito das decisões adoptadas pela AdC em sede de controlo de concentrações deve compreender os três graus de apreciação recordados pelo TJCE no processo *Tetra Laval II*. Por outro lado, a concretização prática das modalidades de fiscalização judicial em que assenta cada um desses graus foi objecto de particular atenção por parte do TPI e, mais tarde, em sede de recurso, pelo TJCE, no célebre caso *Impala / SonyBMG*[358]. Em primeira instância, o processo no TPI teve na origem um recurso interposto por um terceiro interessado (a Impala), contra uma decisão da Comissão, proferida no processo "COMP/M.3333 – *Sony / BMG*", que

---

[356] Neste sentido ainda, o artigo 7.º do CPTA determina que «[p]*ara efectivação do direito de acesso à justiça, as normas processuais devem ser interpretadas no sentido de promover a emissão de pronúncias sobre o mérito das pretensões formuladas*».

[357] Cfr. acórdão do TJCE, de 15.02.2005, processo C-12/03 P, *Comissão c. Tetra Laval*, n.º 39. No mesmo sentido, cfr. o recente acórdão do Tribunal de Justiça, no processo C-413/06 P, *Bertelsmann / Sony*, já referido, n.º 145.

[358] Cfr. acórdão do TPI, de 13.07.2006, processo T-464/04, e acórdão do TJCE, de 10.07.2008, processo C-413/06 P.

194 | *O procedimento de controlo das operações de concentração de empresas em Portugal*

autorizou, sem a imposição de condições ou obrigações, a constituição pela Sony e pela Bertelsmann de uma *joint venture* de âmbito mundial para o mercado da música gravada. O TPI começou por anular a referida decisão da Comissão, sendo muito crítico de algumas das posições processuais e substantivas adoptadas por essa instituição durante o procedimento administrativo. Em sede de recurso, o TJCE veio a anular o acórdão *a quo*, tendo "aligeirado" o critério exigente que tinha sido estabelecido na primeira instância, quanto ao ónus da prova da Comissão em procedimentos de controlo de concentrações.

Assim e em primeiro lugar, os tribunais nacionais terão que avaliar a *credibilidade dos elementos de prova* nos quais se baseia a decisão da AdC. A este respeito, importa tomar em consideração a jurisprudência firmada pelo TJCE e pelo TPI no caso agora referido.

Em sede de primeira instância, o TPI havia em especial criticado a Comissão por ter baseado algumas das conclusões sustentadas na decisão exclusivamente em dados apresentados pelas partes notificantes, sem ter procedido a uma verificação crítica desses dados. Assim, o TPI afirmou que «*a Comissão não pode* [...] *chegar ao ponto de delegar, sem qualquer controlo, a responsabilidade da condução de certos aspectos da investigação nas partes na concentração, sobretudo quando* [...] *estes aspectos constituem o elemento crucial no qual a decisão é baseada e os dados e apreciações submetidos pelas partes na concentração são diametralmente opostos à[s] informações recolhidas pela Comissão durante a investigação assim como às conclusões que ela daí extraíra*»[359].

Por sua vez, o TJCE considerou que esta posição do TPI envolvia um erro de direito, porquanto, embora a Comissão esteja obrigada a analisar cuidadosamente a argumentação das partes na concentração quanto à sua exactidão, ao seu carácter completo e convincente, e a ignorá-la em caso de dúvidas justificadas, «*quando, na sua decisão, analisa a argumentação de defesa das empresas notificantes e aproveita a ocasião para rever as suas conclusões provisórias que constam da comunicação de objecções para eventualmente se afastar delas, a*

---

[359] Cfr. n.º 415.

Comissão não procede a uma "delegação" do inquérito às referidas empresas[360]. A este respeito, o TJCE recordou em particular que o Regulamento das Concentrações Comunitárias prevê, por um lado, a aplicação de coimas e sanções pecuniárias compulsórias se forem transmitidas informações inexactas ou deturpadas e, por outro, a possibilidade de a Comissão revogar uma decisão que assente em indicações inexactas pelas quais seja responsável uma das empresas ou que tenha sido obtida fraudulentamente.

Em suma, o TJCE parece reconhecer que, embora a Comissão deva tomar em consideração os elementos que lhe são facultados pelas partes e pelos terceiros no decorrer do procedimento administrativo, não se lhe pode exigir que verifique por si própria, até ao mínimo detalhe, a fiabilidade e a exactidão de todas as informações transmitidas.

A própria Autoridade da Concorrência portuguesa demonstrou já estar atenta a esta problemática, ao traçar uma distinção entre a relevância e o valor probatório, por um lado, dos documentos e estudos apresentados pelas partes notificantes que tenham sido realizados *antes* de uma operação de concentração notificada e, por outro, dos que tenham sido realizados já *após* o início do procedimento administrativo relativo a essa mesma concentração ou numa fase em que esta estivesse já a ser negociada. Nestes últimos casos a AdC alerta para a circunstância de os estudos em causa, tendo embora a vantagem de poderem responder a questões específicas originadas durante a análise da operação, poderem estar de alguma forma influenciados pelo desfecho da operação em apreço[361].

Um segundo grau na análise de mérito das decisões da AdC em sede de controlo de concentrações é relativo à *completude dos elementos de prova* invocados e procura determinar se existem outros factos que não tenham sido mencionados pela AdC, ou que tenham sido mencionados mas aos quais a Autoridade não prestou a devida atenção, que devessem ter sido tomados em consideração na decisão final.

---

[360] Cfr. n.os 93 e 94.

[361] Cfr. decisão da AdC no processo"22/2005 – *Via Oeste (Brisa) / Auto-Estradas do Oeste / Auto-Estradas do Atlântico*", n.os 60-66, acima mencionada em **III.4**.

196 | *O procedimento de controlo das operações de concentração de empresas em Portugal*

Por fim, o terceiro grau de análise, porventura o mais complexo, encerra um *teste de proporcionalidade* e visa avaliar se todos esses elementos de prova conduzem lógica e previsivelmente às conclusões adoptadas pela Autoridade. A respeito deste critério, o acórdão do TPI proferido no processo *SonyBMG*, já referido, começou por subscrever uma doutrina particularmente exigente, da qual o TJCE se afastou.

Ao cotejar as preocupações identificadas pela Comissão na comunicação de objecções que havia dado origem à abertura de uma fase II de investigação, no procedimento relativo à concentração "COMP/M.3333 – *Sony / BMG*", com a decisão final de autorização dessa concentração sem imposição de condições ou obrigações, o TPI criticou fortemente a Comissão por não ter explicado adequadamente a razão pela qual havia aprovado a operação. Ao analisar os elementos de facto concretamente invocados pela Comissão para fundamentar a sua decisão, o Tribunal concluiu que alguns deles, longe de demonstrarem as conclusões apresentadas, evidenciavam, pelo contrário, conclusões de sentido oposto ou pelo menos suscitavam dúvidas quanto às conclusões que deles se poderiam retirar[362]. Seguidamente, o TPI confirmou que a Comissão tem «*o direito, ou mesmo a obrigação, de alterar a sua posição face à*[s] *informações que obteve no decurso da sua investigação*», mas fez notar que a Comissão «*não pode em contrapartida suprimir determinados elementos pertinentes com o único fundamento que os mesmos não são eventualmente compatíveis com a sua nova apreciação*»[363].

Por seu turno, o TJCE, através de acórdão de recurso que veio a anular a decisão do TPI, começou por confirmar que o Regulamento das Concentrações Comunitárias não impõe exigências de prova diferentes consoante se trate de uma decisão que autoriza uma concentração, ou de uma decisão que proíbe uma concentração. Para o Tribunal de Justiça, não se pode deduzir do referido regulamento uma presunção geral de compatibilidade ou de incompatibilidade de uma operação de concentração com as regras de concorrência. Por conseguinte, «*a análise prospectiva em matéria de controlo das operações de concentração, que consiste*

---

[362] Cfr., a título de exemplo, os n.ᵒˢ 289, 290, 294 e 316 do acórdão.
[363] Cfr. n.º 300.

em examinar de que modo uma operação de concentração pode alterar os factores que determinam a situação da concorrência num dado mercado, para verificar se daí resulta um entrave significativo a uma concorrência efectiva, exige que se imaginem os vários encadeamentos de causa e efeito, para levar em conta aquele cuja probabilidade é maior»[364].

A par deste aspecto, o TJCE, no caso que temos vindo a referir, teve uma especial atenção ao analisar as alegadas contradições entre a comunicação de objecções e o conteúdo da decisão controvertida da Comissão. Aí, onde o TPI tinha considerado que a Comissão havia cometido um erro manifesto de apreciação, ao adoptar, na decisão, conclusões contrárias às premissas assumidas na comunicação de objecções, sem fundamentar a alteração de posição, o TJCE foi bem mais prudente.

Em primeiro lugar, o Tribunal de Justiça recordou a jurisprudência constante dos tribunais comunitários, segundo a qual a comunicação de objecções é um documento de natureza provisória, cujo conteúdo é susceptível de sofrer alterações no momento da avaliação que a Comissão faz posteriormente com base nas observações que lhe forem apresentadas e no eventual apuramento de outros factos. Daqui resulta, em particular, que *«a Comissão não está obrigada a explicar as eventuais diferenças em relação às suas apreciações provisórias contidas na comunicação de objecções»*[365].

Em segundo lugar, o TJCE considerou que o TPI errou ao considerar assentes algumas categorias de conclusões que constavam da comunicação de objecções, apesar de estas só poderem ser consideradas provisórias, e de, como tal, serem susceptíveis de modificação.

Sem prejuízo do exposto, é de assinalar a existência de duas importantes passagens no acórdão em causa do TJCE, que recordam bem que a margem de apreciação da Comissão (e das autoridades de concorrência dos Estados-Membros, dizemos nós) neste domínio não é absoluta.

---

[364] Cfr. n.os 45 a 53.
[365] Cfr. n.os 64 e 65.

Por um lado, diz o Tribunal de Justiça, «*não obstante o carácter preparatório e provisório da comunicação de acusações e apesar de a Comissão não estar obrigada a explicar as eventuais divergências em relação à comunicação de acusações, o Tribunal de Primeira Instância não está necessariamente impedido de utilizar a referida comunicação para proceder à interpretação de uma decisão da Comissão, particularmente no que diz respeito à análise da sua base factual*»[366]. Assim sendo, os tribunais comunitários podem servir-se da comunicação de objecções como instrumento para verificar o carácter correcto, completo e fiável dos factos na base da decisão controvertida.

Por outro lado, o TJCE não deixou de recordar que, pese embora a natureza provisória da comunicação de objecções e das informações nela vertidas, dela constam também elementos não controvertidos que, devido à sua natureza empírica e modificável, são de tal forma manifestos que devem permanecer imutáveis em fases ulteriores do procedimento[367].

A nosso ver, uma das ideias fundamentais a reter da jurisprudência referida é justamente a de que deve haver um *controlo jurisdicional abrangente* do mérito das decisões adoptadas pelas autoridades de concorrência, no termo de um procedimento de controlo de concentrações. A validade jurídica dessas decisões poderá ser posta em causa se os elementos disponíveis não forem susceptíveis de corroborar, de forma lógica e previsível, uma ou mais das conclusões apresentadas.

17.2. *O recurso extraordinário para o Ministro da tutela*

O recurso extraordinário previsto no artigo 34.º dos Estatutos da AdC distingue-se do recurso judicial referido no ponto anterior, por várias razões atinentes ao respectivo *regime processual* e *substantivo*.

Do ponto de vista *processual*, o recurso extraordinário, para o qual é competente o membro do Governo responsável pela área da Economia, só pode ser interposto pelos autores da notificação e só tem lugar contra decisões da Autoridade que proíbam uma operação de concentração.

---

[366] Cfr. n.º 69.
[367] Cfr. n.º 75.

O recurso deve ser interposto no prazo de 30 dias após a notificação da decisão da AdC que proíbe a concentração, suspendendo-se, com a sua interposição, o prazo de impugnação judicial dessa decisão. Como vimos já, da decisão ministerial adoptada em sede de recurso extraordinário cabe recurso para o Tribunal de Comércio de Lisboa, podendo das decisões por este proferidas ser ainda interposto recurso para o Tribunal da Relação e deste, em questões de direito, para o Supremo Tribunal de Justiça.

O modelo de regulação da concorrência português no que respeita ao controlo de concentrações de empresas inspira-se no regime de concorrência alemão quanto à possibilidade prevista na lei para, em circunstâncias excepcionais e cujos contornos se encontram expressamente estabelecidos, uma autorização ministerial da operação de concentração prevalecer sobre a decisão de proibição adoptada pela autoridade independente.

De entre as várias diferenças que resultam da comparação entre os dois regimes jurídicos, sublinha-se uma que poderá originar alguma insegurança jurídica quanto ao funcionamento do modelo português. Assim, enquanto a lei alemã da concorrência prevê que, em caso de "recurso" de uma decisão da autoridade de concorrência alemã (*Bundeskartellamt*), o Ministro dos Assuntos Económicos e de Tecnologia alemão[368] só pode decidir depois de ouvido um órgão consultivo independente designado Comissão de Monopólios[369], o regime português de concorrência não prevê a audição de qualquer entidade, nem sequer da AdC, em circunstâncias equivalentes. A ausência de tal previsão expressa tem dado origem a dúvidas quanto ao papel da Autoridade nesse contexto[370].

---

[368] No regime alemão, o apelo ao ministro da tutela não preclude a possibilidade de as partes, querendo-o, em simultâneo com o requerimento dirigido ao ministro, interporem recurso judicial da decisão de proibição da autoridade da concorrência alemã.

[369] É ainda dada oportunidade de pronúncia às autoridades do estado federado (*Land*) onde as empresas em causa têm a respectiva sede.

[370] Neste sentido, cfr. Relatório do Tribunal de Contas n.º 7/2007, referido na nota 12, que apresenta as conclusões da Auditoria à Regulação na Área da Concorrência, pp. 7 e 21.

Esta especificidade da lei alemã quando comparada com o recurso extraordinário para o Ministro responsável pela área da Economia mereceu o seguinte comentário do Tribunal de Contas,

> «[n]o modelo alemão, a obrigação de, em sede de recurso extraordinário, o Ministro da Economia só poder decidir após audição da Comissão de Monopólios tem o propósito de, por um lado, sublinhar a excepcionalidade de uma competência ministerial que pode inverter o sentido de uma decisão tomada por uma autoridade independente e, por outro, de submeter o exercício de tal competência a deveres de fundamentação especialmente rigorosos, na medida em que a revogação ministerial implica a diluição do elemento de definitividade da decisão da autoridade de concorrência que é uma das traves-mestras da sua independência estatutária. Neste sentido, a obrigação em causa visa salvaguardar a definitividade ordinária do acto administrativo em que se consubstancia a decisão da autoridade de concorrência»[371].

Em suma, o recurso extraordinário para o Ministro da tutela, previsto no artigo 34.º dos Estatutos da AdC, constitui uma excepção ao modelo de concorrência que vigora no procedimento de controlo de concentrações português, que é o de concentração funcional e institucional, na AdC, das funções instrutória e decisória[372].

Embora se reconheça, *de iure condendo*, que uma eventual banalização do recurso extraordinário poderia comportar riscos de enfraquecimento dos poderes da Autoridade nessa sede[373], constata-se, apesar de tudo, e volvidos que estão mais de 5 anos sobre a criação da AdC e a entrada em vigor da actual Lei da Concorrência, que não parece ser esse

---

[371] As cautelas de que se reveste o exercício da competência ministerial em sede de recurso extraordinário na Alemanha levam a que, segundo o Tribunal de Contas, em 30 anos da actividade da autoridade alemã de concorrência e no quadro de cerca de 30 000 operações de concentração decididas, tenham sido proibidas 170 operações, das quais 16 conheceram recurso extraordinário para o Ministro. Em 10 destes processos, o Ministro indeferiu o recurso, confirmando a decisão da autoridade, e somente em 6 processos se deu uma revogação da decisão da autoridade. Cfr. Relatório do Tribunal de Contas, pp. 21 e 22.

[372] Cfr. Relatório do Tribunal de Contas, referido na nota 12 supra, p. 20.

[373] Neste sentido também, Relatório do Tribunal de Contas, referido na nota 12 supra, pp. 6 e 22.

o caminho, a julgar pela existência de um único caso de entre as 3 decisões de oposição já adoptadas pela Autoridade.

Passando agora à análise dos principais aspectos *substantivos* que caracterizam a figura do recurso extraordinário, assinala-se que a sua grande especificidade reside na diferença de critérios em que assentam, respectivamente, a valoração que o Ministro da Economia é chamado a fazer, das implicações da operação de concentração em causa, e a apreciação a que a AdC está vinculada nos procedimentos de controlo de concentrações de empresas, ao abrigo da Lei da Concorrência. Ao passo que esta postula uma análise dos efeitos da concentração «*sobre a estrutura da concorrência, tendo em conta a necessidade de preservar e desenvolver, no interesse dos consumidores intermédios e finais, uma concorrência efectiva no mercado nacional*»[374], o Ministro da tutela deve avaliar se «*os benefícios dela* [concentração] *resultantes para a prossecução de interesses fundamentais da economia nacional super*[a]*m as desvantagens para a concorrência inerentes à sua realização*»[375].

A circunstância de os critérios de apreciação referidos serem distintos e prosseguirem fins diversos[376], leva a que, por um lado, o recurso extraordinário não corresponda a uma qualquer forma de controlo da legalidade da decisão da AdC – para a qual está apenas habilitado o poder judicial, nos termos que vimos já – mas antes a uma medida extraordinária de preservação de interesses fundamentais da economia nacional, conforme resulta, aliás, da inserção sistemática do artigo 34.º dos Estatutos da AdC, num capítulo cuja epígrafe é "Tutela e responsabilidade"[377].

---

[374] Cfr. artigo 12.º, n.º 1 da Lei da Concorrência.

[375] Cfr. artigo 34.º, n.º 1 dos Estatutos da AdC.

[376] Isto, sem prejuízo de um dos factores que deve ser tido em conta pela AdC, na apreciação referida no artigo 12.º, n.º 1 da Lei da Concorrência, ser o do contributo da concentração para a competitividade internacional da economia portuguesa [alínea l), do n.º 2, do artigo 12.º].

[377] Cfr. p. 2 do Despacho do Ministro da Economia e da Inovação, de 7 de Junho de 2006, que deu provimento ao recurso extraordinário interposto pela Brisa e pela Auto-Estradas do Oeste, da decisão de proibição adoptada pela AdC no processo "22/2005 – *Via Oeste (Brisa) / Auto-Estradas do Oeste / Auto-Estradas do Atlântico*" (cfr. nota 181 supra).

Por outro lado, a definição do que nesta sede é considerado de interesse fundamental para a economia nacional é uma decisão de carácter político, que compete ao Ministro da Economia[378]. Por exemplo, no despacho ministerial que revogou a decisão adoptada pela AdC no processo "22/2005 – *Via Oeste (Brisa) / Auto-Estradas do Oeste / Auto-Estradas do Atlântico*", o Ministro da Economia e da Inovação identificou a *promoção da inovação num sector económico estratégico* e a *internacionalização de uma empresa nacional* como constituindo "interesses fundamentais da economia nacional", o que nos parece razoável[379].

Ainda a este propósito é relevante notar que a lei alemã, no respectivo artigo 42, estabelece que o Ministro pode autorizar a operação de concentração em causa se, em circunstâncias específicas, as restrições de concorrência forem compensadas pelas vantagens para a economia no seu todo, ou se a operação de concentração for justificada por um interesse público superior. No entanto, a mesma disposição também estabelece que a autorização só deve ser concedida se as restrições de concorrência associadas à concentração não *puserem em perigo* o sistema de economia de mercado[380]. Ou seja, existe um critério de apreciação – que, no fundo, funciona como limite ao poder de intervenção ministerial nestes casos – que a lei portuguesa não contempla.

---

[378] Neste sentido também, cfr. o comentário de Pedro Fernandes ao despacho ministerial referido na nota 181, Junho de 2006.

[379] Para uma crítica à decisão neste processo – não tanto na perspectiva dos interesses nacionais que militavam a favor da concentração em causa, mas mais da avaliação do seu impacto no estrito plano da concorrência – cfr. o comentário de Pedro Fernandes, referido na nota anterior, e António Goucha Soares, "New Developments in Portuguese Competition Law: the Competition Authority in Action", referido na nota 181.

[380] A tradução não oficial que o *Bundeskartellamt* disponibiliza no respectivo sítio internet para esta disposição legal é a seguinte:

Ministerial Authorisation – § 42

(1) *The Federal Minister of Economics and Technology shall, upon application, authorise a concentration prohibited by the Bundeskartellamt if, in a specific case, the restraint of competition is outweighed by advantages to the economy as a whole following from the concentration, or if the concentration is justified by an overriding public interest. In this context the competitiveness of the participating undertakings in markets outside the scope of application of this Act shall also be taken into account. Authorisation may be granted only if the scope of the restraint of competition does not jeopardize the market economy system.*

V. ASPECTOS MATERIAIS E PROCESSUAIS QUE PODEM SER MELHORADOS

Tal como acima referido, os autores consideram que, tanto a nova Lei da Concorrência, como a prática decisória da Autoridade em matéria de procedimentos de controlo das operações de concentração constituem contributos muito positivos para a divulgação e a consolidação do Direito da Concorrência em Portugal.

Compreensivelmente, existem aspectos materiais e processuais de vária ordem que, em nossa opinião, podem ser melhorados com vantagem para todas as partes envolvidas e, em última análise, para os consumidores em geral. Esses melhoramentos traduzem, além do mais, uma concretização dos princípios da transparência, da certeza jurídica e da celeridade processual. No presente capítulo não pretendemos ser exaustivos mas, ainda assim, enunciamos vários aspectos cuja alteração nos parece constituir uma prioridade, dada a sua importância no contexto do procedimento do controlo de concentrações em Portugal.

Assim, antes de mais convém distinguir entre, por um lado, as modificações que poderão ser introduzidas pela própria Autoridade sem necessidade de intervenções externas e que são mais simples de concretizar; e, por outro lado, as modificações que teriam de ser introduzidas através de alterações legislativas, em especial à actual Lei da Concorrência, o que implicaria um processo eventualmente mais moroso e complexo.

O primeiro tipo de modificações deverá visar uma maior transparência da prática decisória da Autoridade, tanto no que respeita à informação tornada pública no seu sítio internet, como quanto à clarificação do entendimento adoptado quanto a vários conceitos jurídicos substantivos e processuais.

Quanto ao acervo documental disponibilizado no sítio internet da Autoridade, conviria que a publicação das versões não confidenciais das decisões da Autoridade fosse mais completa e mais célere, sendo de aplaudir o esforço que tem vindo a ser feito pela AdC neste sentido e que se reflecte na diferença entre o número de decisões adoptadas em 2003 e em 2007 que se encontram disponíveis. Também importante é a concretização do esforço de melhor sistematização do acervo documental relativo à prática decisória da AdC, permitindo-se uma busca mais rápida e eficaz – por exemplo, agrupar as decisões por sectores económicos, por nomes de empresas, por tipos de decisões (adoptadas ao abrigo das alíneas do artigo 35.º ou do artigo 37.º). Também a maior celeridade na publicação dos relatórios anuais de actividade da Autoridade seria uma medida muito bem-vinda.

Um contributo igualmente importante para a maior transparência da prática decisória da Autoridade – e que tem vindo a ser paulatinamente visível – consiste na clarificação do entendimento seguido pela AdC relativamente a vários conceitos jurídicos relevantes nesta sede, como sejam o de *empresa* e de *acordo que desencadeia a obrigação de notificação de uma operação de concentração*. Pelas mesmas razões, seria bem acolhida a sistematização dos fundamentos com base nos quais a Autoridade se desvia do entendimento comunitário relativo a determinados conceitos jurídicos, como sejam, o *controlo conjunto de facto*.

Sublinhamos ainda, pela importância que para nós reveste na dialéctica dos processos de concentração mais complexos, a necessidade de a AdC passar a adoptar comunicações de objecções na passagem às fases II dos procedimentos administrativos, como forma de permitir às partes notificantes conhecer as concretas objecções que são contra elas formuladas.

Num primeiro momento, o segundo tipo de modificações implicaria a reformulação de alguns aspectos da actual Lei da Concorrência e inevitavelmente teria implicações em vários outros diplomas actualmente vigentes (como sejam, os estatutos dos reguladores sectoriais).

Estas alterações legislativas abrangem aspectos substantivos e processuais da Lei da Concorrência e do Estatuto da Autoridade da Concorrência e, no âmbito do procedimento de controlo das operações de concentração, respeitam a temas tão distintos como os que passamos a enunciar: o *critério substantivo de redução substancial da concorrência* para a apreciação da admissibilidade da operação de concentração – na esteira do disposto no Regulamento das Concentrações Comunitárias; a eventual eliminação do *critério da quota de mercado* constante do artigo 9.º, n.º 1, alínea a); a eventual *eliminação da obrigação de apresentação das notificações conjuntas por um representante comum das partes* (cfr. artigo 31.º, n.º 2), ou pelo menos a sua revisão, na perspectiva de salvaguardar a boa execução das normas deontológicas que regem o exercício da profissão de advogado; a eventual eliminação do *prazo rígido para proceder à notificação de uma operação de concentração*, constante do artigo 9.º, n.º 2; a *contagem dos prazos processuais* e a *articulação entre as fases I e II do procedimento de apreciação de operações de concentração*, constante dos artigos 34.º a 37.º; a clarificação do *estatuto de contra-interessado e terceiro interessado* (constante do artigo 38.º); o *âmbito e prazos para se obter acesso ao processo*; a *articulação com reguladores sectoriais* (constante do artigo 39.º).

De notar que o artigo 60.º da Lei da Concorrência prevê expressamente que a revisão desta deverá ocorrer em virtude da evolução, nomeadamente, *«dos regulamentos relativos ao controlo das operações de concentração de empresas»*, sendo que *«o Governo adoptará as alterações legislativas necessárias após ouvir a Autoridade da Concorrência»*. Aliás, a própria Autoridade já preparou uma proposta de alteração da Lei[381] e a revisão da Lei assume acuidade especial concluídos que estão os cinco primeiros anos de existência da Autoridade e de vigência da mesma Lei.

---

[381] Cfr. o anexo "Resumo de algumas Propostas de alteração da Lei 18/2003" da apresentação do Presidente do Conselho da Autoridade da Concorrência, Professor Doutor Abel Mateus, à Comissão do Orçamento e Finanças (da Assembleia da República) em 12 de Março de 2008. Disponível em http://www.concorrencia.pt/ Conteudo.asp?ProTree=0&ID=1317. Já em 2 de Julho de 2008, o actual Presidente do Conselho da Autoridade reforçou a perspectiva de preparação de uma proposta de alteração à Lei da Concorrência pela Autoridade, no contexto de uma apresentação à Comissão do Orçamento e Finanças (da Assembleia da República). Disponível em http://www.concorrencia.pt/download/AdC-AudicaoParlamentar20080702.pdf.

VI. NOTAS FINAIS

É inegável que a temática do controlo das operações de concentração em Portugal sofreu uma evolução substancial nos últimos cinco anos, a par do fenómeno geral de divulgação e consolidação do Direito da Concorrência em Portugal. Para tal contribuíram não apenas o novo regime jurídico da concorrência constante da Lei n.º 18/2003, de 11 de Junho, mas também o modo como a Autoridade o vem aplicando em sede de prática decisória.

Independentemente da opinião que se possa ter quanto à abordagem da Autoridade nos processos concluídos ao longo destes cinco anos, reconhecemos que globalmente a sua actuação foi positiva. E é igualmente de louvar o esforço realizado no aperfeiçoamento de vários aspectos substantivos e processuais, como sejam a diminuição do tempo médio de duração dos procedimentos e a publicação de orientações sobre o entendimento da Autoridade na contagem de prazos processuais. Ainda assim, é desejável que se uniformizem procedimentos e entendimentos da Lei e que continue presente a preocupação de diminuir os *timings* de adopção das decisões finais.

Acresce que, tal como tivemos oportunidade de detalhar acima em **V.**, há um conjunto de aspectos que, a bem dos princípios da transparência, da certeza jurídica e da celeridade processual, poderão ser modificados e melhorados. De entre estes, alguns dependem exclusivamente da Autoridade, como sejam a maior transparência e acessibilidade da sua prática decisória, enquanto que outros exigem a iniciativa de vários intervenientes porque implicam modificações legislativas.

Tal como já foi expressamente reconhecido pela Autoridade, assume particular acuidade uma revisão do regime actual, volvidos que estão cinco anos sobre a criação da AdC e a adopção da actual Lei da Concorrência. A cultura de concorrência no que respeita ao controlo das operações de concentração criou-se e foi-se consolidando ao longo do referido período de tempo mas exige que, de agora em diante, o esforço de afirmação se mantenha para que a Autoridade continue de forma eficaz a promover a concorrência em Portugal.

Aguardamos, pois, com expectativa os desenvolvimentos – legislativos e outros de ordem mais prática – que ocorrerão de futuro.

ÍNDICE DE LEGISLAÇÃO CITADA

LEGISLAÇÃO NACIONAL
- Constituição da República Portuguesa[382]
- Código Civil[383]
- Código das Sociedades Comerciais[384]
- Código dos Valores Mobiliários[385]
- Código do Procedimento Administrativo[386]
- Código de Processo nos Tribunais Administrativos[387]
- Regime Geral das Instituições de Crédito e Sociedades Financeiras[388]
- Lei n.º 74/98, de 11 de Novembro, que aprova o regime da publicação, identificação e formulário dos diplomas legais[389]
- Lei n.º 2/99, de 13 de Janeiro, que aprova a Lei de Imprensa[390]

---

[382] Texto actualizado, nos termos da sétima revisão constitucional operada através da Lei Constitucional n.º 1/2005, de 12 de Agosto, publicado no D.R., I Série-A, n.º 155, do mesmo dia, pp. 4642 e seguintes.

[383] Decreto-Lei 67 344, de 25 de Novembro de 1966, na sua redacção actual.

[384] Decreto-Lei n.º 262/86, de 2 de Setembro, publicado no D.R., I Série-A, n.º 201, de 2 de Setembro de 1986, pp. 2293 e seguintes, na sua redacção actual.

[385] Aprovado pelo Decreto-Lei n.º 486/99, de 13 de Novembro, publicado no D.R., I Série-A, n.º 265, de 13 de Novembro de 1999, pp. 7968 e seguintes, na sua redacção actual.

[386] Decreto-Lei n.º 442/91, de 15 de Novembro, publicado no D.R., I Série-A, n.º 263, de 15 de Novembro de 1991, pp. 5852 e seguintes, na sua redacção actual.

[387] Lei n.º 15/2002, de 22 de Fevereiro, publicada no D.R., I Série-A, n.º 45, pp. 1422 e seguintes (e respectiva Declaração de Rectificação n.º 17/2002, de 6 de Abril), na sua redacção actual.

[388] Aprovado pelo Decreto-Lei n.º 298/92, de 31 de Dezembro, publicado no D.R., I Série-A, n.º 301, de 31 de Dezembro de 1992, pp. 6056-(24) e seguintes, na sua redacção actual.

[389] Publicada no D.R., I Série-A, n.º 261, de 11 de Novembro de 1998, pp. 6130 e seguintes, na sua redacção actual.

[390] Publicada no D.R., I Série-A, n.º 10, de 13 de Janeiro de 1999, pp. 201 e seguintes, na sua redacção actual.

- Lei n.º 4/2001, de 23 de Fevereiro, que aprova a Lei da Rádio[391]
- Despacho n.º 3438/2002, de 24 de Janeiro, do Ministro da Economia, que cria a Comissão para a Revisão da Legislação da Concorrência[392]
- Proposta de Lei n.º 40/IX, que aprova o regime jurídico da Concorrência, de 16 de Janeiro de 2003[393]
- Decreto-Lei n.º 10/2003, de 18 de Janeiro, que cria a Autoridade da Concorrência e contém os Estatutos respectivos[394]
- Lei n.º 18/2003, de 11 de Junho, que aprova o regime jurídico da concorrência[395]
  - Revoga o Decreto-Lei n.º 371/93, de 29 de Outubro, que aprova o anterior regime jurídico da concorrência[396]
- Decreto-Lei n.º 30/2004, de 6 de Fevereiro, que estabelece a partilha das taxas cobradas às entidades reguladas entre a Autoridade da Concorrência e os reguladores sectoriais[397]
- Lei n.º 53/2005, de 8 de Novembro, que criou a ERC – Entidade Reguladora para a Comunicação Social, extinguindo a Alta Autoridade para a Comunicação Social[398]

---

[391] Publicada no D.R., I Série-A, n.º 46, de 23 de Fevereiro de 2001, pp. 1030 e seguintes, na sua redacção actual.

[392] Publicado no D.R., II Série, n.º 38, de 14 de Fevereiro de 2002, pp. 2976 e seguinte.

[393] Publicada no Diário da Assembleia da República, II Série-A, n.º 58, de 16 de Janeiro de 2003, pp. 2390 e seguintes. Cfr. também o Relatório da votação na especialidade e o texto final da Comissão de Economia e Finanças, publicados no Diário da Assembleia da República, II Série-A, n.º 86, de 12 de Abril de 2003, pp. 3525 e seguintes.

[394] Publicado no D.R., I Série-A, n.º 15, de 18 de Janeiro de 2003, pp. 251 e seguintes, na sua redacção actual.

[395] Publicada no D.R., I Série-A, n.º 134, de 11 de Junho de 2003, pp. 3450 e seguintes. Esta Lei foi alterada pelo Decreto-Lei n.º 219/2006, de 2 de Novembro, publicado no D.R., I Série, n.º 211, pp. 7627 e seguintes e pelo Decreto-Lei n.º 18/2008, de 29 de Janeiro, publicado no D.R., I Série, n.º 20, pp. 753 e seguintes.

[396] Publicado no D.R., I Série-A, n.º 254, de 29 de Outubro de 1993, pp. 6098 e seguintes.

[397] Publicado no D.R., I Série-A, n.º 31, de 6 de Fevereiro de 2004, pp. 735 e seguintes.

[398] Publicada no D.R., I Série-A, n.º 214, de 8 de Novembro de 2005, pp. 6396 e seguintes.

Índice de legislação citada | 211

- Lei n.º 27/2007, de 30 de Julho, que aprova a Lei da Televisão, que regula o acesso à actividade de televisão e seu exercício[399]
- Lei n.º 46/2007, de 24 de Agosto (Lei de acesso aos documentos administrativos e sua reutilização)[400]
- Decreto-Lei n.º 375/2007, de 8 de Novembro, que estabelece o regime jurídico do capital de risco[401]

ACTOS COMUNITÁRIOS

Legislação

- Regulamento (CE) n.º 139/2004 do Conselho, de 20 de Janeiro de 2004, relativo ao controlo das concentrações de empresas[402]
  - Revoga o Regulamento (CEE) do Conselho n.º 4064/89, de 21 de Dezembro de 1989, relativo ao controlo das operações de concentração de empresas[403]
  - Regulamento (CE) n.º 802/2004 da Comissão, de 7 de Abril de 2004, de execução do Regulamento (CE) n.º 139/2004 do Conselho relativo ao controlo das concentrações de empresas[404]
- Directiva 2004/25/CE do Parlamento Europeu e do Conselho, de 21 de Abril, relativa às ofertas públicas de aquisição[405]

---

[399] Publicada no D.R., I Série, n.º 145, de 30 de Julho de 2007, pp. 4847 e seguintes. Esta Lei revoga, designadamente, a Lei n.º 32/2003, de 22 de Agosto (anterior "Lei da Televisão"), com excepção dos seus artigos 4.º (Concorrência e concentração) e 5.º (Transparência da propriedade), que se mantêm até à entrada em vigor do novo regime jurídico que regula a transparência da propriedade e a concentração da titularidade nos meios de comunicação social.

[400] Publicado no D.R., I Série, n.º 163, de 24 de Agosto de 2007, pp. 5680 e seguintes.

[401] Publicado no D.R., I Série, n.º 215, de 8 de Novembro de 2007, pp. 8210 e seguintes.

[402] Publicado no JOUE L 24, de 29.01.2004, pp. 1 a 22.

[403] Publicado no JOCE L 395, de 30.12.1989, p. 1 e seguintes, versão rectificada: JOCE L 257, de 21.9.1990, p. 13. Foi alterado pelo Regulamento (CE) nº 1310/97 do Conselho de 30 de Junho de 1997, JOCE L 40, de 13.2.1998, p. 17 e seguintes, versão rectificada: *JOCE* L 180 de 9.07.1997.

[404] Publicado no JOUE L 133, de 30.04.2004, pp. 1 a 39.

[405] Publicada no JOUE L 142 de 30.4.2004, pp. 12 a 23.

212 | *O procedimento de controlo das operações de concentração de empresas em Portugal*

- Comunicação da Comissão relativa à definição de mercado relevante para efeitos do direito comunitário da concorrência[406]
- Comunicação da Comissão sobre as soluções passíveis de serem aceites nos termos do Regulamento (CEE) n.º 4064/89 do Conselho e do Regulamento (CE) n.º 447/98 da Comissão[407]
- Comunicação da Comissão relativa às restrições directamente relacionadas e necessárias às Concentrações[408]
- Comunicação da Comissão relativa a um procedimento simplificado de tratamento de certas concentrações nos termos do Regulamento (CE) n.º 139/2004 do Conselho[409]
  - Revoga a Comunicação da Comissão relativa a um procedimento simplificado de tratamento de certas operações de concentração nos termos do Regulamento (CEE) 4064/89, de 21 de Dezembro[410]
- Comunicação consolidada da Comissão em matéria de competência[411]
  - Revoga a Comunicação da Comissão relativa ao conceito de concentração de empresas em conformidade com o Regulamento (CEE) nº 4046/89 do Conselho, relativo ao controlo das operações de concentração de empresas[412];
  - Revoga a Comunicação da Comissão relativa ao conceito de empresas comuns que desempenham todas as funções de uma entidade económica autónoma, nos termos do Regulamento (CEE) nº 4064/89 do Conselho, relativo ao controlo das operações de concentração de empresas[413]
  - Revoga a Comunicação da Comissão relativa ao conceito de empresas em causa, para efeitos do Regulamento (CEE) n.º 4064/89 do Conselho[414]

---

[406] Publicada no JOCE C 372, de 09.12.1997, pp. 5 a 13.

[407] Publicada no JOCE C 68, de 02.3.2001, p. 3 e seguintes.

[408] Publicada no JOUE C 56, 05.3.2005, pp. 24 a 31.

[409] Publicada no JOUE C 56, de 05.03.2005, pp. 32 a 35.

[410] Publicada no JOUE C 217 de 29.7.2000, p. 32 e seguintes.

[411] Publicada no *JOUE* C 95, de 14.04.2008, pp. 1 a 48.

[412] Publicada no JOCE C 066, de 02.03.1998, pp. 5 a 13.

[413] Publicada no JOCE C 066, de 02.03.1998, pp. 1 a 4. Esta Comunicação tinha revogado a Comunicação de 1994 relativa à distinção entre empresas comuns com carácter de concentração e empresas comuns com carácter de cooperação, a qual fora publicada no JOCE C 385, de 31.12.1994, p. 1 e seguintes.

[414] Publicada no JOCE C 66 de 02.03.1998.

- Orientações para a apreciação das concentrações horizontais nos termos do regulamento do Conselho relativo ao controlo das concentrações de empresas[415]
- *Guidelines on the assessment of non-horizontal mergers under the Council Regulation on the control of concentrations between undertakings* (Orientações para a apreciação das concentrações não horizontais nos termos do regulamento do Conselho relativo ao controlo das concentrações de empresas), adoptadas pela Comissão em 28 de Novembro de 2007[416]

Outros actos

- *"DG Competition Best Practices on the conduct of EC merger proceedings"* (Melhores Práticas da Direcção-Geral da Concorrência da Comissão Europeia na condução dos procedimentos de controlo das operações de concentração)[417]
- *"DG Competition Information note on Art. 6 (1) (c) 2nd sentence of Regulation 139/2004 (abandonment of concentrations)"* (Nota Informativa da Direcção-Geral da Concorrência da Comissão Europeia sobre o abandono de operações de concentração)[418]

Legislação de Outros Estados-Membros

- *Ley 15/2007, de 3 de Julho, de Defensa de la Competencia*[419] (Lei da Concorrência Espanhola)
- *Consolidation Act No. 1027 of 21 August 2007*[420] (Lei da Concorrência Dinamarquesa)

---

[415] Publicadas no JOUE, C 31, de 5.02.2004, pp. 5 a 18.

[416] Disponíveis em http://ec.europa.eu/comm/competition/mergers/legislation/nonhorizontalguidelines.pdf.

[417] Disponível em http://ec.europa.eu/comm/competition/mergers/legislation/proceedings.pdf.

[418] Disponível em http://ec.europa.eu/comm/competition/mergers/legislation/abandonment.pdf.

[419] Publicada no *Boletin Oficial del Estado* número 159, de 4 de Julho de 2007, nas páginas 28848 e seguintes.

[420] Tradução da língua dinamarquesa constante do sítio internet da autoridade da concorrência nacional, disponível em http://www.ks.dk/en/competition/legislation/love/the-competition-act-consolidation-act-consolidation-act-no-1027-of-21-august-2007/. Conforme explicado no referido sítio internet, trata-se de *"An Act to consolidate the Competition Act, cf. Consolidation Act No. 785 of 8 August 2005 as amended by Act No. 523 of 6 June 2007 and Act No. 572 of 6 June 2007"*.

ACTOS DA AUTORIDADE DA CONCORRÊNCIA CITADOS

REGULAMENTOS DO CONSELHO DA AUTORIDADE DA CONCORRÊNCIA

- Regulamento n.º 1/E/2003, de 3 de Julho, do Conselho da Autoridade da Concorrência, que fixa as taxas de notificação de operações de concentração[421]
- Regulamento n.º 2/E/2003, de 3 de Julho, do Conselho da Autoridade da Concorrência, cujo Anexo é o formulário-tipo de notificação[422]
- Regulamento n.º 47/2004, de 30 de Novembro, do Conselho da Autoridade da Concorrência, que fixa as taxas devidas por serviços prestados pela Autoridade, entre os quais a passagem de certidões e cópias de documentos[423]

RELATÓRIOS SOBRE A ACTIVIDADE DA AUTORIDADE DA CONCORRÊNCIA

- Relatório de Actividades da Autoridade da Concorrência relativo ao ano de 2005[424]
- Relatório de Actividades da Autoridade da Concorrência relativo ao ano de 2006[425]

---

[421] Publicado no D.R., II Série, n.º 170, de 25 de Julho de 2003, pp. 11 148 e 11 149, como Anexo ao Aviso n.º 8044/2003 (2.ª Série).

[422] Publicado no D.R., II Série, n.º 170, de 25 de Julho de 2003, pp. 11 149 e seguintes, como Anexo ao Aviso n.º 8044/2003 (2.ª Série). Em 15 de Maio de 2008, a Autoridade da Concorrência publicou o Comunicado n.º 4/2008 no respectivo sítio Internet, nos termos do qual lançava a consulta pública 1/2008 sobre o Projecto de Formulário de Notificação de Operações de Concentração.

[423] Publicado no D.R., II Série, n.º 299, de 23 de Dezembro de 2004, pp. 19039 e 19040.

[424] Disponível em http://www.concorrencia.pt/download/Relatorio_Actividades_2005.pdf. A respectiva errata encontra-se disponível em http://www.concorrencia.pt/download/Relatorio_Actividades_2005_errata.pdf.

[425] Disponível em http://www.concorrencia.pt/download/adc_relatorio_actividades2006.pdf.

216 | *O procedimento de controlo das operações de concentração de empresas em Portugal*

- Relatório sobre os "Desenvolvimentos na Política de Concorrência em Portugal" relativo ao período entre 01.07.2004 e 30.06.2005, enviado pela Autoridade ao Comité da Concorrência da Direcção dos Assuntos Financeiros e Empresariais da Organização para a Cooperação e Desenvolvimento Económico ("OCDE")[426]
- Relatório sobre os "Desenvolvimentos na Política de Concorrência em Portugal" relativos ao período entre 01.07.2005 e 30.06.2006, enviado pela Autoridade ao Comité da Concorrência da Direcção dos Assuntos Financeiros e Empresariais da OCDE[427]
- Relatório sobre os "Desenvolvimentos na Política de Concorrência em Portugal" relativo ao período entre 01.07.2006 e 30.06.2007, enviado pela Autoridade ao Comité da Concorrência da Direcção dos Assuntos Financeiros e Empresariais da OCDE[428]

OUTROS

- Acordo de cooperação celebrado em Julho de 2003 entre a AdC e o ICP-ANACOM[429]
- Informação do Conselho da Autoridade da Concorrência sobre a decisão, em 5 de Junho de 2003, de aplicação de uma coima à empresa SECIL Betões e Inertes (SGPS), S.A., por falta de notificação prévia, à Direcção-Geral do Comércio e da Concorrência, aquando da aquisição de 64,35% do capital social da empresa Almeida & Carvalhais, Lda.[430]
- Informação do Conselho da Autoridade da Concorrência sobre a decisão, em 11 de Junho de 2003, de aplicação de uma coima à EDINFOR – Sistemas Informáticos, SA e outros por violação do artigo 7.º, do Decreto-Lei n.º 371/93, de 29 de Outubro, nos termos do qual estavam obrigadas a proceder à notificação prévia da operação de concentração, junto da Direcção-Geral do Comércio e da Concorrência, e não o fizeram[431]

---

[426] Disponível em http://www.oecd.org/dataoecd/61/3/36499955.pdf.

[427] Em Julho de 2008 já não se encontra disponível no sítio internet da Autoridade da Concorrência.

[428] Disponível em http://www.concorrencia.pt/download/OCDE_Annual_report_2007.pdf.

[429] Disponível em http://www.anacom.pt/streaming/ACORDO.pdf?contentId=132088&field=ATTACHED_FILE

[430] Disponível em http://www.concorrencia.pt/Conteudo.asp?ProTree=2&ID=242

[431] Disponível em http://www.concorrencia.pt/Conteudo.asp?ProTree=2&ID=243

Actos da Autoridade da Concorrência | 217

- "Da aplicação do controlo de concentrações em Portugal" – Conferência proferida pelo então Presidente do Conselho da Autoridade da Concorrência Professor Abel Mateus, no Curso de Verão sobre Concorrência, Regulação e Ambiente, Universidade de Coimbra, a 10 de Julho de 2006[432]
- "Orientação geral dos Serviços da Autoridade da Concorrência definida pelo Conselho e relativa às alterações à Lei n.º 18/2003 introduzidas pelo Decreto-Lei 219/2006, de 2 de Novembro", adoptada pelo Conselho da Autoridade da Concorrência em 1 de Fevereiro de 2007[433]
- "Linhas de orientação sobre o procedimento de avaliação prévia de operações de concentração de empresas", adoptada pelo Conselho da Autoridade da Concorrência em 3 de Abril de 2007 (e Comunicado n.º 7/2007, divulgado em 16 de Abril)[434]
- *Paper* apresentado pelo Professor Abel Mateus (à data Presidente do Conselho da Autoridade da Concorrência), na celebração do 10.º aniversário do Conselho da Concorrência romeno, em 26 de Abril de 2007, em Bucareste (Roménia), subordinado ao tema *"Why should national competition authorities be independent? And how should they be accountable?"*[435]
- Comunicado n.º 12/2007 da Autoridade da Concorrência, com data de 24 de Julho de 2007, que informa que a mesma adoptou o procedimento de "Decisão Simplificada"[436]
- Intervenção do Professor Abel Mateus (à data Presidente do Conselho da Autoridade da Concorrência) na Comissão de Orçamento e Finanças da Assembleia da República, em 12 de Março de 2008[437]

---

[432] Disponível em http://www.concorrencia.pt/Download/CursoDireitoda Concorrencia_Coimbra.pdf

[433] Disponível em http://www.concorrencia.pt/download/AdC-Orientacoes_Concen tracoes.pdf

[434] Disponíveis em http://www.concorrencia.pt/download/AvaliacaoPrevia_con centracoes.pdf.

[435] Disponível em http://www.concorrencia.pt/download/AdC-competition_autho rities_be_independent.pdf

[436] Disponível em http://www.concorrencia.pt/download/Comunicado12_2007.pdf

[437] Disponível em http://www.autoridadedaconcorrencia.pt/Conteudo.asp?ID=1317.

- Comunicado n.º 4/2008 da Autoridade da Concorrência, de 15 de Maio de 2008, nos termos do qual é lançada a consulta pública 1/2008 sobre o Projecto de Formulário de Notificação de Operações de Concentração[438]
- Intervenção do Professor Manuel Sebastião (actual Presidente do Conselho da Autoridade da Concorrência) na Comissão de Orçamento e Finanças da Assembleia da República, em 2 de Julho de 2008[439]

---

[438] Disponível em http://www.concorrencia.pt/Conteudo.asp?ID=1386

[439] Disponível em http://www.concorrencia.pt/download/AdC-AudicaoParla mentar20080702.pdf

PRÁTICA DECISÓRIA
DA COMISSÃO EUROPEIA CITADA

PRÁTICA DECISÓRIA EM SEDE DE CONTROLO DE CONCENTRAÇÕES

- Decisão da Comissão de 18 de Fevereiro de 1998, no processo "IV/M.920 – *Samsung / AST*"[440]
- Decisão da Comissão de 10 de Fevereiro de 1999, no processo "IV/M.969 – *A. P. Möller*"[441]
- Decisão da Comissão de 21 de Outubro de 1999, no processo COMP/M. 1679 – *France Telecom / STI / SRD*[442]
- Decisão da Comissão de 16 de Fevereiro de 2001, no processo COMP/ M.2197 – *Hilton / Accor / Forte / Travel Services JV*[443]
- Decisão da Comissão de 24 de Setembro de 2001, no processo COMP/ M.2510 – *Cendant / Galileo*[444]
- Decisão da Comissão de 24 de Abril de 2004, no processo COMP/M.3354 – *Sanofi /Aventis*[445]
- Decisão da Comissão de 19 de Julho de 2004, no processo COMP/M.3333 – Sony/BMG[446]

---

[440] Disponível em http://ec.europa.eu/comm/competition/mergers/cases/decisions/m920_14_pt.pdf

[441] Disponível em http://ec.europa.eu/comm/competition/mergers/cases/decisions/m969_19990210_1265_pt.pdf

[442] Disponível em http://ec.europa.eu/comm/competition/mergers/cases/decisions/m1679_en.pdf

[443] Disponível em http://ec.europa.eu/comm/competition/mergers/cases/decisions/m2197_en.pdf.

[444] Disponível em http://ec.europa.eu/comm/competition/mergers/cases/decisions/m2510_en.pdf.

[445] Disponível em http://ec.europa.eu/comm/competition/mergers/cases/decisions/m3354_20040426_440_fr.pdf

[446] Disponível em http://ec.europa.eu/comm/competition/mergers/cases/decisions/m3333_20040719_590_en.pdf

- Decisão da Comissão de 29 de Maio de 2007, no processo COMP/M.4564 – *Bridgestone / Bandag*[447]
- Decisão da Comissão de 20 de Abril de 2007, no processo COMP/M.4613 – *Eurazeo SA / Apcoa Parking Holdings GmbH*[448]
- Decisão da Comissão de 4 de Junho de 2007, no processo COMP/M.4600 – *Tui / First Choice*[449]
- Decisão da Comissão de 27 de Junho de 2007, no processo COMP/M.4439 – *Ryanair / Aer Lingus*[450]
- Decisão da Comissão de 9 de Julho de 2007, no processo COMP/M.4686 – *Louis Delhaize / Magyar Hipermarket KFT*[451]

---

[447] Disponível em http://ec.europa.eu/comm/competition/mergers/cases/decisions/m4564_20070529_20310_en.pdf.

[448] Disponível em http://ec.europa.eu/comm/competition/mergers/cases/decisions/m4613_20070420_20310_en.pdf.

[449] Disponível em http://ec.europa.eu/comm/competition/mergers/cases/decisions/m4600_20070604_20212_en.pdf.

[450] Disponível em http://ec.europa.eu/comm/competition/mergers/cases/decisions/m4439_20070627_20610_en.pdf.

[451] Disponível em http://ec.europa.eu/comm/competition/mergers/cases/decisions/m4686_20070709_20310_en.pdf.

JURISPRUDÊNCIA NACIONAL
E COMUNITÁRIA CITADA

JURISPRUDÊNCIA NACIONAL

Supremo Tribunal Administrativo

- acórdão de 05.07.2007, 1ª Sub-Secção de Contencioso Administrativo do STA, processo 0223/07 - Cfr. www.dgsi.pt.
- acórdão de 25.07.2007, 1ª Sub-Secção de Contencioso Administrativo do STA, processo 0295/07 - Cfr. www.dgsi.pt.
- acórdão de 17.06.2004, 3ª Sub-Secção de Contencioso Administrativo do STA, processo 0706/02 - Cfr. www.dgsi.pt.

Supremo Tribunal de Justiça

- acórdão n.º 8/96, de 10.10.1996, processo 048826 - Cfr. www.dgsi.pt.

JURISPRUDÊNCIA COMUNITÁRIA

Tribunal de Justiça das Comunidades Europeias

- acórdão do TJCE, de 15 de Fevereiro de 2005, processo C-12/03 P, *Comissão c. Tetra Laval*, Colectânea I-987 e seguintes.
- despacho do TJCE, de 9 de Março de 2007, processo C-188/06 P, *Schneider Electric c. Comissão*, Colectânea I-35*, Sumário publicado.
- acórdão do TJCE, de 10 de Julho de 2008, processo C-413/06 P, *Bertelsmann / Sony*, ainda não publicado.

Tribunal de Primeira Instância das Comunidades Europeias

- acórdão do TPI de 25 de Março de 1999, processo T-102/96, *Gencor c. Comissão*, Col. II-753
- acórdão de 6 de Junho de 2002, processo T-342/99, *Airtours c. Comissão*, Col. 2002, p.II-2585

- despacho do TPI de 31 de Janeiro de 2006, no processo T-48/03, *Schneider c. Comissão*, Colectânea II-111
- acórdão do TPI de 23 de Fevereiro de 2006, processo T-282/02, *Cementbouw c. Comissão*, Colectânea II-319.
- acórdão do TPI, de 13 de Julho de 2006, processo T-464/04, *IMPALA c. Comissão*, ainda não publicado.

BIBLIOGRAFIA E OUTROS
DOCUMENTOS RELEVANTES CITADOS

DOUTRINA

BENGTSSON, Claes e O. "Part 4 – The substantive assessment of mergers", *EU Competition Law – Volume II, Mergers and Acquisitions*, editors - Götz Drauz and Christopher Jones, Claeys & Casteels 2006.

CRUZ VILAÇA, José Luís da, "Introdução à nova legislação de Concorrência", em *Concorrência – Estudos*, sob coordenação de António Goucha Soares e Maria Manuel Leitão Marques, Almedina, Junho de 2006.

CUNHA, Carolina, *Controlo das Concentrações de Empresas (Direito Comunitário e Direito Português)*, Instituto de Direito das Empresas e do Trabalho, Cadernos, n.º 3, Almedina, Abril de 2005.

FERNANDES, Pedro, "Comentário à decisão ministerial referente ao recurso apresentado pela BRISA/AEO", *RECKON LLP Regulation and Competition Economics*, Junho de 2006, disponível em http://www.reckon.co.uk/reckon-brisa-aeo-junho2006.pdf.

GOUCHA SOARES, António, "New Developments in Portuguese Competition Law: the Competition Authority in Action", *in European Competition Law Review*, n.º 7 [2007], páginas 429 e 430.

JIMÉNEZ LAIGLESIA, José Maria, "Propuesta de reforma del sistema de control de concentraciones de empresas", *Documento de trabalho 56/2004*, de Janeiro de 2004.

LOPES RODRIGUES, Eduardo, *O essencial da política de concorrência*, Instituto Nacional de Administração, Oeiras, 2005.

MOURA E SILVA, Miguel, *Direito da Concorrência – Uma Introdução Jurisprudencial*, Almedina, Março de 2008.

224 | *O procedimento de controlo das operações de concentração de empresas em Portugal*

OLIVEIRA PAIS, Sofia, "O controlo das concentrações de empresas na Lei nº 18/ /2003", *Concorrência – Estudos*, sob coordenação de António Goucha Soares e Maria Manuel Leitão Marques, Almedina, Junho de 2006; *Controlo das Concentrações de Empresas no Direito Português*, Sofia Oliveira Pais, Universidade Católica Portuguesa, Porto, Março de 1997.

PINTO CORREIA, CARLOS, Capítulo sobre Portugal no "Merger Control in the EU – A Survey of European Competition Law", Kluwer Law International, editado por Peter Verloop, 3.ª edição revista, 1999.

SCHMIDT, Jessica "The new ECMR: Significant impediment or significant improvement", *Common Market Law Review* 41, 2004, Kluwer Law International, pp. 1556 e seguintes.

OUTROS DOCUMENTOS RELEVANTES

Relatório n.º 9/2003, do Conselho da Concorrência, de 10 de Março de 2003, que faz o balanço de 20 anos de actividade[452]

Relatório do Tribunal de Contas N.º 7/2007 sobre a *"Auditoria à Regulação da Concorrência"*, concluído em Fevereiro de 2007

---

[452] Publicado no D.R., II Série, n.º 200, de 30 de Agosto de 2003, pp. 13 346 e seguintes.